Die gehäkelte MONSTER WG

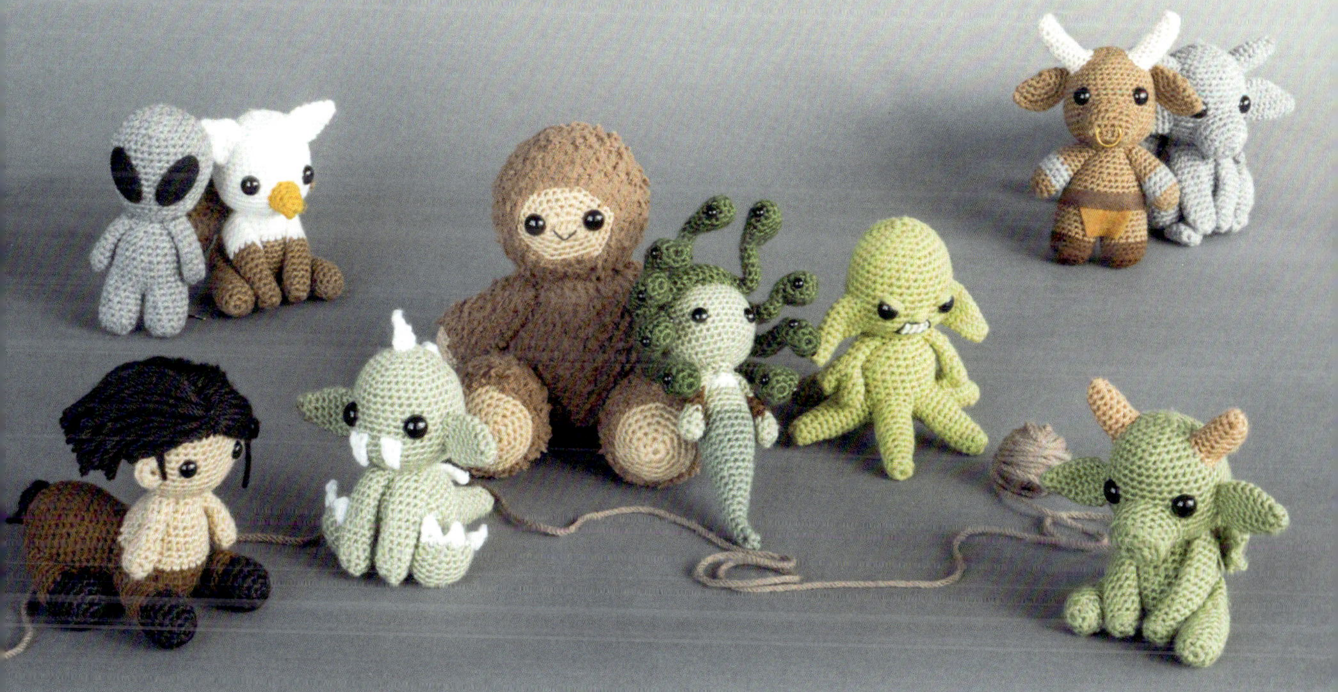

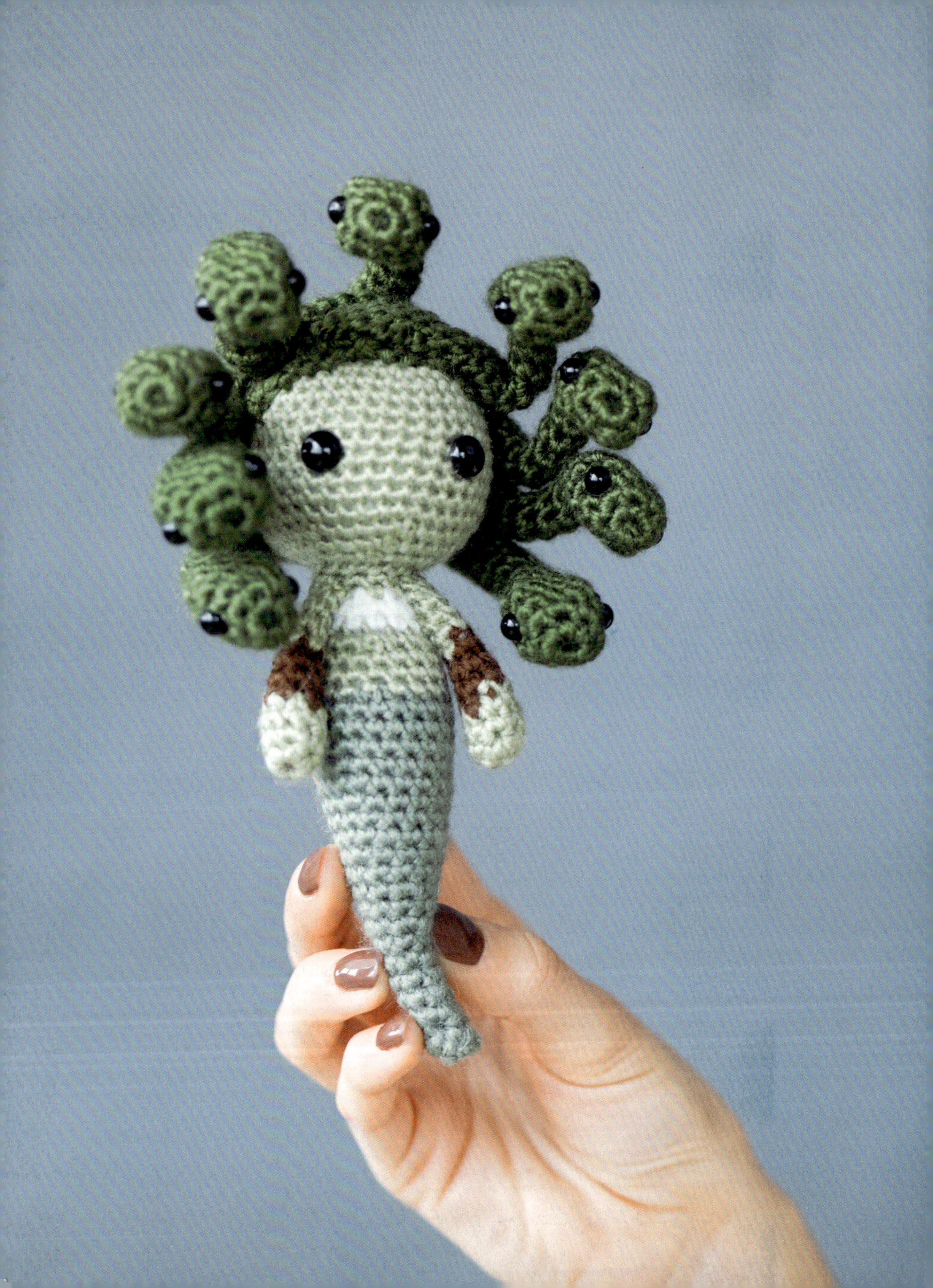

Rikki Gustafson

Die gehäkelte MONSTER WG

40 bezaubernde Monster, Fabelwesen und mehr

Titel der Originalausgabe

A CROCHET WORLD OF CREEPY CREATURES AND CRYPTIDS

Dieses Werk wurde im Auftrag von Page Street Publishing Co. durch die Literarische Agentur Thomas Schlück GmbH, 30161 Hannover, vermittelt.

ISBN 978-1-64567-538-9

Deutsche Ausgabe

Übersetzung: Wiebke Krabbe

Lektorat: Regina Sidabras

Produktmanagement: Lisa Braunert

Cover: Tatjana Weiß

Satz: Petra Theilfarth

Druck und Bindung: Neografia, Slowakei

1. Auflage 2023

ISBN 978-3-7358-7071-1 • Best.-Nr. 27071

Penguin Random House Verlagsgruppe

FSC www.fsc.org MIX Papier | Fördert gute Waldnutzung FSC® C020353

FSC® N001967

Dieses Buch ist allen gewidmet, die eine schwere Zeit durchmachen. Als ich das erste Mal eine Häkelnadel zur Hand nahm, steckte ich in einer sehr schwierigen Phase, aber die Handarbeit hat mein Leben verändert. Seitdem habe ich nicht mehr damit aufgehört und es ging mir immer besser. Ich hoffe, dass die Anleitungen in diesem Buch dir helfen, deine Kreativität zu entdecken und wachsen zu lassen.

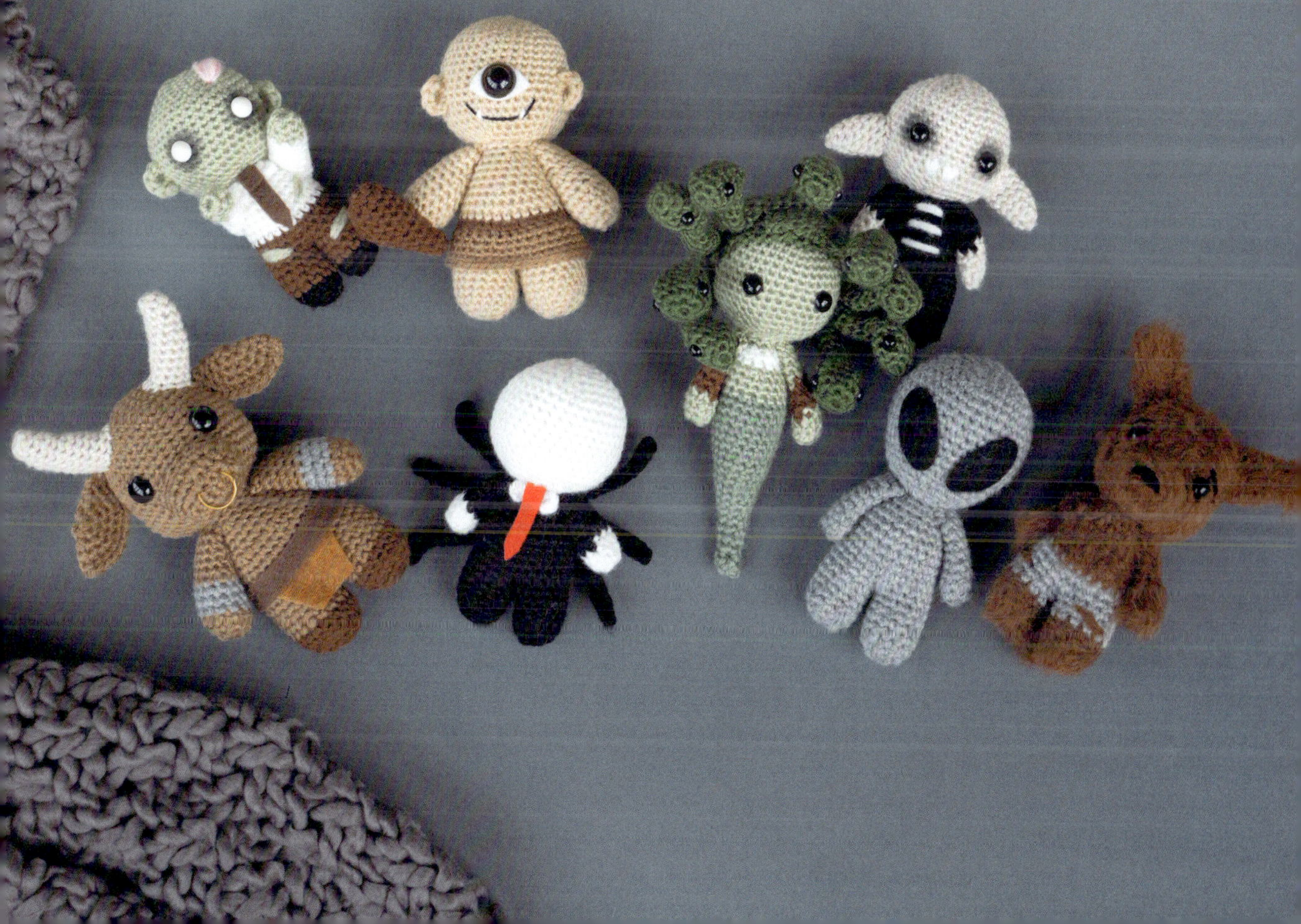

INHALT

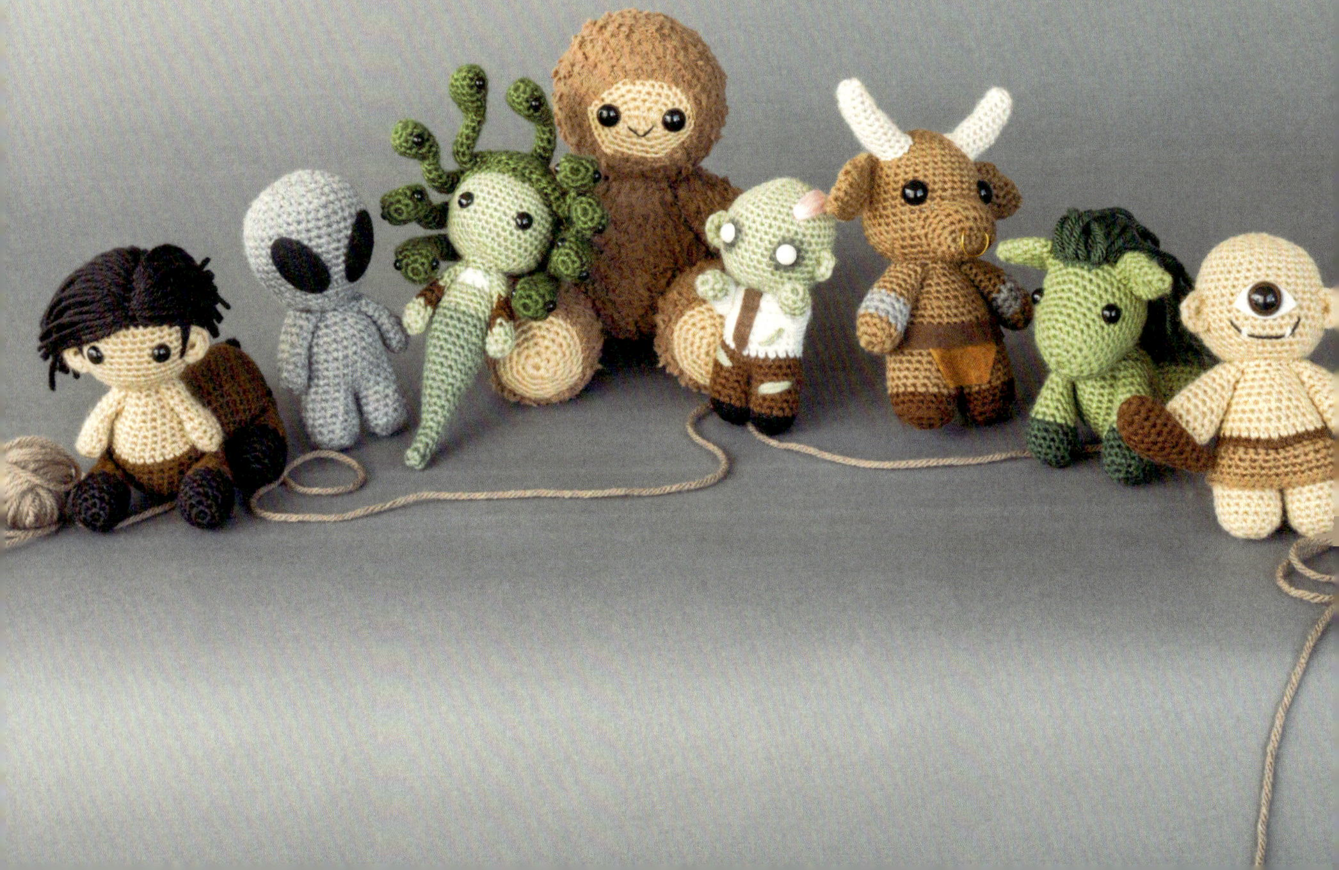

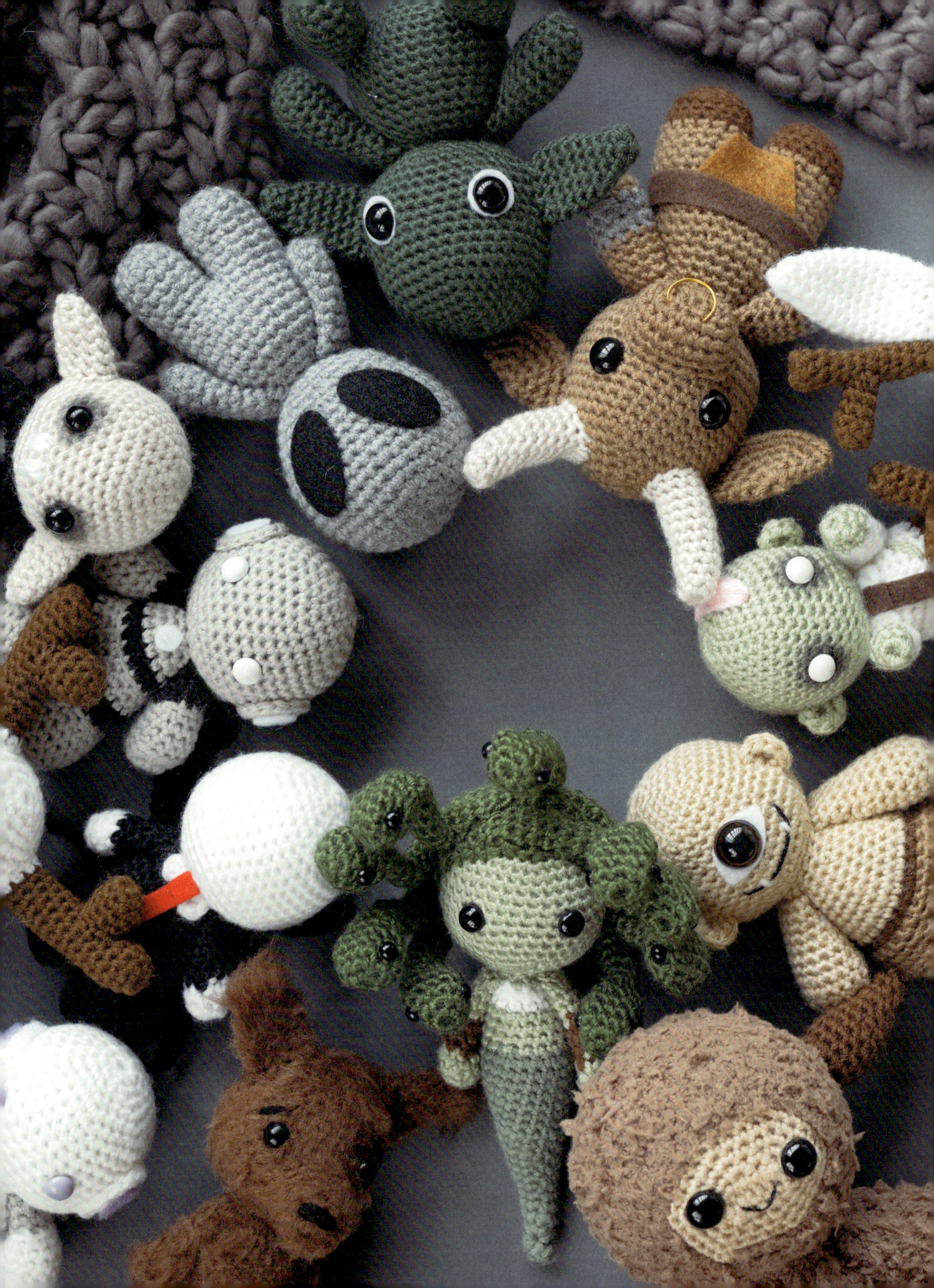

VORWORT

Hallo ihr Lieben,

Ich freue mich sehr, dass ihr dieses Buch in die Hand genommen habt. Ich habe die Designs mit viel Herzblut entwickelt und freue mich, sie euch vorzustellen. Während sich die meisten Häkelbücher auf rund 20 Projekte beschränken, präsentiere ich hier 40 Figuren. Es gibt also eine Menge zu entdecken. Ich wollte nicht nur ein Buch mit einfachen Anleitungen für niedliche Figürchen schreiben, sondern Designs entwickeln, die wirklich noch niemand gehäkelt hat. Es war nicht immer leicht, diese komplexen und grotesken Kreaturen in etwas zu verwandeln, das jeder häkeln kann, und ich bin froh, dass es gelungen ist!

Ich habe das überlieferte Aussehen der Geschöpfe gründlich recherchiert und dann überlegt, wie ich sie in meinem eigenen Stil gestalten kann. Wenn du dir Referenzbilder ansiehst, wirst du schnell feststellen, dass die meisten dieser Horror-Kreaturen recht unansehnlich sind. Ich habe mein Bestes getan, um sie niedlich aussehen zu lassen, denn selbst die hässlichsten Gestalten können bezaubern, wenn sie aus Garn gemacht sind.

Wer mich und meine Arbeit noch nicht kennt, sollte wissen, dass mir daran liegt, Dinge zu schaffen, die den Menschen in Erinnerung bleiben. Mit meinen Anleitungen möchte ich euch dabei helfen, Dinge für andere (oder euch selbst) zu erschaffen, die ein Leben lang geschätzt werden. Wenn du ein Projekt aus diesem Buch fertigstellst, würde ich mich freuen, wenn du ein Foto auf Instagram #creaturesandcryptids teilst und damit zum Austausch beiträgst.

Viel Spaß beim Häkeln!

Rikki

Rikki Gustafson

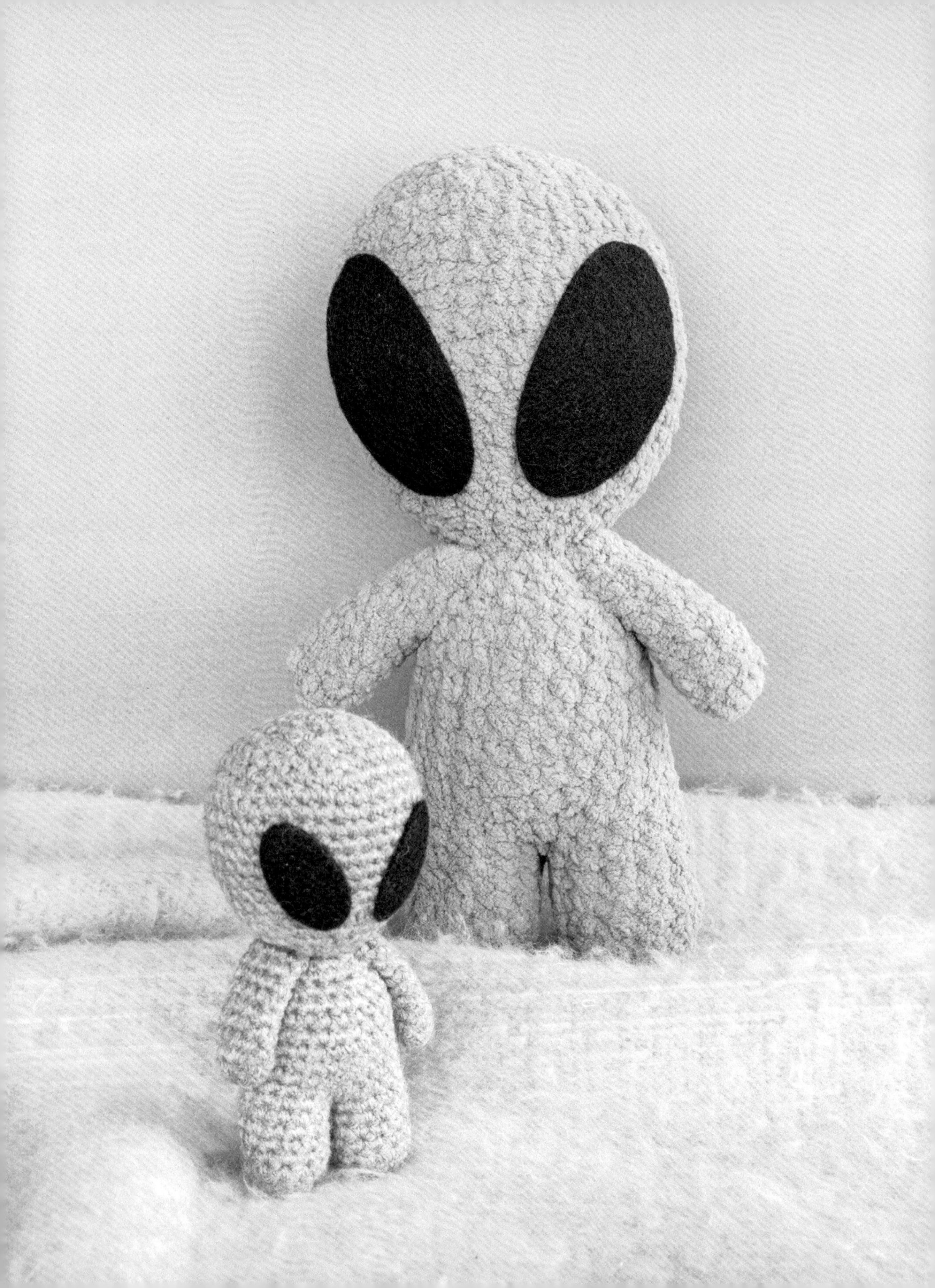

TECHNIKEN

Auf den nächsten Seiten werde ich einige Techniken erklären, die ich sehr häufig anwende. Es geht um die Maschenprobe, die Verwendung verschiedener Garne und das Malen von Augen. Wer viel Übung im Häkeln hat, kann diese Seiten vielleicht überspringen. Wer aber den Begriff „Maschenprobe“ nicht kennt, wer verschiedene Garne ausprobieren möchte oder sich schon immer gefragt hat, wie überzeugende Augen gelingen, sollte diesen Abschnitt lesen.
Ich häkle schon seit Jahren und bin immer daran interessiert, neue Techniken zu erlernen, denn ich glaube fest daran, dass es an meinen Figuren immer etwas zu verbessern gibt. So hoffe ich, dass die folgenden Informationen für jeden etwas Neues und Interessantes bieten.

Maschenprobe

Manche Menschen häkeln fest, andere locker. Das ist gut so, denn dadurch sind Handarbeiten immer Unikate. Die Festigkeit des Maschenwerks spielt für Kleidung eine große Rolle, ist für unsere kleinen Figuren aber nicht so wichtig. Darum ist bei den Anleitungen keine Maschenprobe angegeben.

Ich möchte aber darauf hinweisen, dass ich sehr fest häkele. Meine Figuren fallen deshalb kleiner aus als die von anderen. Wenn ich also ein Puppenauge mit 9 mm Durchmesser verwende, passt es in den Proportionen zum Kopf meiner Figur. Wenn du dagegen lockerer häkelst, ist das völlig in Ordnung, weil nun einmal jeder seinen eigenen Stil hat. Das kann jedoch dazu führen, dass ein 9-mm-Auge an deinem Kopf zu klein aussieht. Weiche in dem Fall einfach von der Anleitung ab und nimm ein 12-mm-Auge (oder ein größeres, je nachdem, wie locker du häkelst). Probiere aus, was zu deinen Proportionen passt. Festes Häkeln ist nicht besser oder schlechter als lockeres. Bleibe bei deinem Stil und freue dich darüber, mit der Zeit immer mehr dazuzulernen. Mach dir also keine Sorgen, wenn die Abmessungen deiner fertigen Figuren von denen in den Anleitungen abweichen. Wenn allerdings die Füllwatte zwischen den Maschen sichtbar ist, solltest du versuchen, ein bisschen fester zu häkeln.

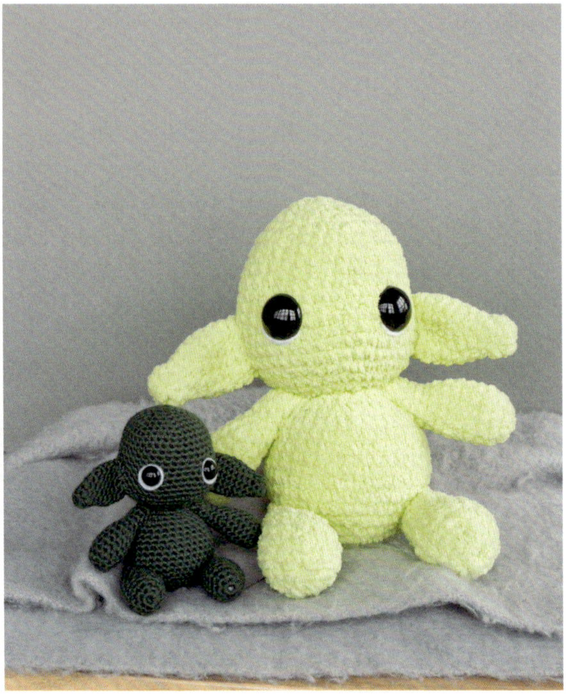

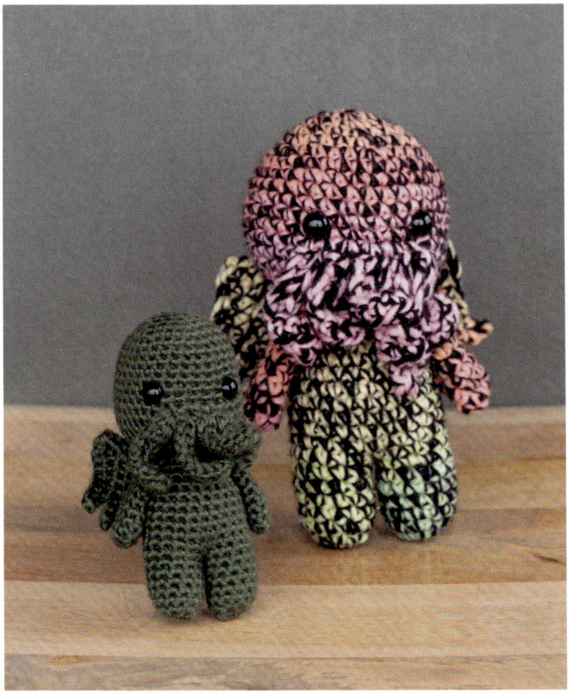

Großformat

Reden wir über dicke Garne. Immer mehr Menschen häkeln Figuren aus dickem Woll-, Chenille- oder Fransengarn oder nehmen Handarbeitsgarn in mittlerer Stärke doppelt. Na klar, große Häkelfiguren sind lustig. Und mit dickem Garn muss man auch nicht so fest häkeln wie mit dünnem. Beim Arbeiten mit dünnem Garn können die Hände schnell ermüden und es macht mich traurig, wenn Menschen das Häkeln aufgeben, weil sie Schmerzen in den Händen haben.

Ich verrate euch ein Geheimnis: Alle Amigurumi können auch mit dickem oder strukturiertem Garn nachgearbeitet werden. Man muss nur die richtige Häkelnadel benutzen und eine passende Augengröße auswählen. Jede einzelne Anleitung in diesem Buch eignet sich auch für dickes Garn. Dann werden die Figuren viel größer, aber die Hände werden nicht so strapaziert wie beim Arbeiten mit einer dünnen Häkelnadel. Auch ich brauche manchmal eine Pause, dann greife ich zu dickem Garn und großen Nadeln, damit meine Hände sich erholen können.

Wenn ich mit einem Garn in mittlerer Stärke arbeite (ganz normales Acrylgarn), verwende ich meistens die Nadelstärke 4,0 mm und Sicherheitsaugen mit 6 bis 15 mm Durchmesser (je nach Projekt). Für etwas größere Figuren wähle ich ein Standard-Chenillegarn, eine Häkelnadel der Stärke 5,5 mm und 12- bis 18-mm-Sicherheitsaugen (je nach Projekt). Ganz dickes Garn verarbeite ich mit der Nadelstärke 6,0–7,0 mm und verwende Augen von 20–30 mm Durchmesser.

Je größer die Häkelnadel, desto größer fällt die Figur aus und desto größer müssen die Augen sein. Aber Vorsicht, bei zu dickem Garn können zwischen den Maschen Lücken entstehen, durch die man die Füllwatte sieht. Mit persönlich gefällt es besser, wenn die Abstände zwischen den Maschen klein sind und die Füllung unsichtbar bleibt. Deshalb arbeite ich meist mit einem dünnen Garn und verwende eine Häkelnadel, die etwas kleiner ist, als auf der Banderole angegeben.

Probiere also ruhig verschiedene Garne und Nadelstärken aus, um herauszufinden, was dir liegt und am meisten Spaß macht. Nimm die Garnangaben in den Anleitungen einfach als Vorschläge. Wenn du etwas Neues ausprobierst, lernst du dazu und deine Ergebnisse werden immer besser. Das macht Freude!

Farbige Augen

In diesem Buch habe ich Sicherheitsaugen in verschiedenen Farben verwendet. Wo man sie kaufen kann? Nirgends! Ich habe sie angemalt.

Als ich anfing, hatte ich keine Ahnung, dass das überhaupt möglich ist. Ich sah all diese wunderschönen Amigurumi mit glitzernden lila Augen oder furchterregenden roten Augen und dachte mir, wie cool es wäre, so etwas für meine eigenen Figuren zu haben. Erst vor einigen Jahren habe ich angefangen, Augen für besondere Puppen selbst zu malen, und ich habe viele verschiedene Techniken ausprobiert. Meine Lieblingsmethode beschreibe ich hier.

Besorge dir zunächst einfache schwarze Sicherheitsaugen in der gewünschten Größe. Nimm ein Stück Pappe und stich kleine Löcher hinein, durch die du die Sicherheitsstifte der Augen steckst. Dabei die Augen nicht ganz herabdrücken. Sie müssen ein Stückchen über der Pappe „schweben", damit sie nicht daran festkleben.

Außerdem brauchst du Sprühlack in zwei verschiedenen Farben: Weiß als Grundierung und die gewünschte Augenfarbe (oder nur Weiß, wenn deine Figur weiße Augen haben soll). Die weiße Grundierung ist wichtig, damit die eigentliche Farbe eine schöne Leuchtkraft bekommt. Vor allem wenn die eigentliche Augenfarbe hell ist, deckt sie ohne Grundierung nicht so gut und du musst mehrere Schichten auftragen. Sprühfarbe gibt es in zahllosen Farbtönen und mit unterschiedlichsten Effekten. Besprühe beide Augen gleichmäßig mit einer dünnen Schicht und lass sie dann trocknen. Sobald sie trocken sind, trage eine weitere Schicht weiße Farbe auf. Wenn die Augen dann schon ziemlich leuchtend weiß sind, brauchst du keine weiteren Schichten der Grundfarbe. Wenn sie immer noch etwas fleckig aussehen, trage weitere weiße Schichten auf, bis die Augen g latt und leuchtend sind. Zwischendurch immer gut trocknen lassen.

Sobald die Grundierung vollständig getrocknet ist, kann die eigentliche Augenfarbe folgen. Sprühe sehr dünne Schichten, damit der Farbauftrag schon glatt wird und keine Pfützen oder Tropfen bildet. Warte immer, bis die vorherige Schicht trocken ist, bevor du die nächste aufträgst. Sprühe so viele Schichten, bis die Deckschicht die gewünschte Intensität hat. Je nach Produkt genügen mir meistens drei Schichten. Dann solltest du mindestens 1 Stunde warten, bis die Farbe getrocknet ist. Bei manchen Produkten kann das auch bis zu 8 Stunden dauern. Sobald die Augen trocken sind, kannst du sie an deiner Figur anbringen.

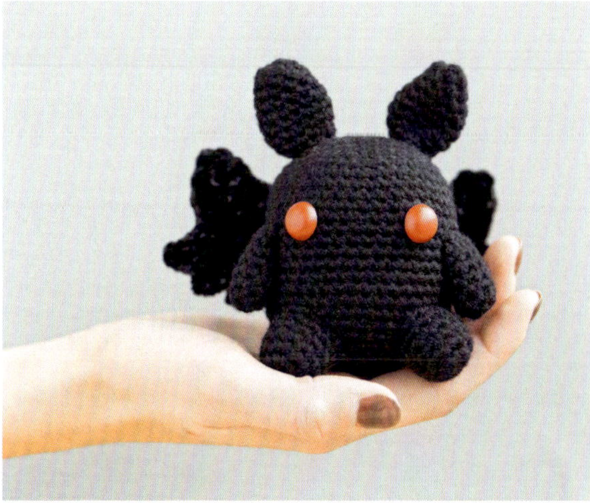

Sicherheitshinweis

Meine Figuren sind für erwachsene Sammler gedacht. Einige meiner Kunden verschenken diese Puppen an Kinder, aber ich weise sie immer darauf hin, dass sie dies auf eigene Gefahr tun. Auch Sicherheitsaugen können sich lösen und kleine Kinder könnten sie verschlucken. Die Sprühfarben stellen dann ein zusätzliches Gesundheitsrisiko dar. Auf der Verpackung der Sicherheitsaugen steht, dass sie nicht für Kinder unter 3 Jahren geeignet sind. Sie halten jedoch meistens sehr gut. Es ist mir schon passiert, dass ich Augen angebracht habe und danach mit der Platzierung nicht zufrieden war. Sie ließen sich nicht mehr lösen, sodass die Figur ruiniert war. Bitte gehe also nach bestem Wissen und Gewissen vor, wenn du diese Amigurumi an Kinder verschenken möchtest.

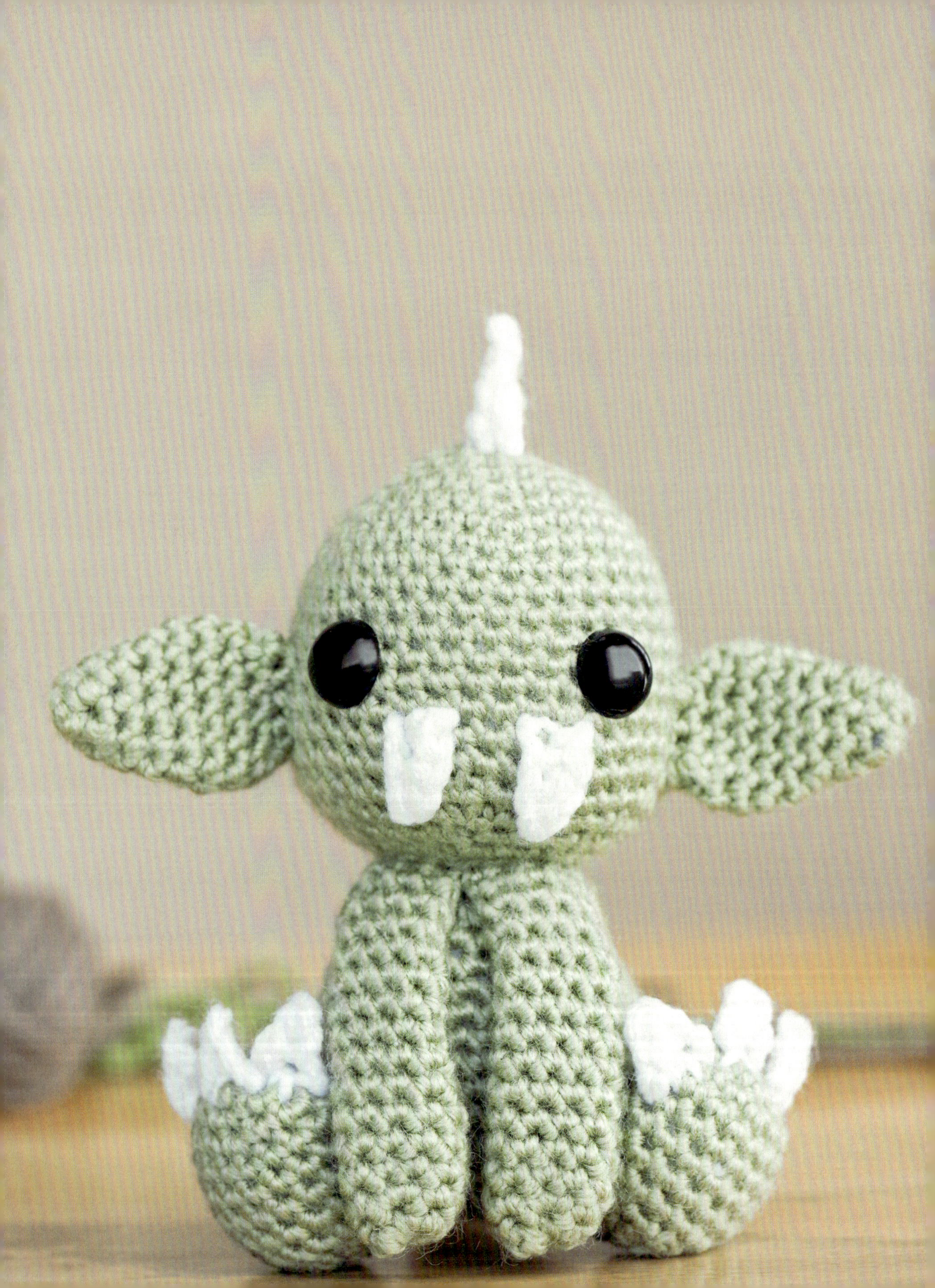

Kapitel 1

KRYPTIDEN

Seit Generationen wird in allen möglichen Kulturen diskutiert, ob es Kryptiden wohl gibt oder einmal gegeben hat. Die Belege sind für Skeptiker vielleicht nicht stichhaltig genug, aber mir reichten sie aus, um diese schwer fassbaren Kreaturen zu entwerfen. Im folgenden Kapitel werden uns einige berühmte Kryptiden begegnen: Mothman (Seite 23), Nessie (Seite 19) und sogar der Chupacabra (Seite 25), um nur ein paar zu nennen. Schau sie dir genauer an, und wenn du sie in der Hand hältst, wirst du vielleicht ein bisschen mehr an sie glauben als vorher!

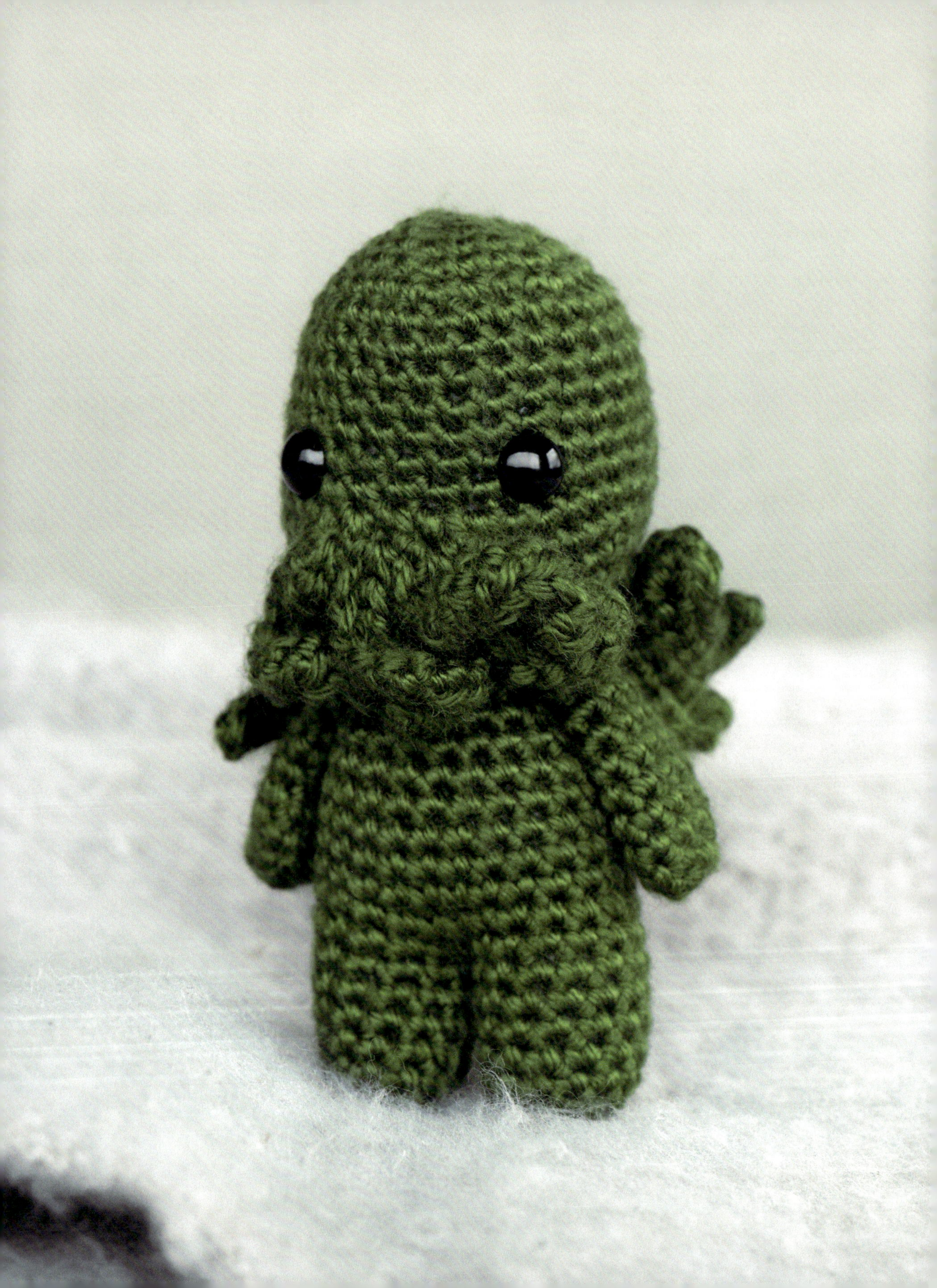

Cthulhu

Der vielleicht älteste und stärkste Kryptid von allen ist Cthulhu! Er ist nicht von unserer Welt, er ist eine Gottheit aus einer anderen Dimension! Da er so viel stärker und älter ist als alles, was unsere Welt je gesehen hat, heißt es, dass wir mickrigen Sterblichen ihn nicht einmal ansatzweise verstehen könnten und vielleicht sogar wahnsinnig werden, wenn wir ihn erblicken. Cthulhu wird als der „Große Alte" bezeichnet und stand Pate für unzählige Geschichten, Spiele, Filme und andere Monster. Derzeit soll Cthulhu in einer versunkenen Stadt unter dem Südpazifik überwintern.

Material

- Häkelnadel 4,0 mm
- Garn der Stärke 4 (Medium) in Dunkelgrün, 1 Knäuel
- 1 Paar Sicherheitsaugen, ø 9 mm
- Füllwatte
- Sticknadel ohne Spitze
- Stecknadeln zum Fixieren der Körperteile beim Annähen
- Schere

Abkürzungen

abn – unsichtbar abnehmen, d. h. 2 feste Maschen zusammen abmaschen, dabei nur in das vordere Maschenglied einstechen

fM – feste Masche(n)

hStb – halbes Stäbchen

Lm – Luftmasche(n)

Nd – Nadel

R – Reihe(n)

Rd – Runde(n)

zun – zunehmen, d. h. 2 feste Maschen in dieselbe Masche der Vorrunde/-reihe häkeln

Kopf

1. Rd: 6 fM in einen Magic-Ring. (6)

2. Rd: (1 fM zun) 6x. (12)

3. Rd: (1 fM, 1 fM zun) 6x. (18)

4. Rd: (2 fM, 1 fM zun) 6x. (24)

5. Rd: (3 fM, 1 fM zun) 6x. (30)

6.-11. Rd: fM häkeln. (30)

12. Rd: (4 fM, 1 fM zun) 6x. (36)

In der nächsten Rd werden die Tentakel gehäkelt. Lies die Anleitung sorgfältig durch und gib nicht auf, wenn du ein paar Versuche brauchst, bis es klappt.

13. Rd: 6 fM, (12 Lm, 1 hStb in jede Lm, beginnend mit der 2. Lm ab Nd, 1 fM in die nächste Masche des Kopfs) 4x, 26 fM. (36)

In der 14. Rd um den Kopf herum häkeln. Dabei jeweils 1 fM ins untere Ende jedes Tentakels häkeln und 1 fM zwischen die Tentakel (in die fM der Vor-Rd). So werden an der Vorderseite aus 4 Maschen, an denen die Tentakel sitzen, 8 Maschen. Das ist notwendig, damit unter den Tentakeln keine Löcher im Maschenwerk entstehen. Es ist nicht schlimm, wenn am Ende dieser Rd nicht exakt 40 Maschen erreicht sind, 39 oder 41 sind auch in Ordnung. Ab jetzt wird abgenommen.

14. Rd: fM häkeln. (ca. 40)

15. Rd: (8 fM, 1 fM abn) 4x. (ca. 36)

16. Rd: (4 fM, 1 fM abn) 6x. (ca. 30)

17. Rd: (3 fM, 1 fM abn) 6x. (ca. 24)

Weiter geht's auf Seite 18.

Cthulhu
(Fortsetzung)

Die Augen zwischen der 11. und 12. Rd anbringen, der Abstand beträgt 5 Maschen. Die Tentakel sollen mittig zwischen den Augen sitzen. Beim weiteren Abnehmen den Kopf fest ausstopfen.

18. Rd: (2 fM, 1 fM abn) 6x. (ca. 18)

19. Rd: (1 fM, 1 fM abn) 6x. (ca. 12)

20. Rd: (1 fM abn) 6x. (ca. 6)

Den Faden abschneiden und durchziehen.

Körper

Mit dem ersten Bein beginnen

1. Rd: 6 fM in einen Magic-Ring. (6)

2. Rd: (1 fM zun) 6x. (12)

3.-7. Rd: fM häkeln. (12)

Den Faden abschneiden und durchziehen.

Zweites Bein

1. Rd: 6 fM in einen Magic-Ring. (6)

2. Rd: (1 fM zun) 6x. (12)

3.-7. Rd: fM häkeln. (12)

Den Faden nicht abschneiden. In die nächste Masche am ersten Bein einstechen. Dies wird die 1. Masche der 8. Rd.

8. Rd: fM häkeln. (24)

9.-15. Rd: fM häkeln. (24)

16. Rd: (2 fM, 1 fM abn) 6x. (18)

17. Rd: fM häkeln. (18)

18. Rd: (1 fM, 1 fM abn) 6x. (12)

Den Faden abschneiden und durchziehen, dabei ein langes

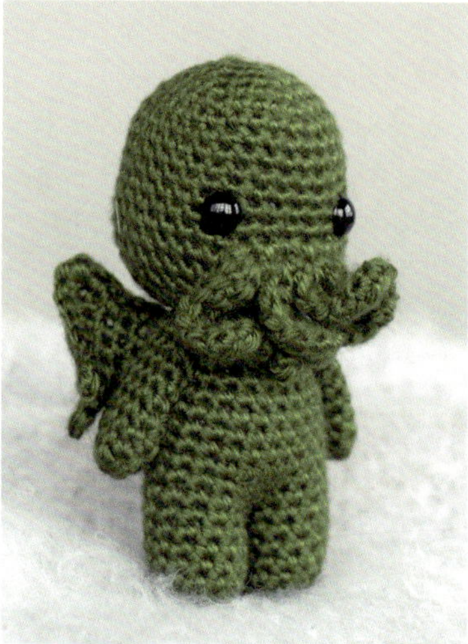

Ende zum Zusammennähen hängen lassen.

Arme (2x)

1. Rd: 6 fM in einen Magic-Ring. (6)

2. Rd: (1 fM, 1 fM zun) 3x. (9)

3.-9. Rd: fM häkeln. (9)

Den Faden abschneiden und durchziehen, dabei ein langes Ende zum Zusammennähen hängen lassen.

Flügel (2x)

Die Flügel werden in R gehäkelt. Bitte die Anleitung sorgfältig lesen.

1. R: 5 Lm, wenden.

2. R: In der 2. Lm ab Nd beginnen, 4 fM, 4 Lm und wenden.

3. R: In der 2. Lm ab Nd beginnen, 7 fM, 1 Lm und wenden.

4. R: In der 2. Lm ab Nd beginnen, 4 fM, 4 Lm und wenden.

5. R: In der 2. Lm ab Nd beginnen, 7 fM, 3 Lm und wenden.

6. R: In der 2. Lm ab Nd beginnen, 6 fM, 4 Lm und wenden.

7. R: In der 2. Lm ab Nd beginnen, 9 fM, nicht wenden.

8. R: fM entlang der Oberkante der Flügel (auf gleichmäßige Abstände achten).

Den Faden abschneiden und durchziehen, dabei ein langes Ende zum Zusammennähen hängen lassen.

Fertigstellen

Zuerst wird der Kopf mit überwendlichen Stichen geschlossen. Dann den Körper fest ausstopfen und am Kopf befestigen. Die Arme an beiden Seiten des Rumpfes feststecken und festnähen (sie werden nicht ausgestopft). Die Figur umdrehen und die Flügel an der gewünschten Position auf den Rücken stecken, dann festnähen. Alle herausstehenden Fadenenden mit einer Schere abschneiden. Die Tentakel eindrehen, damit sie sich schön kringeln. Fertig ist dein Cthulhu!

Nessie

Das Ungeheuer von Loch Ness, liebevoll Nessie genannt, ist wohl der berühmteste aller Kryptiden. Nessie soll seit der Antike im Loch Ness (in den schottischen Highlands) leben und ist ein riesiges, langhalsiges „Seeungeheuer“, das hin und wieder den Kopf aus dem Wasser streckt. In den 1930er-Jahren erregten Fotos Aufsehen, die Nessies Existenz beweisen sollten. Obwohl die Beweise weithin umstritten sind, strömen jedes Jahr viele Touristen zu diesem Ort, in der Hoffnung, sie zu sehen. Interessanterweise wurden in der Umgebung auch uralte Steine mit gemeißelten Darstellungen des Ungeheuers gefunden. Aus weichem Garn gehäkelt ist Nessie auf jeden Fall bezaubernd.

Material

- Häkelnadel 4,0 mm
- Garn der Stärke 4 (Medium) in Grün, 1 Knäuel
- 1 Paar Sicherheitsaugen, ø 9 mm
- Füllwatte
- Sticknadel ohne Spitze
- Stecknadeln zum Fixieren der Körperteile beim Annähen
- Schere

Abkürzungen

abn – unsichtbar abnehmen, d. h. 2 feste Maschen zusammen abmaschen, dabei nur in das vordere Maschenglied einstechen

fM – feste Masche

Nd – Nadel

Rd – Runde(n)

zun – zunehmen, d. h. 2 feste Maschen in dieselbe Masche der Vorrunde/-reihe häkeln

Kopf

1. Rd: 6 fM in einen Magic-Ring. (6)

2. Rd: (1 fM zun) 6x. (12)

3. Rd: fM häkeln. (12)

4. Rd: 4 fM, (1 fM zun) 4x, 4 fM. (16)

5. Rd: 6 fM, (1 fM zun) 4x, 6 fM. (20)

6.-11. Rd: fM häkeln. (20)

12. Rd: (3 fM, 1 fM abn) 4x. (16)

13. Rd: fM häkeln. (16)

Die Augen zwischen der 4. und 5. Rd anbringen, der Abstand beträgt 5 Maschen. Beim weiteren Abnehmen den Kopf fest ausstopfen.

14. Rd: (2 fM, 1 fM abn) 4x. (12)

15. Rd: (1 fM, 1 fM abn) 4x. (8)

16. Rd: (1 fM abn) 4x. (4)

Den Faden abschneiden und durchziehen.

Vorderer Körper/Hals

1. Rd: 6 fM in einen Magic-Ring. (6)

2. Rd: (1 fM zun) 6x. (12)

3. Rd: (1 fM, 1 fM zun) 6x. (18)

4. Rd: (2 fM, 1 fM zun) 6x. (24)

5.-8. Rd: fM häkeln. (24)

9. Rd: (2 fM, 1 fM abn) 6x. (18)

10. Rd: (3 fM, 1 fM abn) 3x. (15)

11.+12. Rd: fM häkeln. (15)

13. Rd: (3 fM, 1 fM abn) 3x. (12)

14.+15. Rd: fM häkeln. (12)

Den Faden abschneiden und durchziehen, dabei ein langes Ende zum Zusammennähen hängen lassen.

Weiter geht's auf Seite 20.

Nessie
(Fortsetzung)

Hinterer Körper

1. Rd: 6 fM in einen Magic-Ring. (6)

2. Rd: (1 fM zun) 6x. (12)

3. Rd: (1 fM, 1 fM zun) 6x. (18)

4. Rd: (2 fM 1 fM zun) 6x. (24)

5.+6. Rd: fM häkeln. (24)

7. Rd: (2 fM, 1 fM abn) 6x. (18)

8.-10. Rd: fM häkeln. (18)

Den Faden abschneiden und durchziehen, dabei ein langes Ende zum Zusammennähen hängen lassen.

Schwanz

1. Rd: 6 fM in einen Magic-Ring. (6)

2. Rd: fM häkeln. (6)

3. Rd: (2 fM, 1 fM zun) 2x. (8)

4. Rd: fM häkeln. (8)

5. Rd: (3 fM, 1 fM zun) 2x. (10)

6. Rd: fM häkeln. (10)

7. Rd: (4 fM, 1 fM zun) 2x. (12)

8. Rd: fM häkeln. (12)

9. Rd: (3 fM, 1 fM zun) 3x. (15)

10. Rd: fM häkeln. (15)

11. Rd: (4 fM, 1 fM zun) 3x. (18)

12.+13. Rd: fM häkeln. (18)

Den Faden abschneiden und durchziehen, dabei ein langes Ende zum Zusammennähen hängen lassen.

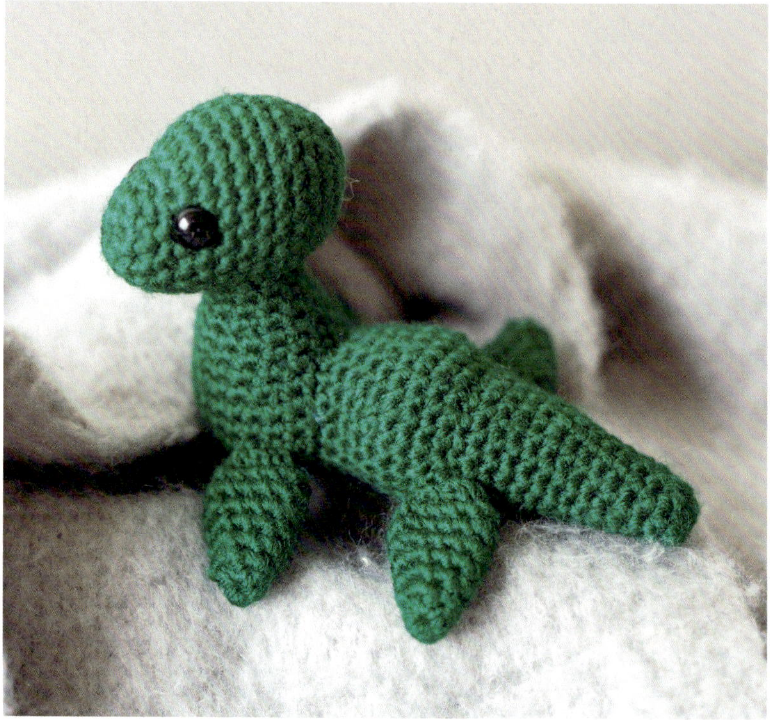

Flossen (4x)

1. Rd: 4 fM in einen Magic-Ring. (4)

2. Rd: (1 fM, 1 fM zun) 2x. (6)

3. Rd: (2 fM, 1 fM zun) 2x. (8)

4. Rd: (3 fM, 1 fM zun) 2x. (10)

5. Rd: (4 fM, 1 fM zun) 2x. (12)

6.+7. Rd: fM häkeln. (12)

8. Rd: (1 fM abn) 6x. (6)

Den Faden abschneiden und durchziehen, dabei ein langes Ende zum Zusammennähen hängen lassen.

Fertigstellen

Den Kopf mit überwendlichen Stichen schließen, dann den vorderen Körper und Hals fest ausstopfen und an die Unterseite des Kopfs nähen. Den hinteren Körper fest austopfen und an den vorderen nähen. Die Stiche gut festziehen, damit der Übergang bzw. die Naht möglichst unauffällig wird. Dann den Schwanz ausstopfen und ebenfalls mit festen Stichen an den hinteren Körper nähen. Die Flossen nicht ausstopfen. An den Körper stecken und verschiedene Positionen ausprobieren, bis die Figur stehen kann. Die Flossen festnähen. Zuletzt alle herausstehenden Fadenenden abschneiden. Jetzt kann Nessie auf- oder abtauchen.

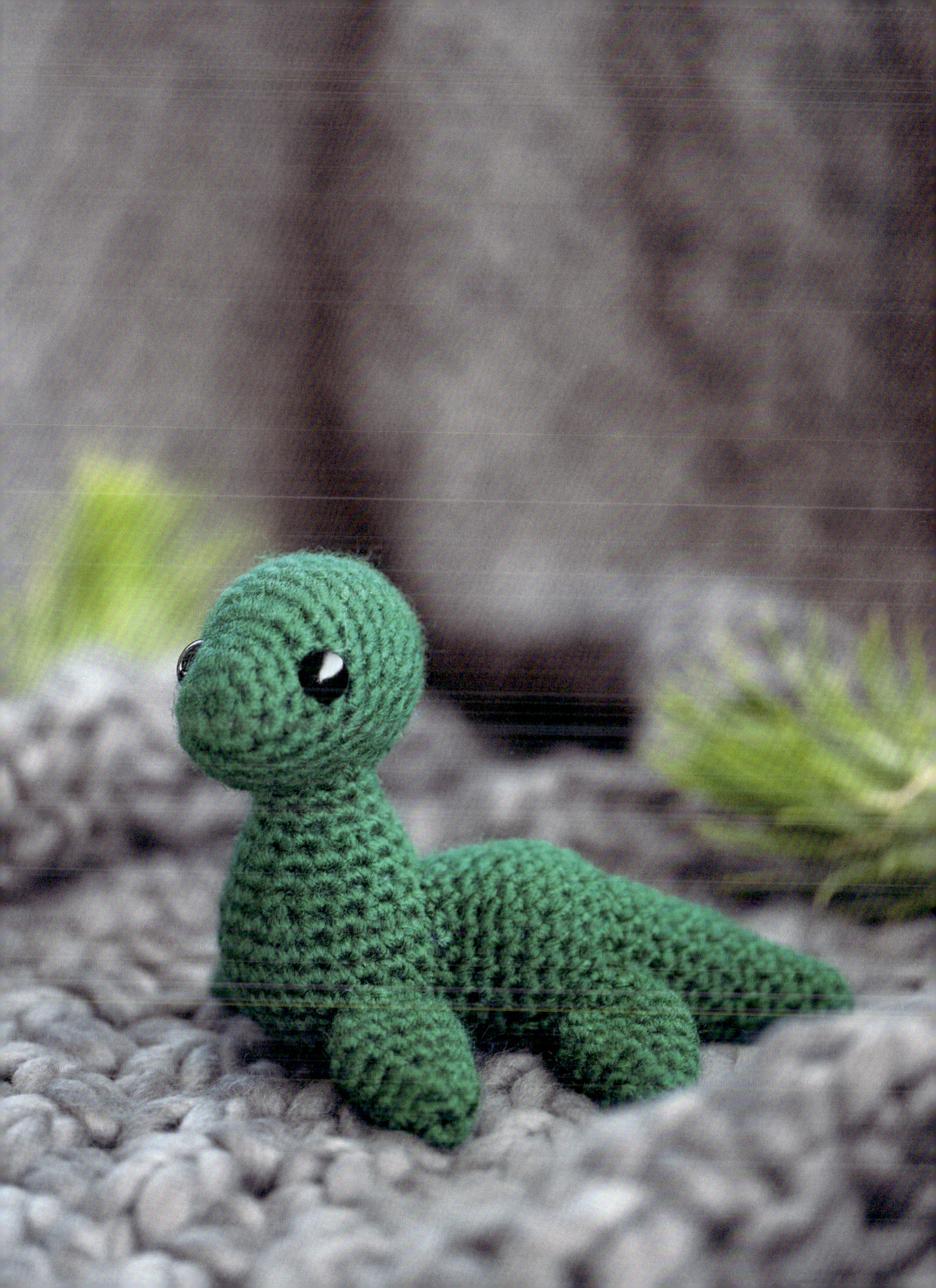

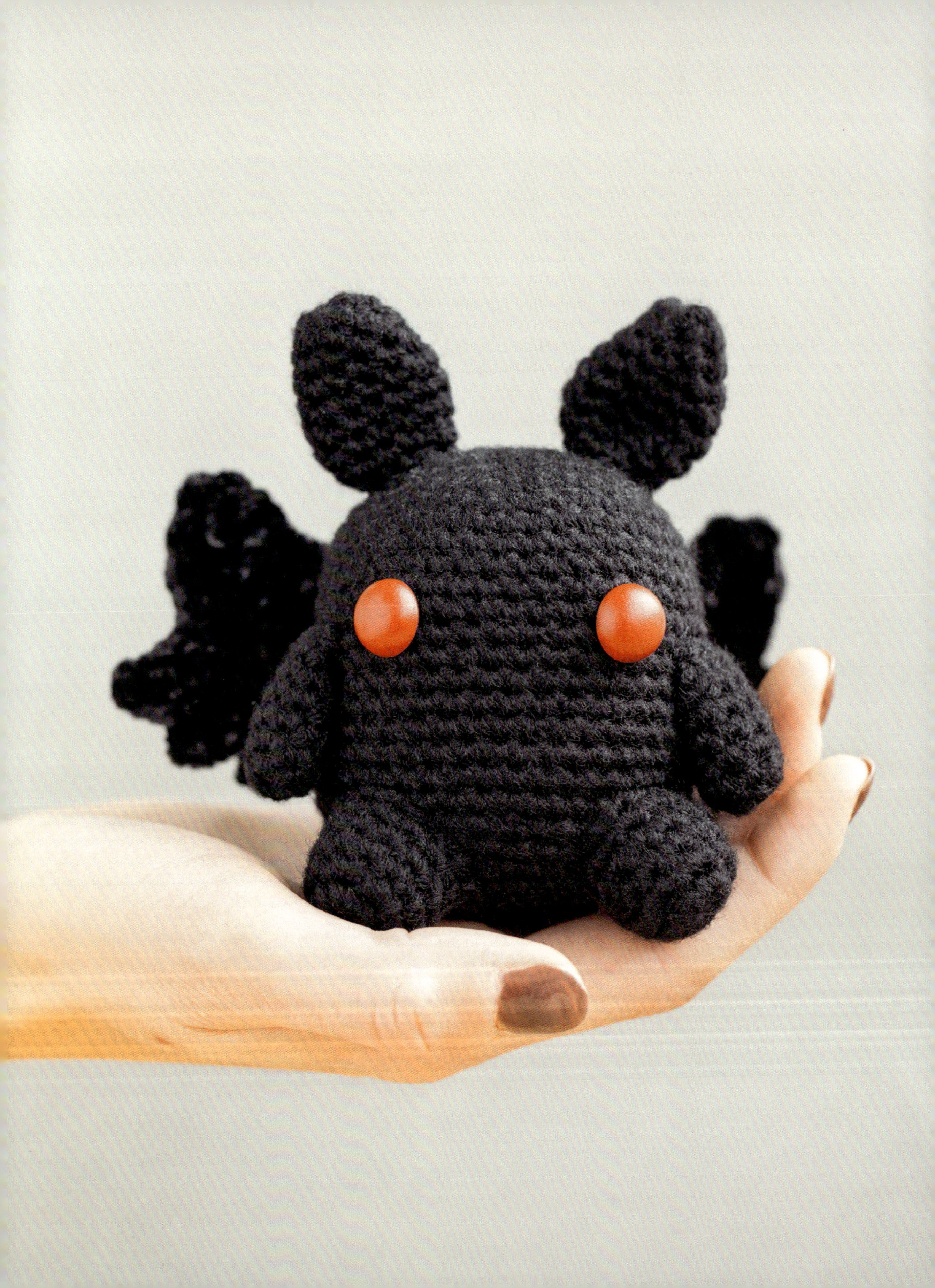

Mothman

Mothman ist ein fliegendes, schattenhaftes Wesen, das erstmals 1966 über einer Kleinstadt in West Virginia entdeckt wurde. Im Laufe des nächsten Jahres wurde er mehrmals gesichtet, bis es 1967 zu einer tragischen Katastrophe kam. Nach diesem Ereignis verschwand er und die Sichtungen sind fast völlig zum Erliegen gekommen. Die Legende zufolge ist Mothman ein Omen. Wenn er gesichtet wird, sollte man das als Warnung betrachten, dass bald eine Katastrophe folgen könnte! Ich habe einen niedlichen (und hoffentlich nicht gruseligen) Mothman erschaffen! Ob er prophetische Kräfte besitzt, musst du selbst herausfinden.

Kopf/Körper

Aus glattem schwarzem Garn

1. Rd: 6 fM in einen Magic-Ring. (6)

2. Rd: (1 fM zun) 6x. (12)

3. Rd: (1 fM, 1 fM zun) 6x. (18)

4. Rd: (2 fM, 1 fM zun) 6x. (24)

5. Rd: (3 fM, 1 fM zun) 6x. (30)

6. Rd: (4 fM, 1 fM zun) 6x. (36)

7. Rd: (5 fM, 1 fM zun) 6x. (42)

8.-20. Rd: fM häkeln. (42)

Die Augen zwischen der 12. und 13. Rd anbringen, der Abstand beträgt 7 Maschen. Kopf/Körper beim weiteren Abnehmen fest ausstopfen.

21. Rd: (5 fM, 1 fM abn) 6x. (36)

22. Rd: fM häkeln. (36)

23. Rd: (4 fM, 1 fM abn) 6x. (30)

24. Rd: (3 fM, 1 fM abn) 6x. (24)

25. Rd: (2 fM, 1 fM abn) 6x. (18)

26. Rd: (1 fM, 1 fM abn) 6x. (12)

27. Rd: (1 fM abn) 6x. (6)

Den Faden abschneiden und durchziehen.

Füße (2x)

1. Rd: 6 fM in einen Magic-Ring. (6)

2. Rd: (1 fM zun) 6x. (12)

3.-5. Rd: fM häkeln. (12)

Den Faden abschneiden und durchziehen, dabei ein langes Ende zum Zusammennähen hängen lassen.

Arme (2x)

1. Rd: 6 fM in einen Magic-Ring. (6)

2. Rd: (1 fM, 1 fM zun) 3x. (9)

3.-6. Rd: fM häkeln. (9)

Den Faden abschneiden und durchziehen, dabei ein langes Ende zum Zusammennähen hängen lassen.

Weiter geht's auf Seite 24.

Material

- Häkelnadel 4,0 mm
- Garn der Stärke 4 (Medium) in Schwarz, 1 Knäuel
- Veloursgarn der Stärke 5 (Bulky) in Schwarz, 1 Knäuel
- 1 Paar Sicherheitsaugen, ø 12 mm (rot angesprüht, siehe Seite 13)
- Füllwatte
- Sticknadel ohne Spitze
- Stecknadeln zum Fixieren der Körperteile beim Annähen
- Schere

Abkürzungen

abn – unsichtbar abnehmen, d. h. 2 feste Maschen zusammen abmaschen, dabei nur in das vordere Maschenglied einstechen

fM – feste Masche(n)

Lm – Luftmasche(n)

Nd – Nadel

R – Reihe(n)

Rd – Runde(n)

zun – zunehmen, d. h. 2 feste Maschen in dieselbe Masche der Vorrunde/-reihe häkeln

Mothman (Fortsetzung)

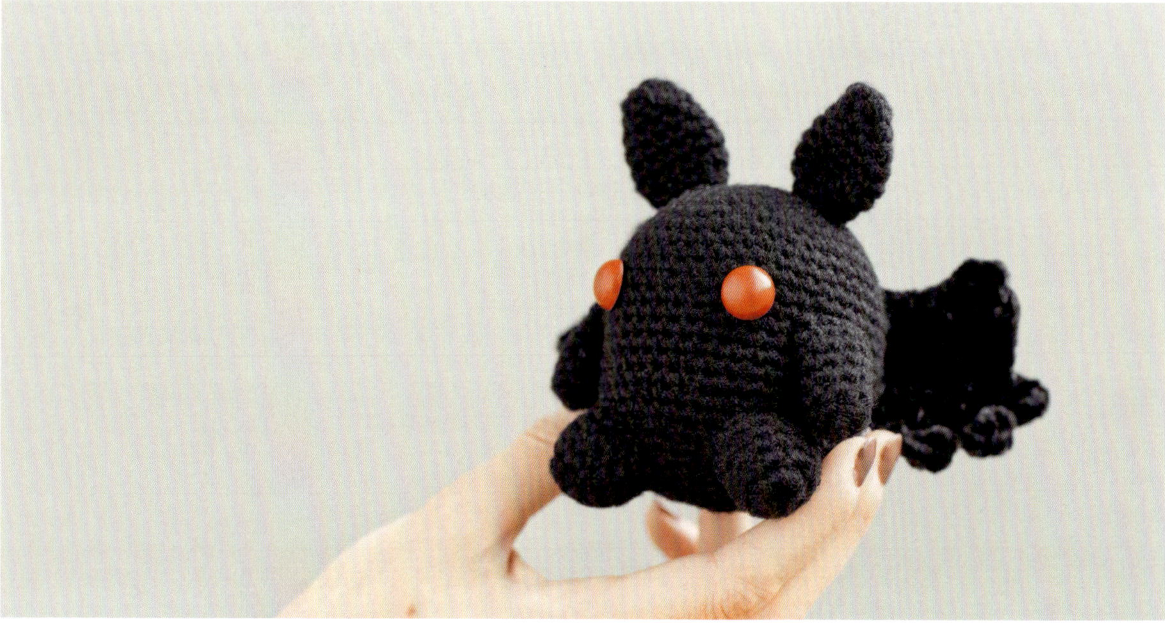

Fühler (2x)

1. Rd: 6 fM in einen Magic-Ring. (6)

2. Rd: (2 fM, 1 fM zun) 2x. (8)

3. Rd: (3 fM, 1 fM zun) 2x. (10)

4. Rd: (4 fM, 1 fM zun) 2x. (12)

5.+6. Rd: fM häkeln. (12)

7. Rd: (4 fM, 1 fM abn) 2x. (10)

8. Rd: (3 fM, 1 fM abn) 2x. (8)

Flügel (2x)

Die Flügel werden in R gehäkelt, nicht in Rd. Bitte die Anleitung sorgfältig lesen.

Aus schwarzem Veloursgarn

1. R: 5 Lm, wenden.

2. R: In der 2. Lm ab Nd beginnen, 4 fM, 4 Lm und wenden.

3. R: In der 2. Lm ab Nd beginnen, 7 fM, 1 Lm und wenden.

4. R: In der 2. Lm ab Nd beginnen, 4 fM, 4 Lm und wenden.

5. R: In der 2. Lm ab Nd beginnen, 7 fM, 3 Lm und wenden.

6. R: In der 2. Lm ab Nd beginnen, 6 fM, 4 Lm und wenden.

7. R: In der 2. Lm ab Nd beginnen, 9 fM, keine Lm, nicht wenden.

8. R: fM entlang der Oberkante der Flügel häkeln (auf gleichmäßige Abstände der Maschen achten).

Den Faden abschneiden und durchziehen, dabei ein langes Ende zum Zusammennähen hängen lassen.

Fertigstellen

Zuerst mit überwendlichen Stichen Kopf und Körper zunähen. Die Füße ausstopfen und an den unteren Körper nähen, vorher prüfen, ob Mothman stabil sitzen kann (nur die Füße halten die Figur im Gleichgewicht). Die Arme an die Körperseiten stecken und festnähen (sie werden nicht ausgestopft). Die Flügel an den Rücken der Figur stecken und, wenn die Position stimmt, festnähen. Die Fühler an den Kopf nähen (sie werden nicht ausgestopft). Zuletzt alle herausstehenden Fadenenden abschneiden.

Chupacabra

Chupacabras sind Fabelwesen, die hauptsächlich in Lateinamerika leben. Sie haben Ähnlichkeit mit Vampiren, denn sie saugen das Blut ihrer Beute. Eine besondere Vorliebe haben sie für Ziegen. Chupacabras sind schuppig und haben große Reißzähne und einen Stachelkamm auf ihrem Rückgrat. Klingt nicht sehr niedlich ... Meine Version ist es trotzdem.

Kopf

In Hellgrün

1. Rd: 6 fM in einen Magic-Ring. (6)

2. Rd: (1 fM zun) 6x. (12)

3. Rd: (1 fM, 1 fM zun) 6x. (18)

4. Rd: (2 fM, 1 fM zun) 6x. (24)

5. Rd: (3 fM, 1 fM zun) 6x. (30)

6. Rd: (4 fM, 1 fM zun) 6x. (36)

7.-12. Rd: fM häkeln. (36)

13. Rd: (5 fM, 1 fM zun) 6x. (42)

14.-16. Rd: fM häkeln. (42)

Die Augen zwischen der 12. und 13. Rd anbringen, der Abstand beträgt 7 Maschen. Beim weiteren Abnehmen den Kopf fest ausstopfen.

17. Rd: (5 fM, 1 fM abn) 6x. (36)

18. Rd: (4 fM, 1 fM abn) 6x. (30)

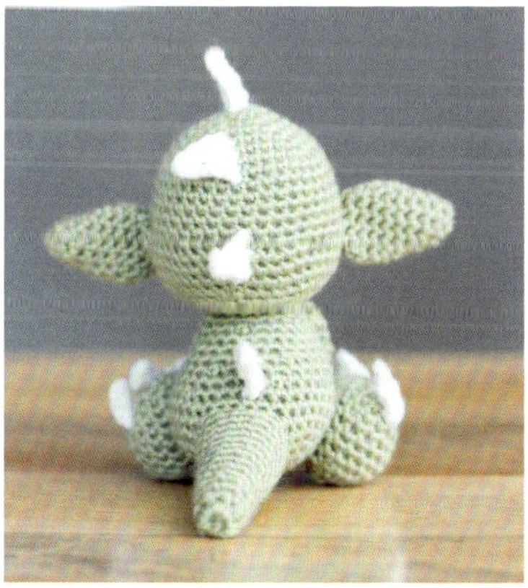

19. Rd: (3 fM, 1 fM abn) 6x. (24)

20. Rd: (2 fM, 1 fM abn) 6x. (18)

21. Rd: (1 fM, 1 fM abn) 6x. (12)

22. Rd: (1 fM abn) 6x. (6)

Den Faden abschneiden und durchziehen.

Körper

In Hellgrün

1. Rd: 6 fM in einen Magic-Ring. (6)

2. Rd: (1 fM zun) 6x. (12)

3. Rd: (1 fM, 1 fM zun) 6x. (18)

4. Rd: (2 fM, 1 fM zun) 6x. (24)

5. Rd: (3 fM, 1 fM zun) 6x. (30)

6. Rd: (4 fM, 1 fM zun) 6x. (36)

7.-9. Rd: fM häkeln. (36)

10. Rd: (4 fM, 1 fM abn) 6x. (30)

11. Rd: fM häkeln. (30)

12. Rd: (3 fM, 1 fM abn) 6x. (24)

13.-15. Rd: fM häkeln. (24)

16. Rd: (2 fM, 1 fM abn) 6x. (18)

17. Rd: fM häkeln. (18)

Den Faden abschneiden und durchziehen, dabei ein langes Ende zum Zusammennähen hängen lassen.

Weiter geht's auf Seite 26.

Material

- Häkelnadel 4,0 mm
- Garn der Stärke 4 (Medium) in Hellgrün, 1 Knäuel
- Garn der Stärke 4 (Medium) in Weiß, 1 Knäuel
- 1 Paar Sicherheitsaugen, ø 12 mm
- Füllwatte
- Sticknadel ohne Spitze
- Stecknadeln zum Fixieren der Körperteile beim Annähen
- Schere

Abkürzungen

abn – unsichtbar abnehmen, d. h. 2 feste Maschen zusammen abmaschen, dabei nur in das vordere Maschenglied einstechen

fM – feste Masche(n)

hStb – halbes Stäbchen

Km – Kettmasche

Lm – Luftmasche(n)

Nd – Nadel

Rd – Runde(n)

Stb – Stäbchen

zun – zunehmen, d. h. 2 feste Maschen in dieselbe Masche der Vorrunde/-reihe häkeln

Chupacabra (Fortsetzung)

Füße (2x)

In Hellgrün

1. Rd: 6 fM in einen Magic-Ring. (6)

2. Rd: (1 fM zun) 6x. (12)

3. Rd: (1 fM, 1 fM zun) 6x. (18)

4.-8. Rd: fM häkeln. (18)

9. Rd: (1 fM, 1 fM abn) 6x. (12)

10. Rd: (1 fM abn) 6x. (6)

Den Faden abschneiden und durchziehen, dabei ein langes Ende zum Zusammennähen hängen lassen.

Vorderbeine (2x)

In Hellgrün

1. Rd: 6 fM in einen Magic-Ring. (6)

2. Rd: (1 fM, 1 fM zun) 3x. (9)

3.-14. Rd: fM häkeln. (9)

Den Faden abschneiden und durchziehen, dabei ein langes Ende zum Zusammennähen hängen lassen.

Ohren (2x)

In Hellgrün

1. Rd: 4 fM in einen Magic-Ring. (4)

2. Rd: (1 fM, 1 fM zun) 2x. (6)

3. Rd: (2 fM, 1 fM zun) 2x. (8)

4. Rd: (3 fM, 1 fM zun) 2x. (10)

5. Rd: (4 fM, 1 fM zun) 2x. (12)

6.+7. Rd: fM häkeln. (12)

8. Rd: (4 fM, 1 fM abn) 2x. (10)

9. Rd: (3 fM, 1 fM abn) 2x. (8)

Den Faden abschneiden und durchziehen, dabei ein langes Ende zum Zusammennähen hängen lassen.

Schwanz

In Hellgrün

1. Rd: 6 fM in einen Magic-Ring. (6)

2. Rd: fM häkeln. (6)

3. Rd: (2 fM, 1 fM zun) 2x. (8)

4. Rd: fM häkeln. (8)

5. Rd: (3 fM, 1 fM zun) 2x. (10)

6. Rd: fM häkeln. (10)

7. Rd: (4 fM, 1 fM zun) 2x. (12)

8. Rd: fM häkeln. (12)

9. Rd: (5 fM, 1 fM zun) 2x. (14)

10. Rd: fM häkeln. (14)

11. Rd: (6 fM, 1 fM zun) 2x. (16)

12. Rd: fM häkeln. (16)

13. Rd: (7 fM, 1 fM zun) 2x. (18)

14. Rd: fM häkeln. (18)

Den Faden abschneiden und durchziehen, dabei ein langes Ende zum Zusammennähen hängen lassen.

Krallen (6x)

In Weiß

3 Lm und wenden, 1 Km in die 2. Lm ab Nd, 1 fM in die letzte Lm.

Den Faden abschneiden und durchziehen, dabei ein langes Ende zum Zusammennähen hängen lassen.

Reißzähne (2x)

In Weiß

4 Lm und wenden, 1 Km in die 2. Lm ab Nd, 1 fM in jede der beiden letzten Lm.

Den Faden abschneiden und durchziehen, dabei ein langes Ende zum Zusammennähen hängen lassen.

Zacken (4x)

In Weiß

5 Lm und wenden, 1 Km in die 2. Lm ab Nd, 1 fM in die nächste Lm, 1 hStb in die nächste Lm, 1 Stb in die letzte Lm.

Den Faden abschneiden und durchziehen, dabei ein langes Ende zum Zusammennähen hängen lassen.

Fertigstellen

Zuerst den Kopf mit überwendlichen Stichen schließen. Den Körper fest ausstopfen und an die Unterseite des Kopfs nähen. Die Füße ausstopfen und die unteren Enden mit überwendlichen Stichen zunähen. Nun Füße und Arme an den Körper stecken. Dabei darauf achten, dass die Figur im Sitzen im Gleichgewicht bleibt. Wenn die Platzierung stimmt, die Körperteile annähen (die Vorderbeine nicht ausstopfen). Den Schwanz ausstopfen und auf der Rückseite des Körpers befestigen. Die Ohren an beide Seiten des Kopfes nähen und die Reißzähne an die Vorderseite des Gesichts, zwischen die Augen. Je drei Krallen an die Fußspitzen nähen und die Zacken auf der Rückseite des Kopfes anbringen. Ich habe drei Zacken in gleichmäßigen Abständen in der hinteren Kopfmitte festgenäht und einen weiteren am oberen Rücken. Zuletzt alle herausstehenden Fadenenden abschneiden, dann ist der Chupacabra fertig!

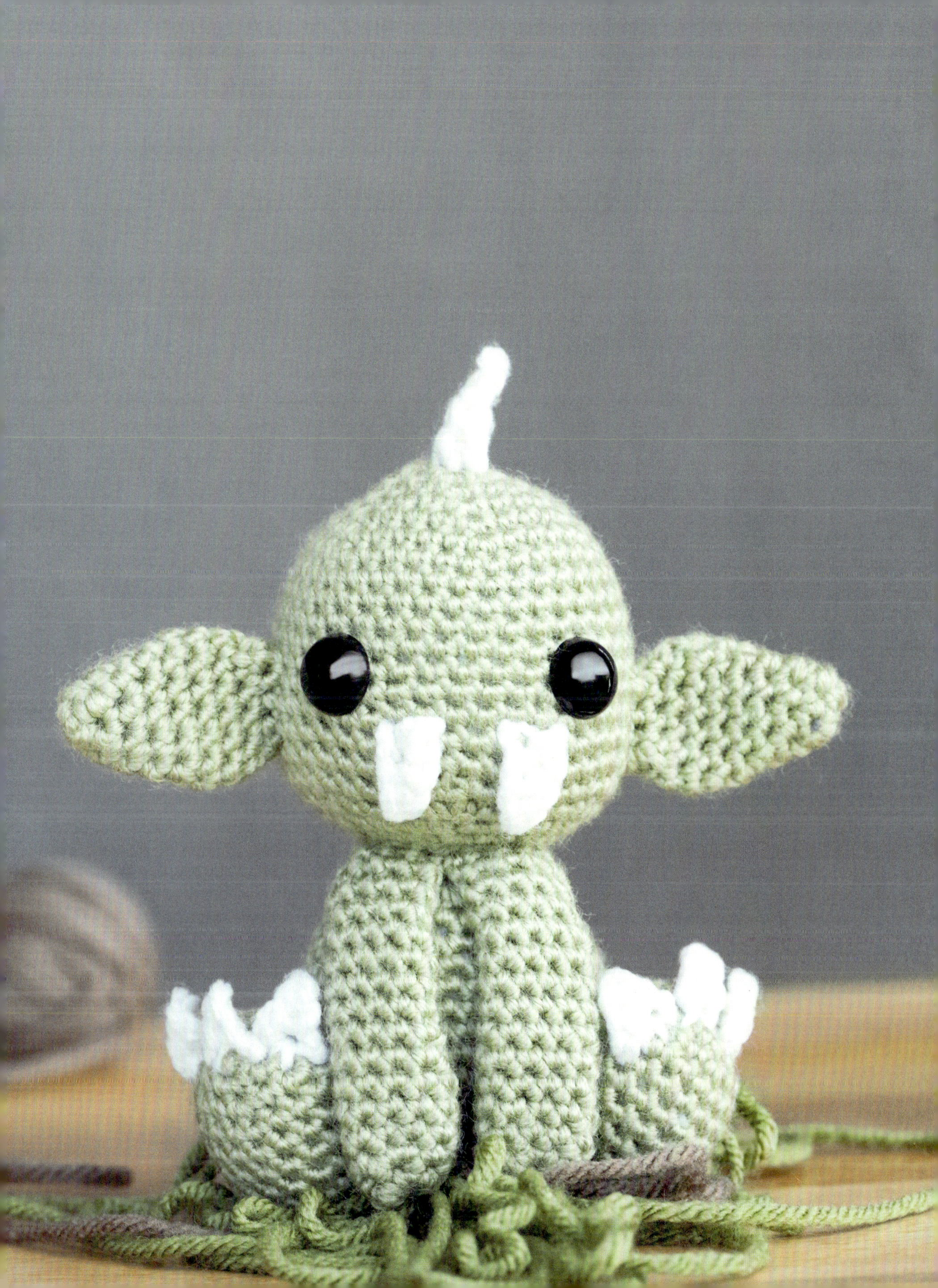

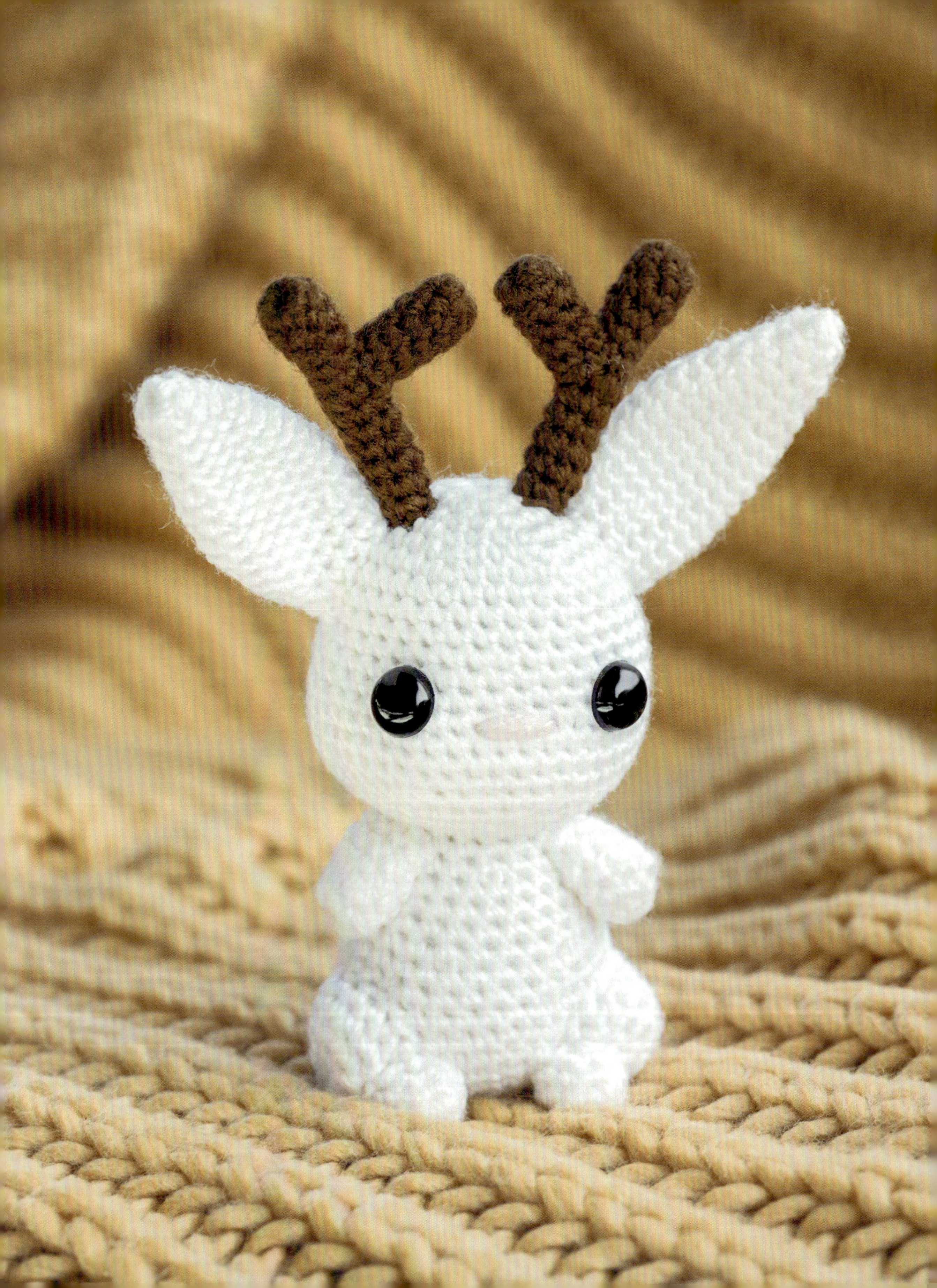

Jackalope

Jackalopes sind die wohl niedlichsten Kryptiden, die es gibt. Sie leben in der nordamerikanischen Prärie. Sie sehen aus wie Hasen mit Geweih, aber sie sind viel schneller, schlauer und wendiger als der Durchschnittshase! Jäger aufgepasst – Jackalopes können sich mit ihrem Geweih wehren. Diese Jackalope ist absolut unwiderstehlich. Ich hoffe, ihr habt beim Häkeln so viel Spaß wie ich.

Kopf

In Weiß

1. Rd: 6 fM in einen Magic-Ring. (6)

2. Rd: (1 fM zun) 6x. (12)

3. Rd: (1 fM, 1 fM zun) 6x. (18)

4. Rd: (2 fM, 1 fM zun) 6x. (24)

5. Rd: (3 fM, 1 fM zun) 6x. (30)

6. Rd: (4 fM, 1 fM zun) 6x. (36)

7.-12. Rd: fM häkeln. (36)

13. Rd: (5 fM, 1 fM zun) 6x. (42)

14.-16. Rd: fM häkeln. (42)

Die Augen zwischen der 12. und 13. Rd anbringen, der Abstand beträgt 7 Maschen. Beim weiteren Abnehmen den Kopf fest ausstopfen.

17. Rd: (5 fM, 1 fM abn) 6x. (36)

18. Rd: (4 fM, 1 fM abn) 6x. (30)

19. Rd: (3 fM, 1 fM abn) 6x. (24)

20. Rd: (2 fM, 1 fM abn) 6x. (18)

21. Rd: (1 fM, 1 fM abn) 6x. (12)

22. Rd: (1 fM abn) 6x. (6)

Den Faden abschneiden und durchziehen.

Körper

In Weiß

1. Rd: 6 fM in einen Magic-Ring. (6)

2. Rd: (1 fM zun) 6x. (12)

3. Rd: (1 fM, 1 fM zun) 6x. (18)

4. Rd: (2 fM, 1 fM zun) 6x. (24)

5. Rd: (3 fM, 1 fM zun) 6x. (30)

6. Rd: (4 fM, 1 fM zun) 6x. (36)

7.-9. Rd: fM häkeln. (36)

10. Rd: (4 fM, 1 fM abn) 6x. (30)

11. Rd: fM häkeln. (30)

12. Rd: (3 fM, 1 fM abn) 6x. (24)

13.-15. Rd: fM häkeln. (24)

16. Rd: (2 fM, 1 fM abn) 6x. (18)

17. Rd: fM häkeln. (18)

Den Faden abschneiden und durchziehen, dabei ein langes Ende zum Zusammennähen hängen lassen.

Weiter geht's auf Seite 30.

Material

- Häkelnadel 4,0 mm
- Garn der Stärke 4 (Medium) in Weiß, 1 Knäuel
- Garn der Stärke 4 (Medium) in Braun, 1 Knäuel
- 1 Paar Sicherheitsaugen, ø 12 mm
- Füllwatte
- Sticknadel ohne Spitze
- Stecknadeln zum Fixieren der Körperteile beim Annähen
- Schere
- Stickgarn in Rosa, 25 cm

Abkürzungen

abn – unsichtbar abnehmen, d. h. 2 feste Maschen zusammen abmaschen, dabei nur in das vordere Maschenglied einstechen

fM – feste Masche(n)

Nd – Nadel

Rd – Runde(n)

zun – zunehmen, d. h. 2 feste Maschen in dieselbe Masche der Vorrunde/-reihe häkeln

Jackalope (Fortsetzung)

Hinterläufe (2x)

In Weiß

1. Rd: 6 fM in einen Magic-Ring. (6)

2. Rd: (1 fM zun) 6x. (12)

3. Rd: (3 fM, 1 fM zun) 3x. (15)

4. Rd: fM häkeln. (15)

Den Faden abschneiden und durchziehen, dabei ein langes Ende zum Zusammennähen hängen lassen.

Hinterpfoten (2x)

In Weiß

1. Rd: 6 fM in einen Magic-Ring. (6)

2. Rd: (2 fM, 1 fM zun) 2x. (8)

3. Rd: fM häkeln. (8)

Den Faden abschneiden und durchziehen, dabei ein langes Ende zum Zusammennähen hängen lassen.

Arme (2x)

In Weiß

1. Rd: 6 fM in einen Magic-Ring. (6)

2. Rd: (2 fM, 1 fM zun) 2x. (8)

3.–5. Rd: fM häkeln. (8)

Den Faden abschneiden und durchziehen, dabei ein langes Ende zum Zusammennähen hängen lassen.

Ohren (2x)

In Weiß

1. Rd: 4 fM in einen Magic-Ring. (4)

2. Rd: (1 fM, 1 fM zun) 2x. (6)

3. Rd: (2 fM, 1 fM zun) 2x. (8)

4. Rd: (3 fM, 1 fM zun) 2x. (10)

5. Rd: (4 fM, 1 fM zun) 2x. (12)

6. Rd: fM häkeln. (12)

7. Rd: (3 fM, 1 fM zun) 3x. (15)

8.–13. Rd: fM häkeln. (15)

14. Rd: (3 fM, 1 fM abn) 3x. (12)

15. Rd: fM häkeln. (12)

16. Rd: (4 fM, 1 fM abn) 2x. (10)

Den Faden abschneiden und durchziehen, dabei ein langes Ende zum Zusammennähen hängen lassen.

Schwanz

In Weiß

1. Rd: 6 fM in einen Magic-Ring. (6)

2. Rd: (2 fM, 1 fM zun) 2x. (8)

3. Rd: fM häkeln. (8)

4. Rd: (1 fM abn) 4x. (4)

Den Faden abschneiden und durchziehen, dabei ein langes Ende zum Zusammennähen hängen lassen.

Großes Geweih (2x)

In Braun

1. Rd: 6 fM in einen Magic-Ring. (6)

2.–12. Rd: fM häkeln. (6)

Den Faden abschneiden und durchziehen, dabei ein langes Ende zum Zusammennähen hängen lassen.

Kleines Geweih (2x)

In Braun

1. Rd: 6 fM in einen Magic-Ring. (6)

2.–5. Rd: fM häkeln. (6)

Den Faden abschneiden und durchziehen, dabei ein langes Ende zum Zusammennähen hängen lassen.

Fertigstellen

Den Kopf mit überwendlichen Stichen schließen, dann den Körper fest ausstopfen und an die Unterseite des Kopfs nähen. Die Hinterläufe beidseitig teilweise an den Körper nähen, dann auf die gewünschte Festigkeit ausstopfen und ganz annähen. Als Nächstes befestigst du die (ausgestopften) Hinterpfoten an der Vorderseite der Hinterläufe. Überprüfe beim Nähen das Gleichgewicht deiner Figur, denn die Jackalope soll aufrecht sitzen können. Die Arme beidseitig direkt am Übergang zwischen Kopf und Körper festnähen (sie werden nicht ausgestopft).

Die Ohren auf dem Oberkopf festnähen. Die großen Geweihteile dazwischen festnähen (ich habe meine nicht ausgestopft). Die kleinen Geweihteile an die großen nähen. Den Schwanz an der Rückseite festnähen. Er kann helfen, die Figur im Sitzen aufrecht zu halten. Ich habe den Schwanz nicht ausgestopft, aber mit etwas Füllwatte bekommt er eine schöne runde Form und etwas mehr Festigkeit. Zuletzt noch alle heraussstehenden Fäden abschneiden und mit rosa Stickgarn eine kleine Nase zwischen die Augen sticken. Fertig ist die Jackalope!

Sandwurm

Sandwürmer haben in den letzten 50 Jahren in vielen Büchern, Filmen und Spielen ihr Unwesen getrieben. Die riesigen wurmartigen Wesen mit den großen Zähnen graben sich im Boden ein und greifen alles an, was rhythmische Vibrationen erzeugt. Um nicht bemerkt zu werden, muss man sich bewegen, ohne solche Schwingungen zu verursachen. Das ist so gut wie unmöglich. Zum Glück ist dieser Sandwurm sehr klein, und selbst wenn er wollte, könnte er uns nicht verletzen, denn seine Zähne sind aus Filz!

Maul

In Schwarz

1. Rd: 6 fM in einen Magic-Ring. (6)

2. Rd: (1 fM zun) 6x. (12)

3. Rd: (1 fM, 1 fM zun) 6x. (18)

4. Rd: (2 fM, 1 fM zun) 6x. (24)

5. Rd: (3 fM, 1 fM zun) 6x. (30)

6. Rd: (4 fM, 1 fM zun) 6x. (36)

Den Faden abschneiden und durchziehen.

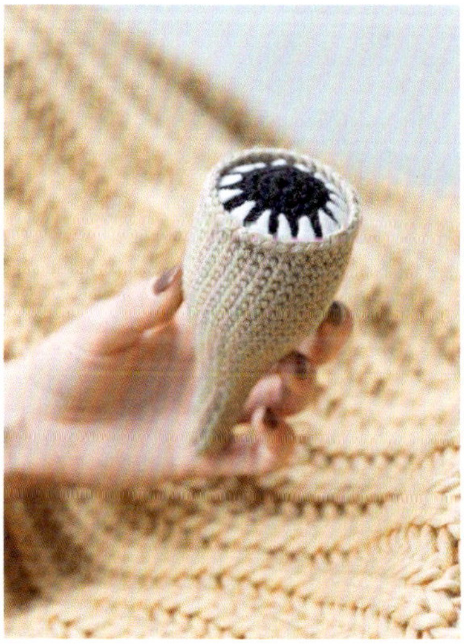

Körper

Am Schwanzende beginnen, in Beige

1. Rd: 4 fM in einen Magic-Ring. (4)

2. Rd: (1 fM, 1 fM zun) 2x. (6)

3. Rd: fM häkeln. (6)

4. Rd: (2 fM, 1 fM zun) 2x. (8)

5. Rd: fM häkeln. (8)

6. Rd: (3 fM, 1 fM zun) 2x. (10)

7. Rd: fM häkeln. (10)

8. Rd: (4 fM, 1 fM zun) 2x. (12)

9. Rd: fM häkeln. (12)

10. Rd: (3 fM, 1 fM zun) 3x. (15)

11. Rd: fM häkeln. (15)

12. Rd: (4 fM, 1 fM zun) 3x. (18)

13. Rd: fM häkeln. (18)

Weiter geht's auf Seite 32.

Material

- Häkelnadel 4,0 mm
- Garn der Stärke 4 (Medium) in Schwarz, 1 Knäuel
- Garn der Stärke 4 (Medium) in Beige, 1 Knäuel
- Füllwatte
- Sticknadel ohne Spitze
- Stecknadeln zum Fixieren der Körperteile beim Annähen
- Schere
- 1 Stück Filz in Weiß
- Textil- oder Heißkleber

Abkürzungen

fM – feste Masche(n)

Nd – Nadel

Rd – Runde(n)

zun – zunehmen, d. h. 2 feste Maschen in dieselbe Masche der Vorrunde/-reihe häkeln

Sandwurm
(Fortsetzung)

14. Rd: (5 fM, 1 fM zun) 3x. (21)

15. Rd: fM häkeln. (21)

16. Rd: (6 fM, 1 fM zun) 3x. (24)

17. Rd: fM häkeln. (24)

18. Rd: (3 fM, 1 fM zun) 6x. (30)

19.+20. Rd: fM häkeln. (30)

21. Rd: (4 fM, 1 fM zun) 6x. (36)

22.-31. Rd: fM häkeln. (36)

Im nächsten Schritt wird das Maul an den Körper genäht. Vorher muss der Körper auf die gewünschte Festigkeit ausgestopft werden.

32. Rd: fM häkeln, dabei mit der Häkelnadel jeweils in eine Masche des Körpers und eine des Mauls einstechen. (36)

33. Rd: fM häkeln. (36)

Den Faden abschneiden und durchziehen, dann im Schwanz vernähen.

Übrige Fadenenden mit einer Schere abschneiden.

Zähne

Der letzte Schliff! Mit einer Schere mehrere kleine Dreiecke aus dem weißen Filz ausschneiden und mit den Spitzen nach innen um den Rand der Mundöffnung kleben. Ich habe 15 Zähne von ca. 1,3 cm Länge gebraucht, aber du kannst Größe und Anzahl deiner Zähne selbst bestimmen. Sobald der Kleber getrocknet ist, ist dein Sandwurm fertig!

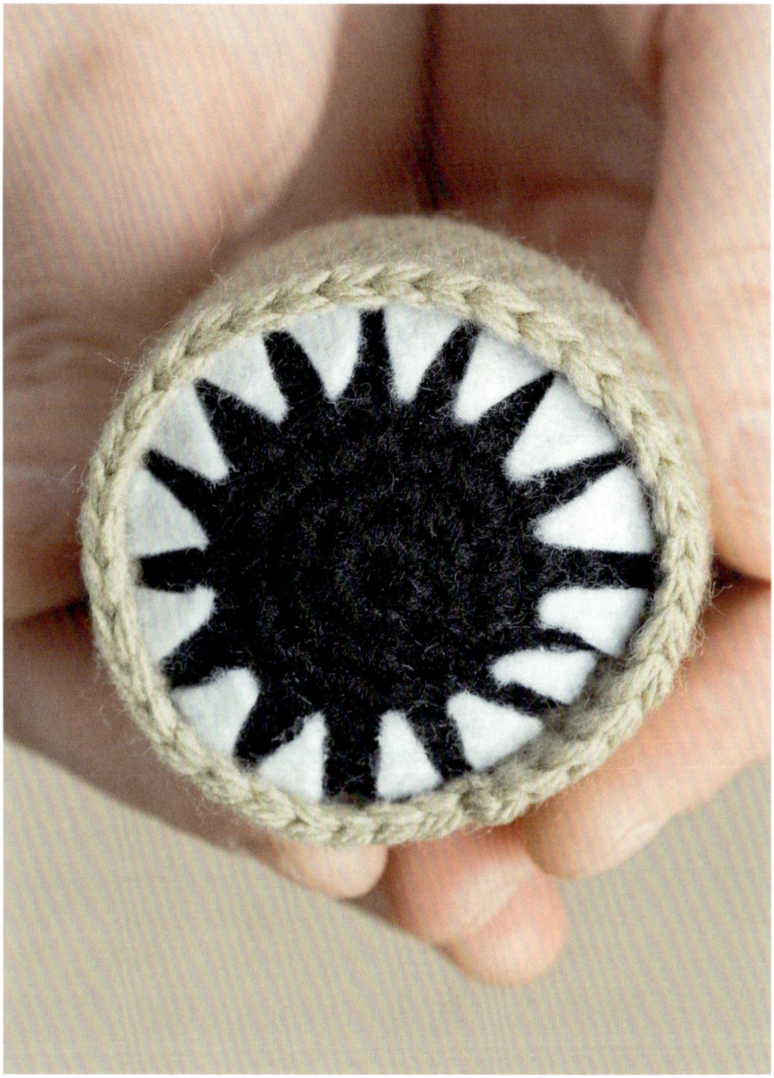

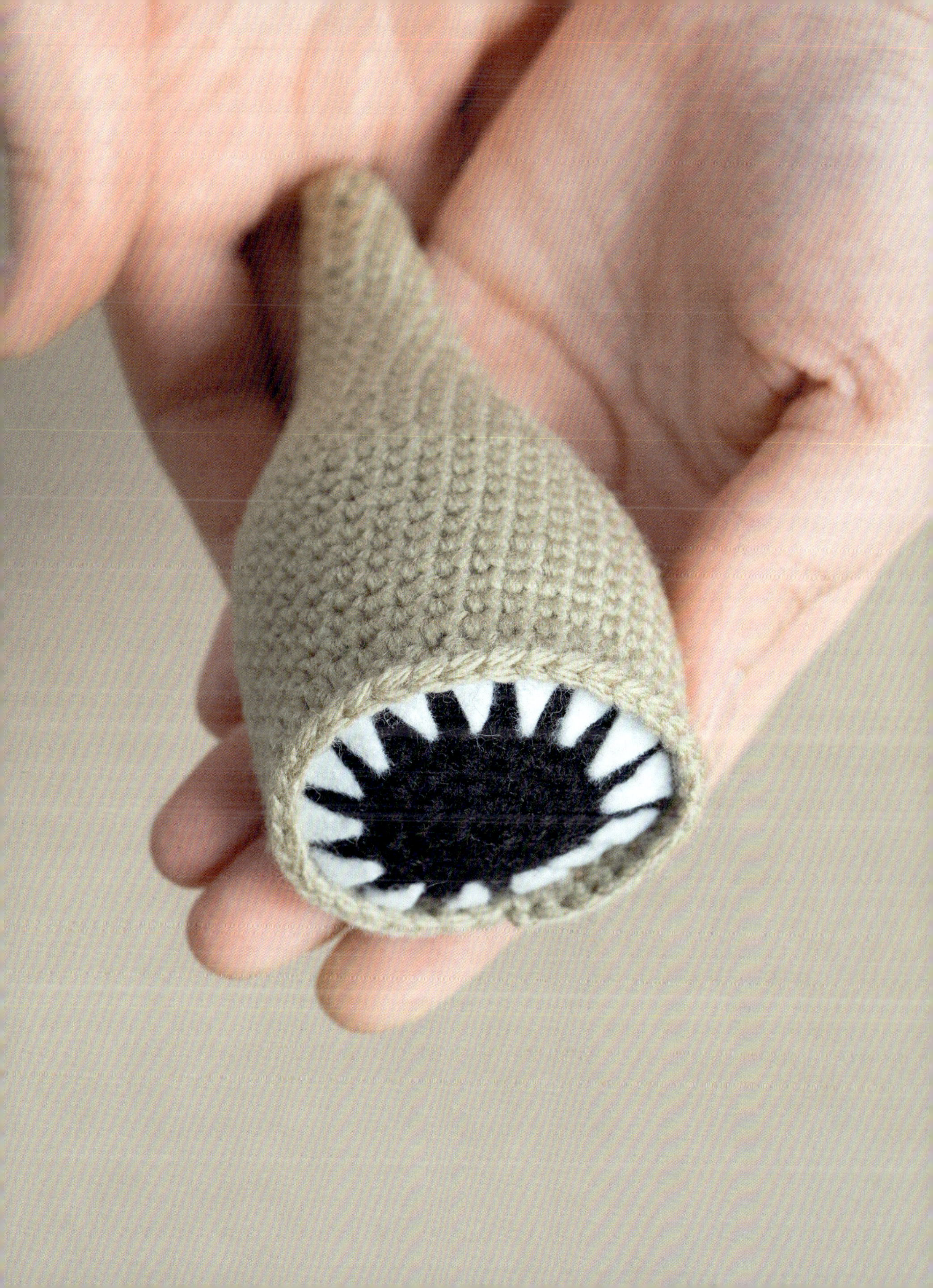

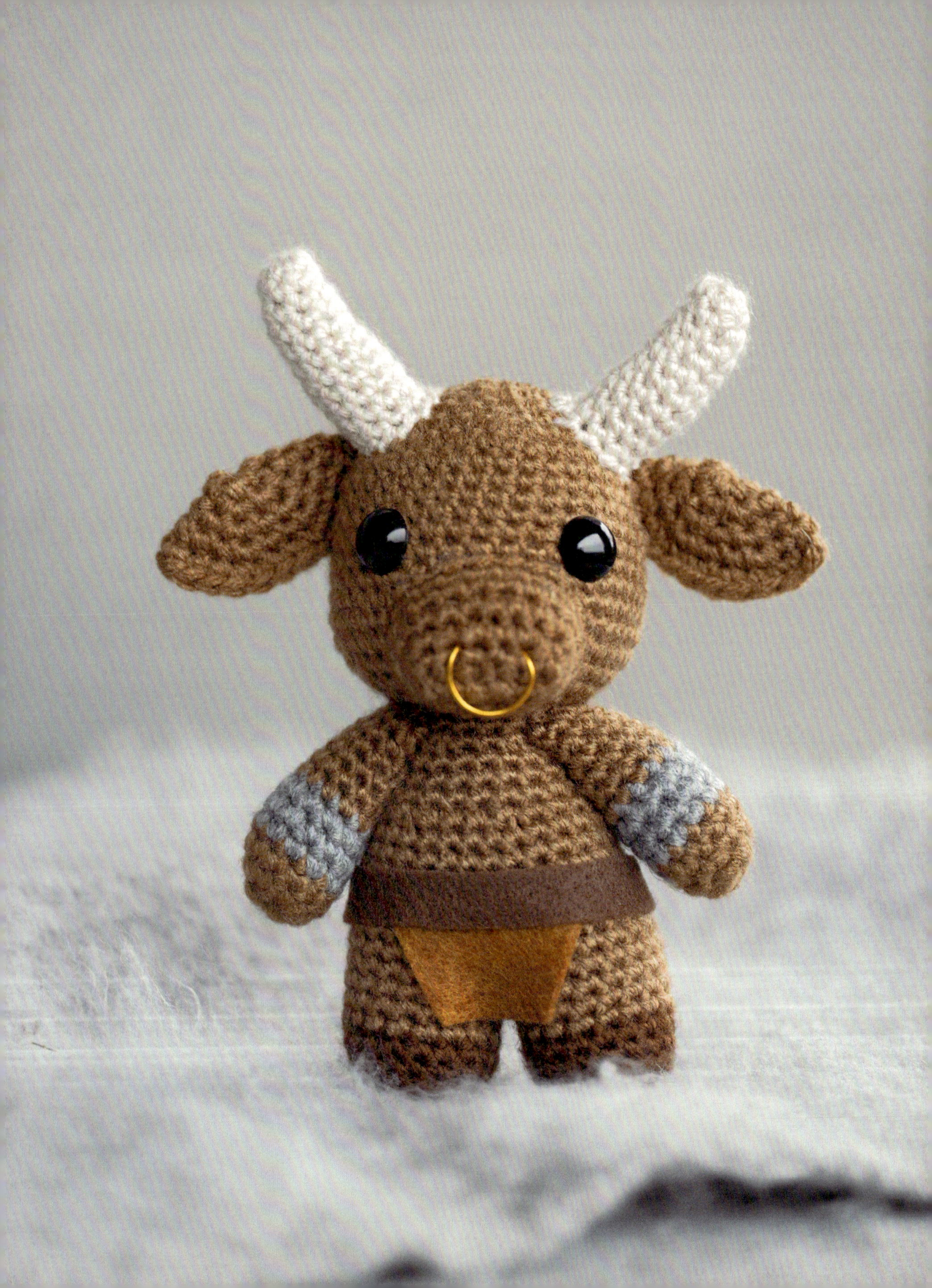

Kapitel 2

MENSCHEN FRESSER

In jedem Epos gibt es ein Ungeheuer, das Menschen jagt und schließlich vom Helden der Geschichte erschlagen wird. Ich hatte schon immer eine Schwäche für diese Monster, obwohl sie eigentlich ausgesprochen grotesk sind. Besonders spannend ist oft die Geschichte, wie sie zu solchen Ungeheuern geworden sind. In diesem Kapitel habe ich sieben berühmt-berüchtigte Menschenfresser versammelt, darunter Nosferatu mit seinen Reißzähnen (Seite 46), der Zyklop mit seinem riesigen Auge (Seite 52) und sogar ein niedlicher Werwolf mit zerfetzten Shorts (Seite 37). Bitte betrachte sie mit Wohlwollen – genau wie ich.

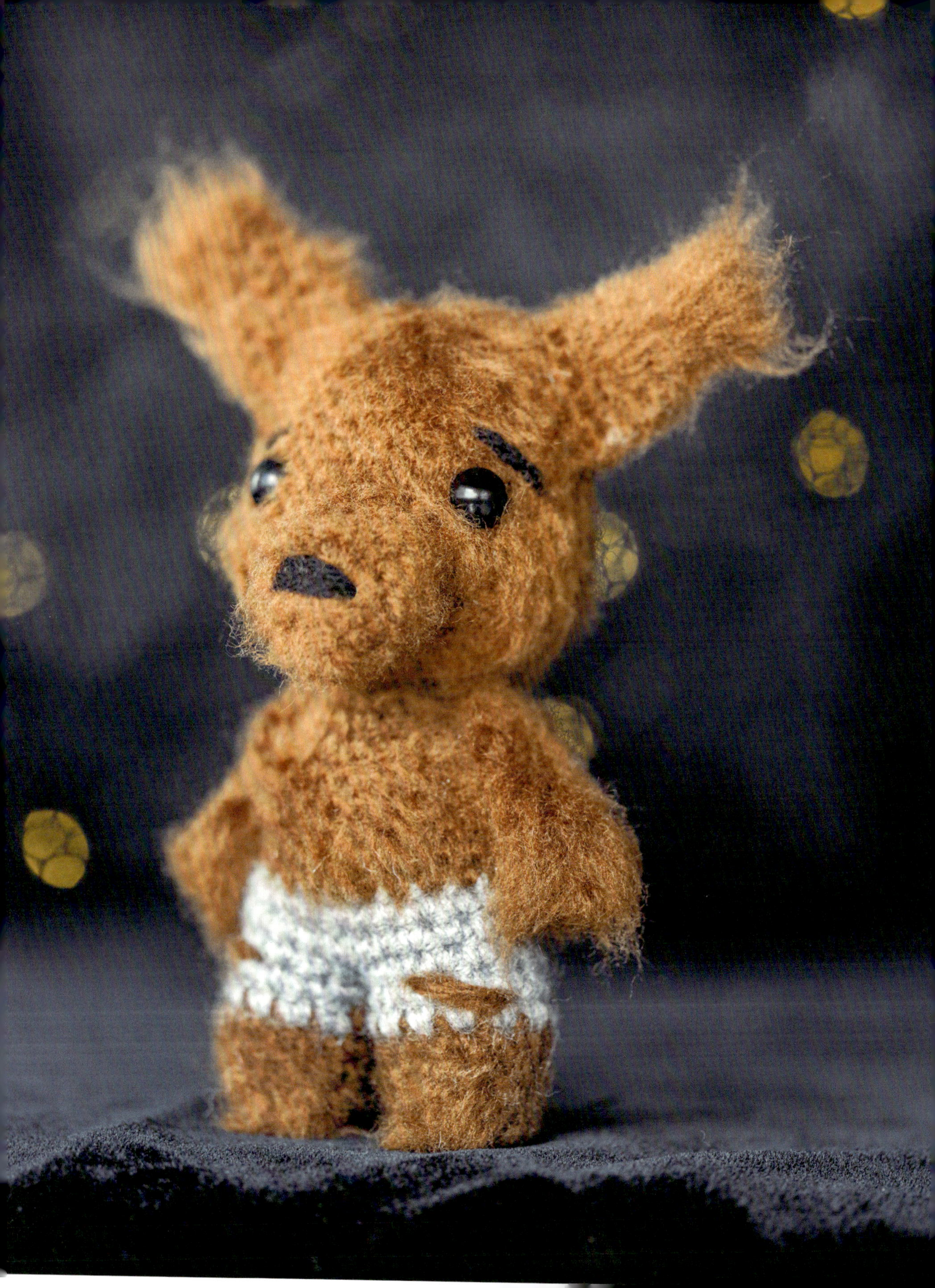

Werwolf

Bei Tag ein Mensch, bei Mondschein ein wölfisches Monster! Der Werwolf ist eine meiner Lieblingskreaturen, ganz gleich, wie er beschrieben wird! Schon als Mädchen mochte ich diese Werwolfgeschichten für Teenager. Der Schulalltag ist schon hart genug, aber der arme junge Werwolf muss die monatliche Verwandlung ertragen und ist von Stimmungsschwankungen gebeutelt … Ich hoffe, dir gefällt meine moderne Interpretation des klassischen Monsters. Bei diesem Projekt wird das Garn gebürstet, damit es seine flauschige Oberfläche bekommt.

Kopf

In Braun

1. Rd: 6 fM in einen Magic-Ring. (6)

2. Rd: (1 fM zun) 6x. (12)

3. Rd: (1 fM, 1 fM zun) 6x. (18)

4. Rd: (2 fM, 1 fM zun) 6x. (24)

5. Rd: (3 fM, 1 fM zun) 6x. (30)

6.–11. Rd: fM häkeln. (30)

12. Rd: (4 fM, 1 fM zun) 6x. (36)

13.–16. Rd: fM häkeln. (36)

17. Rd: (4 fM, 1 fM abn) 6x. (30)

18. Rd: (3 fM, 1 fM abn) 6x. (24)

19. Rd: (2 fM, 1 fM abn) 6x. (18)

An diesem Punkt hören wir auf zu häkeln und beginnen mit dem Ausbürsten des Kopfes. Nimm dafür eine Drahtbürste für Haustiere. Wer es noch nie gemacht hat, sollte langsam und vorsichtig anfangen. Je sicherer du wirst, dass du die Maschen nicht aufreißt, desto mehr kannst du die Geschwindigkeit und Stärke des Bürstens erhöhen. Es dauert eine Weile, um das gewünschte Ergebnis zu erzielen. (Als Anhaltspunkt: Ich habe etwa eine Stunde gebraucht, um den Kopf auszubürsten.) Aber es lohnt sich, weil es wirklich cool aussieht. Unbedingt bürsten, bevor die Augen angebracht werden, sonst können sie zerkratzt werden.

Die Augen zwischen der 9. und 10. Rd anbringen, der Abstand beträgt 6 Maschen. Die Maschen sind im gebürsteten „Fell" schlecht zu sehen, aber wenn man die Härchen zur Seite schiebt, kann man sie erkennen. Ich ziehe eine Häkelnadel über die Oberfläche. Wenn sie etwas einsinkt, ist das eine Masche oder Rd, je nach Richtung.

Weiter geht's auf Seite 38.

Material

- Häkelnadel 4,0 mm
- Garn der Stärke 4 (Medium) in Braun, 1 Knäuel
- Garn der Stärke 4 (Medium) in Grau, 1 Knäuel
- 1 Paar Sicherheitsaugen, ø 9 mm
- Füllwatte
- Sticknadel ohne Spitze
- Stecknadeln zum Fixieren der Körperteile beim Annähen
- Schere

Haustier-Drahtbürste (sauber und nur zum Basteln – nicht für den Hund)

- Stickgarn in Schwarz, 60 cm

Abkürzungen

abn – unsichtbar abnehmen, d. h. 2 feste Maschen zusammen abmaschen, dabei nur in das vordere Maschenglied einstechen

fM – feste Masche(n)

Nd – Nadel

Rd – Runde(n)

zun – zunehmen, d. h. 2 feste Maschen in dieselbe Masche der Vorrunde/-reihe häkeln

Werwolf
(Fortsetzung)

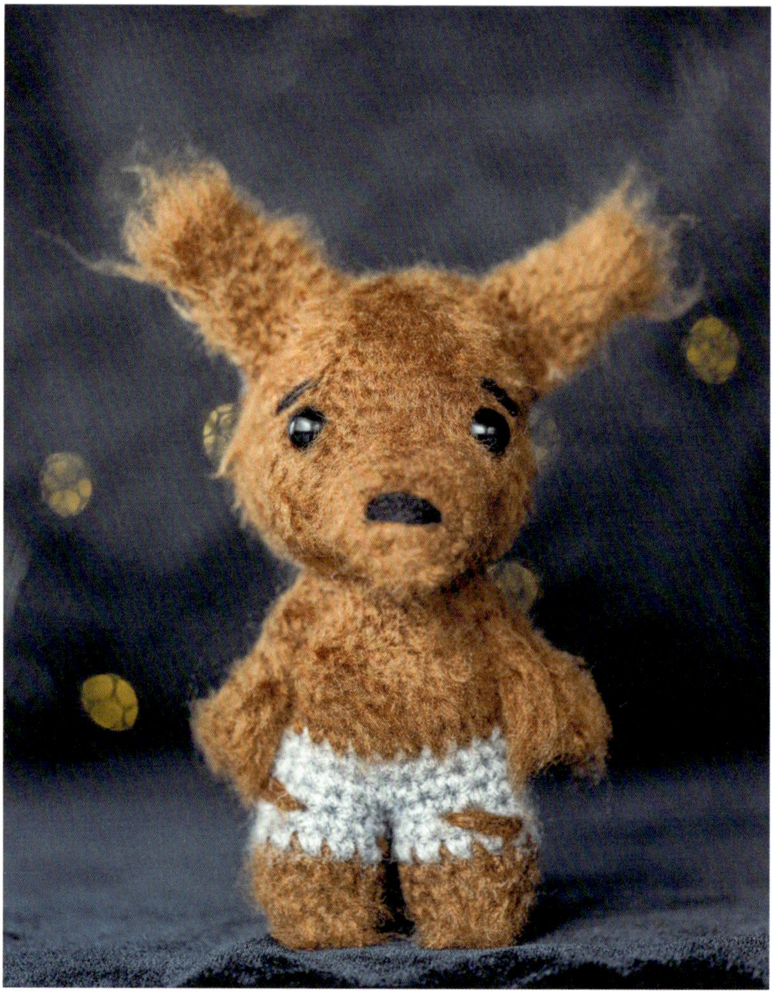

Den Kopf vor den letzten Abnahmen ausstopfen. Die letzten beiden Rd brauchen nicht gebürstet zu werden, weil man sie nach dem Annähen des Körpers nicht sieht.

20. Rd: (1 fM, 1 fM abn) 6x. (12)

21. Rd: (1 fM abn) 6x. (6)

Den Faden abschneiden und durchziehen.

Schnauze

In Braun

1. Rd: 6 fM in einen Magic-Ring. (6)

2. Rd: (1 fM zun) 6x. (12)

3. Rd: fM häkeln. (12)

4. Rd: (3 fM, 1 fM zun) 3x. (15)

5.+6. Rd: fM häkeln. (15)

Den Faden abschneiden und durchziehen, dabei ein langes Ende zum Zusammennähen hängen lassen. Die Schnauze wie den Kopf bürsten.

Körper

Mit dem ersten Bein beginnen, in Braun

1. Rd: 6 fM in einen Magic-Ring. (6)

2. Rd: (1 fM zun) 6x. (12)

3.-5. Rd: fM häkeln. (12)

Mit Grau fortfahren.

6.+7. Rd: fM häkeln. (12)

Den Faden abschneiden und durchziehen.

Zweites Bein, in Braun

1. Rd: 6 fM in einen Magic-Ring. (6)

2. Rd: (1 fM zun) 6x. (12)

3.-5. Rd: fM häkeln. (12)

Mit Grau fortfahren.

6.+7. Rd: fM häkeln. (12)

Den Faden nicht abschneiden. Für die nächste Masche ins erste Bein einstechen. Dies ist die 1. Masche der 8. Rd.

8. Rd: fM häkeln. (24)

9.+10. Rd: fM häkeln. (24)

Mit Braun fortfahren

11.-15. Rd: fM häkeln. (24)

16. Rd: (2 fM, 1 fM abn) 6x. (18)

17. Rd: fM häkeln. (18)

18. Rd: (1 fM, 1 fM abn) 6x. (12)

Den Faden abschneiden und durchziehen, dabei ein langes Ende zum Zusammennähen hängen lassen.

Den Körper fest ausstopfen. Das braune Garn wie zuvor bürsten, aber nicht die grauen Shorts.

Schwanz

In Braun

1. Rd: 6 fM in einen Magic-Ring. (6)

2. Rd: 1 fM zun, 5 fM. (7)

3. Rd: 1 fM zun, 6 fM. (8)

4. Rd: 1 fM zun, 7 fM. (9)

5.-8. Rd: fM häkeln. (9)

Den Faden abschneiden und durchziehen, dabei ein langes Ende zum Zusammennähen hängen lassen. Den Schwanz leicht ausstopfen und bürsten.

Arme (2x)

In Braun

1. Rd: 6 fM in einen Magic-Ring. (6)

2. Rd: (1 fM, 1 fM zun) 3x. (9)

3.-9. Rd: fM häkeln. (9)

Den Faden abschneiden und durchziehen, dabei ein langes Ende zum Zusammennähen hängen lassen. Die Arme bürsten. Inzwischen hast du den Bogen heraus.

Ohren (2x)

In Braun

1. Rd: 6 fM in einen Magic-Ring. (6)

2. Rd: fM häkeln. (6)

3. Rd: (2 fM, 1 fM zun) 2x. (8)

4. Rd: fM häkeln. (8)

5. Rd: (3 fM, 1 fM zun) 2x. (10)

6. Rd: fM häkeln. (10)

7. Rd: (4 fM, 1 fM zun) 2x. (12)

8. Rd: (5 fM, 1 fM zun) 2x. (14)

Den Faden abschneiden und durchziehen, dabei ein langes Ende zum Zusammennähen hängen lassen. Die Ohren flauschig bürsten.

Fertigstellen

Zuerst den Kopf mit überwendlichen Stichen schließen. Den Körper fest ausstopfen und an den Kopf nähen. Die Schnauze ausstopfen und direkt unter den Augen an den Kopf stecken. Wenn die Position gut aussieht, wird sie festgenäht. Dann die Nase mit schwarzem Stickgarn auf die Schnauzenspitze sticken. Mit demselben Garn die Augenbrauen sticken. (Du kannst sie auch weglassen, aber ich wollte meinem Werwolf ein besorgtes Aussehen geben. Wenn du den Winkel der Augenbrauen veränderst, verändert sich auch der Gesichtsausdruck.)

Die Arme an beiden Seiten des Körpers festnähen (ich habe sie nicht ausgestopft) und die Ohren an der Oberseite des Kopfes beiderseits des Magic-Rings befestigen. Den Schwanz auf der Rückseite der Shorts genau in der Mitte feststecken, sodass es aussieht, als würde er durch die Rückseite ragen, dann festnähen. Wenn du etwas von seinem Fell ausbessern musst, kannst du kleine Abschnitte vorsichtig ausbürsten, aber pass auf, dass du dabei die Shorts oder die Stickerei von Nase und Augenbrauen nicht beschädigst. Wenn ein Teil des Fells zu lang ist, kannst du es mit der Schere kürzen, aber sei dabei sehr vorsichtig – was einmal ab ist, ist ab.

Damit die Shorts meines Werwolfs wie zerfetzt aussehen, habe ich mit einem 20 cm langen Faden des braunen Garns einige Striche auf die Hose gestickt und ganz leicht gebürstet. So sieht es aus, als ob das Fell durch die Risse schaut. Damit ist dein Werwolf fertig!

Zombie

Brainssss! Zombies bescheren uns nicht nur in Computerspielen wohliges Gruseln, sondern auch in Büchern und Filmen. Jedes Mal, wenn ein neuer Zombie-Film, ein Spiel oder eine Serie herauskommt, scheint es so, als würde das Publikum sie verschlingen. Ein gehäkelter Zombie lässt viel Spielraum für die Fantasie. Ich zeige hier eine Basis-Figur, die du kreativ abwandeln kannst. Füge Haarbüschel hinzu, ändere das Outfit, lass Körperteile weg. Ich bin sehr gespannt zu sehen, was ihr euch einfallen lasst.

Kopf

In Hellgrün

1. Rd: 6 fM in einen Magic-Ring. (6)

2. Rd: (1 fM zun) 6x. (12)

3. Rd: (1 fM, 1 fM zun) 6x. (18)

4. Rd: (2 fM, 1 fM zun) 6x. (24)

5. Rd: (3 fM, 1 fM zun) 6x. (30)

6. Rd: (4 fM, 1 fM zun) 6x. (36)

7.-15. Rd: fM häkeln. (36)

16. Rd: (4 fM, 1 fM abn) 6x. (30)

17. Rd: (3 fM, 1 fM abn) 6x. (24)

Die Augen zwischen der 11. und 12. Rd nur einstecken, nicht fixieren, der Abstand beträgt 6 Maschen. Den schwarzen Lidschatten um die Augen und unter ihren Rändern auftragen. Wenn die Kreise groß und dunkel genug sind, die Augen ganz befestigen. Den Kopf beim weiteren Abnehmen fest ausstopfen.

18. Rd: (2 fM, 1 fM abn) 6x. (18)

19. Rd: (1 fM, 1 fM abn) 6x. (12)

20. Rd: (1 fM abn) 6x. (6)

Den Faden abschneiden und durchziehen.

Ohren (2x)

In Hellgrün

1. Rd: 5 fM in einen Magic-Ring. (5)

Alle Maschen zu einer Seite schieben, sodass ein Halbkreis entsteht.

Den Faden abschneiden und durchziehen, dabei ein langes Ende zum Zusammennähen hängen lassen.

Arme (2x)

In Hellgrün

1. Rd: 6 fM in einen Magic-Ring. (6)

2. Rd: (1 fM, 1 fM zun) 3x. (9)

3. Rd: fM häkeln. (9)

Mit Weiß fortfahren

4.-10. Rd: fM häkeln. (9)

Den Faden abschneiden und durchziehen, dabei ein langes Ende zum Zusammennähen hängen lassen.

Weiter geht's auf Seite 42.

Material

- Häkelnadel 4,0 mm
- Garn der Stärke 4 (Medium) in Hellgrün, 1 Knäuel
- Garn der Stärke 4 (Medium) in Weiß, 1 Knäuel
- Garn der Stärke 4 (Medium) in Schwarz, 1 Knäuel
- Garn der Stärke 4 (Medium) in Braun, 1 Knäuel
- 1 Paar Sicherheitsaugen, ø 9 mm
- Füllwatte
- Sticknadel ohne Spitze
- Stecknadeln
- Schere
- Schwarzer Lidschatten
- 1 Stück Filz in Braun
- Textil- oder Heißkleber
- Stickgarn in Rosa, 20 cm

Abkürzungen

abn – unsichtbar abnehmen, d. h. 2 feste Maschen zusammen abmaschen, dabei nur in das vordere Maschenglied einstechen

fM – feste Masche(n)

hStb – halbes Stäbchen

Lm – Luftmasche(n)

Nd – Nadel

Rd – Runde(n)

zun – zunehmen, d. h. 2 feste Maschen in dieselbe Masche der Vorrunde/-reihe häkeln

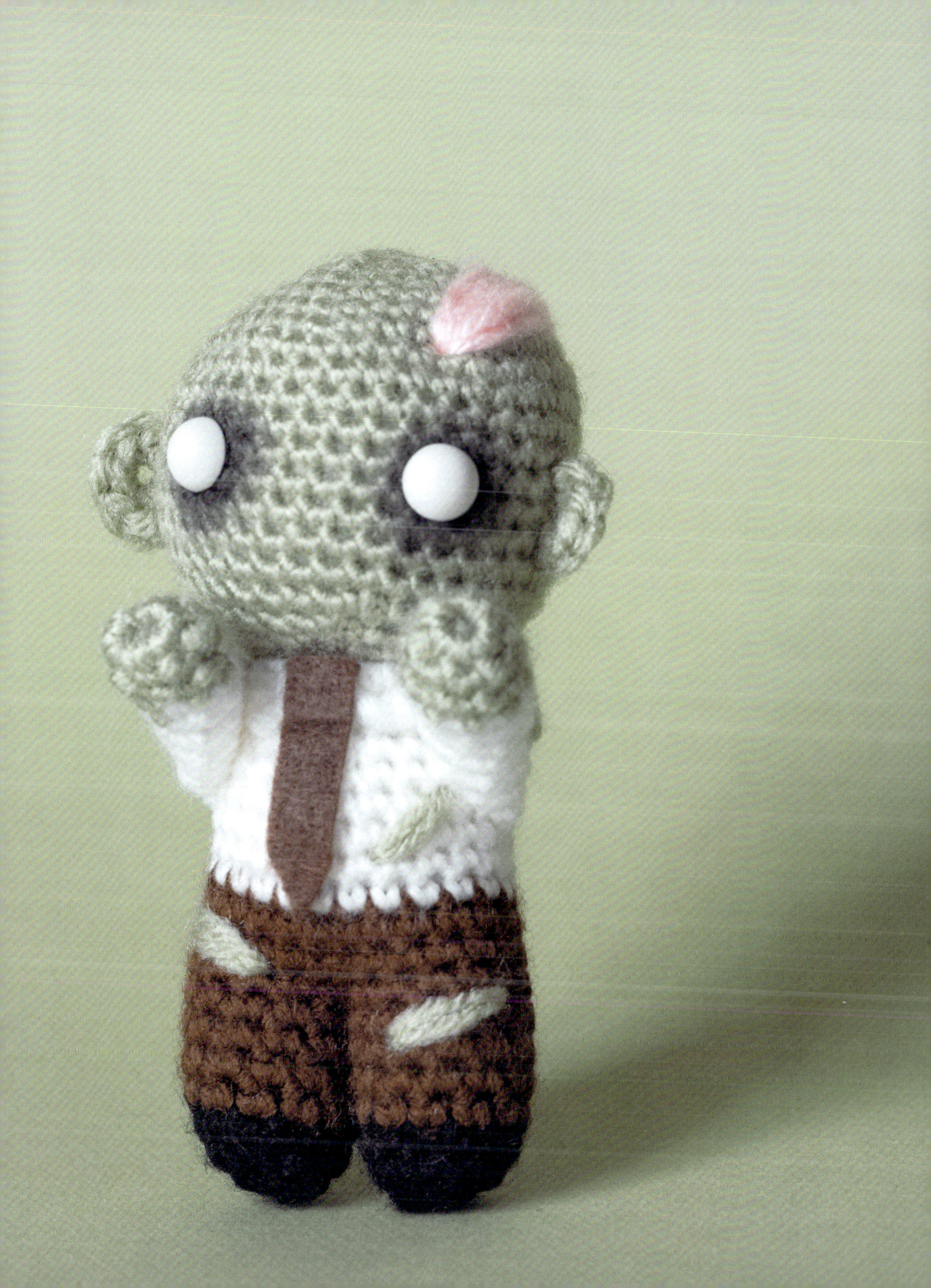

Zombie
(Fortsetzung)

Körper

Mit dem ersten Bein beginnen, in Schwarz

1. Rd: 6 fM in einen Magic-Ring. (6)

2. Rd: (1 fM zun) 6x. (12)

3. Rd: fM häkeln. (12)

Mit Braun fortfahren.

4.-7. Rd: fM häkeln. (12)

Den Faden abschneiden und durchziehen.

Zweites Bein, in Schwarz

1. Rd: 6 fM in einen Magic-Ring. (6)

2. Rd: (1 fM zun) 6x. (12)

3. Rd: fM häkeln. (12)

Mit Braun fortfahren

4.-7. Rd: fM häkeln. (12)

Den Faden nicht abschneiden. In die nächste Masche am ersten Bein einstechen. Dies wird die 1. Masche der 8. Rd.

8.-10. Rd: fM häkeln. (24)

Mit Weiß fortfahren

11.-15. Rd: fM häkeln. (24)

16. Rd: (2 fM, 1 fM abn) 6x. (18)

17. Rd: fM häkeln. (18)

18. Rd: (1 fM, 1 fM abn) 6x. (12)

Den Faden abschneiden und durchziehen, dabei ein langes Ende zum Zusammennähen hängen lassen.

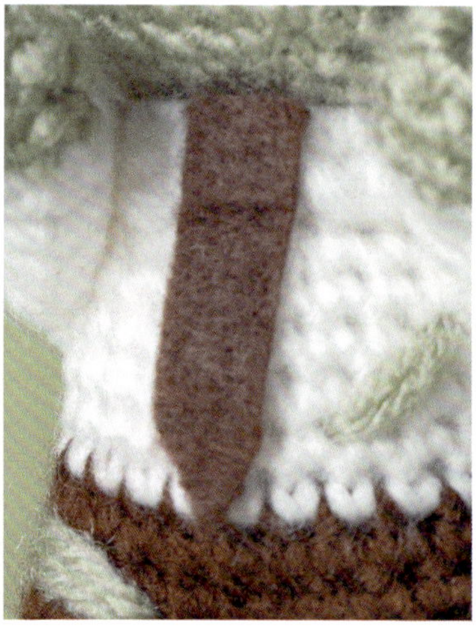

Kragen (2x)

In Weiß

1. Rd: 3 Lm und wenden, 1 fM in die 2. Lm ab Nd, 1 hStb in die letzte Lm.

Den Faden abschneiden und durchziehen, dabei ein langes Ende zum Zusammennähen hängen lassen.

Fertigstellen

Zuerst den Kopf mit überwendlichen Stichen schließen, dann den Körper fest ausstopfen und an den Kopf nähen. Die Ohren seitlich an den Kopf stecken und festnähen.

Den Kragen genau in der Mitte am Übergang zwischen Kopf und Körper befestigen. Die Arme seitlich am Körper feststecken und festnähen. Ich wollte, dass meine Arme in der klassischen Brainsssss-Pose vorgestreckt sind, aber du kannst sie auch hängen lassen. Mit der Schere alle Fadenenden von den Körperteilen abschneiden.

Für die Krawatte aus Filz ein Rechteck von 4 cm x 1,3 cm zuschneiden, dann ein Ende spitz zuschneiden. Außerdem ein Quadrat von 1,3 cm x 1,3 cm für den Knoten zuschneiden. Die Krawatte auf den Kragen kleben, dann den Knoten darauf festkleben.

Jetzt fehlen noch die Details! Mit einem 20 cm langen, hellgrünen Faden das „Fleisch" sticken, dass durch Risse in der Kleidung schaut. Dann mit rosa Stickgarn das Gehirn sticken, das durch die Schädeldecke quillt. Die Größe kannst du selbst bestimmen. Dann ist dein Zombie fertig!

Slenderman

Slenderman ist vielleicht eines der gruseligsten Monster, die es gibt, und er ist auch eines der neuesten! Er wurde 2009 für einen Photoshop-Wettbewerb kreiert, taucht seitdem in vielen Gruselgeschichten auf und soll sogar gesichtet worden sein. Er ist ein gesichtsloser, dünner Mann in einem schwarzen Anzug und hat Tentakel, die sich hinter ihm winden. Er lebt tief in den Wäldern und kommt heraus, um Kinder zu entführen! Im Laufe der Jahre hat Slenderman auch in Filmen und Videospielen eine Rolle gespielt. Dieses Häkelprojekt ist ideal für Fälle, in denen gerade keine Sicherheitsaugen zur Hand sind, denn Slenderman hat keine Augen.

Kopf

In Weiß

1\. Rd: 6 fM in einen Magic-Ring. (6)

2\. Rd: (1 fM zun) 6x. (12)

3\. Rd: (1 fM, 1 fM zun) 6x. (18)

4\. Rd: (2 fM, 1 fM zun) 6x. (24)

5\. Rd: (3 fM, 1 fM zun) 6x. (30)

6\. Rd: (4 fM, 1 fM zun) 6x. (36)

7.-15. Rd: fM häkeln. (36)

Den Kopf während der Abnahmen ausstopfen.

16\. Rd: (4 fM, 1 fM abn) 6x. (30)

17\. Rd: (3 fM, 1 fM abn) 6x. (24)

18\. Rd: (2 fM, 1 fM abn) 6x. (18)

19\. Rd: (1 fM, 1 fM abn) 6x. (12)

20\. Rd: (1 fM abn) 6x. (6)

Den Faden abschneiden und durchziehen.

Korper

Mit dem ersten Bein beginnen, in Schwarz

1\. Rd: 6 fM in einen Magic-Ring. (6)

2\. Rd: (1 fM zun) 6x. (12)

3.-7. Rd: fM häkeln. (12)

Den Faden abschneiden und durchziehen.

Zweites Bein, in Schwarz

1\. Rd: 6 fM in einen Magic-Ring. (6)

2\. Rd: (1 fM zun) 6x. (12)

3.-7. Rd: fM häkeln. (12)

Den Faden nicht abschneiden. In die nächste Masche am ersten Bein einstechen. Dies wird die 1. Masche der 8. Rd.

8\. Rd: fM häkeln. (24)

9.-15. Rd: fM häkeln. (24)

16\. Rd: (2 fM, 1 fM abn) 6x. (18)

17\. Rd: fM häkeln. (18)

18\. Rd: (1 fM, 1 fM abn) 6x. (12)

Den Faden abschneiden und durchziehen, dabei ein langes Ende zum Zusammennähen hängen lassen.

Weiter geht's auf Seite 45.

Material

- Häkelnadel 4,0 mm
- Garn der Stärke 4 (Medium) in Weiß, 1 Knäuel
- Garn der Stärke 4 (Medium) in Schwarz, 1 Knäuel
- Füllwatte
- Sticknadel ohne Spitze
- Stecknadeln zum Fixieren der Körperteile beim Annähen
- Schere
- 1 Stück Filz in Rot
- Textil- oder Heißkleber

Abkürzungen

abn – unsichtbar abnehmen, d. h. 2 feste Maschen zusammen abmaschen, dabei nur in das vordere Maschenglied einstechen

fM – feste Masche(n)

hStb – halbes Stäbchen

Lm – Luftmasche(n)

Nd – Nadel

R – Reihe(n)

Rd – Runde(n)

zun – zunehmen, d. h. 2 feste Maschen in dieselbe Masche der Vorrunde/-reihe häkeln

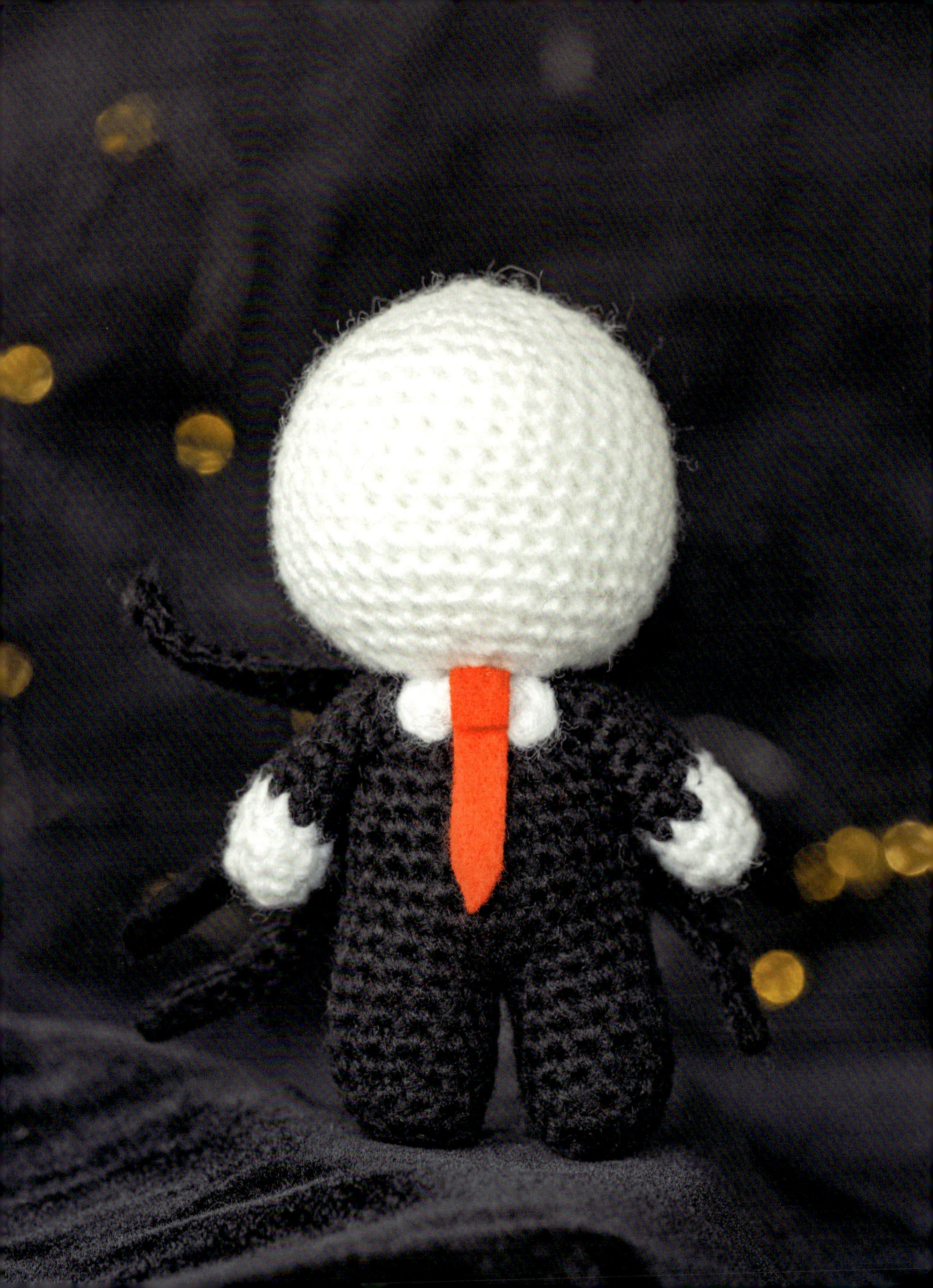

Slenderman
(Fortsetzung)

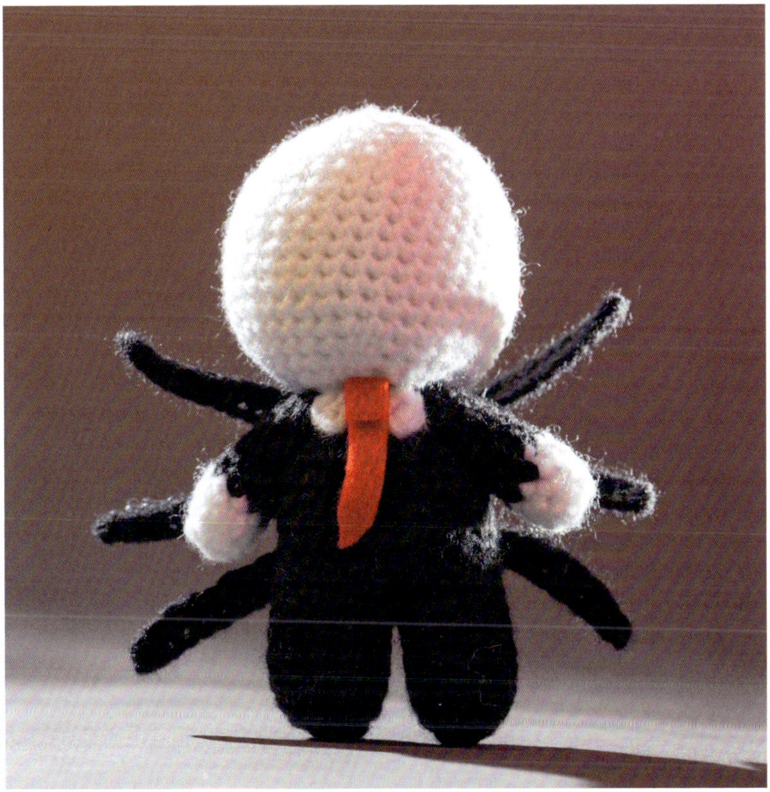

Arme (2x)

In Weiß

1. Rd: 6 fM in einen Magic-Ring. (6)

2. Rd: (1 fM, 1 fM zun) 3x. (9)

3. Rd: fM häkeln. (9)

Mit Schwarz fortfahren

4.-9. Rd: fM häkeln. (9)

Den Faden abschneiden und durchziehen, dabei ein langes Ende zum Zusammennähen hängen lassen.

Tentakel (6x)

In Schwarz

1. R: 14 Lm, wenden und fM bis zum Anfang der Lm-Kette häkeln. (13)

Den Faden abschneiden und durchziehen, dabei ein langes Ende zum Zusammennähen hängen lassen.

Kragen (2x)

In Weiß

1. R: 3 Lm, wenden, 1 hStb in die 2. Lm ab Nd, 1 fM in die nächste Lm.

Den Faden abschneiden und durchziehen, dabei ein langes Ende zum Zusammennähen hängen lassen.

Fertigstellen

Zuerst den Kopf mit überwendlichen Stichen schließen. Den Körper fest ausstopfen und an der Unterseite des Kopfs festnähen. Die Arme am Übergang zwischen Kopf und Körper feststecken und festnähen (sie werden nicht ausgestopft). Dann auf jeder Seite des Rückens drei Tentakel in gleichmäßigen Abständen feststecken. Wenn die Positionen gut aussehen, die Tentakel festnähen. Den Kragen direkt unter dem Kopf an der Vorderseite des Körpers festnähen. Alle herausstehenden Fadenenden abschneiden.

Für die Krawatte aus Filz ein Rechteck von 4 cm x 1,3 cm zuschneiden, dann ein Ende spitz zuschneiden. Außerdem ein Quadrat von 1,3 cm x 1,3 cm für den Knoten zuschneiden. Die Krawatte auf den Kragen kleben, dann den Knoten darauf festkleben. Jetzt kann Slenderman auf Kinderfang gehen.

Nosferatu

Der Vampir ist wohl eines der populärsten Monster überhaupt. In Büchern und Filmen kommen viele Vertreter dieser Art vor – vom klassischen Dracula bis hin zu schrecklichen Kämpfern für die Menschheit, nicht zu vergessen die modernen Vampire im Teenageralter. Die Geschichte des Vampirs wurde im Laufe der Jahre auf so viele verschiedene Arten neu erzählt, in denen das klassische Konzept immer wieder neu variiert wurde. Ich habe mich für eine klassische Version aus dem deutschen Vampirfilm *Nosferatu* entschieden. Ich hoffe, ihr habt Spaß an dieser Vampirversion und findet die Reißzähne genauso bezaubernd wie ich!

Kopf

In Naturweiß

1. Rd: 6 fM in einen Magic-Ring. (6)

2. Rd: (1 fM zun) 6x. (12)

3. Rd: (1 fM, 1 fM zun) 6x. (18)

4. Rd: (2 fM, 1 fM zun) 6x. (24)

5. Rd: (3 fM, 1 fM zun) 6x. (30)

6. Rd: (4 fM, 1 fM zun) 6x. (36)

7.-15. Rd: fM häkeln. (36)

16. Rd: (4 fM, 1 fM abn) 6x. (30)

17. Rd: (3 fM, 1 fM abn) 6x. (24)

Die Augen zwischen der 11. und 12. Rd nur einstecken, noch nicht fixieren, der Abstand beträgt 6 Maschen. Den schwarzen Lidschatten um die Augen und unter ihren Rändern auftragen. Wenn die Kreise groß und dunkel genug sind, die Augen ganz befestigen. Den Kopf beim weiteren Abnehmen fest ausstopfen.

18. Rd: (2 fM, 1 fM abn) 6x. (18)

19. Rd: (1 fM, 1 fM abn) 6x. (12)

20. Rd: (1 fM abn) 6x. (6)

Den Faden abschneiden und durchziehen.

Körper

Mit dem ersten Bein beginnen, in Schwarz

1. Rd: 6 fM in einen Magic-Ring. (6)

2. Rd: (1 fM zun) 6x. (12)

3.-7. Rd: fM häkeln. (12)

Den Faden abschneiden und durchziehen.

Zweites Bein

1. Rd: 6 fM in einen Magic-Ring. (6)

2. Rd: (1 fM zun) 6x. (12)

3.-7. Rd: fM häkeln. (12)

Den Faden nicht abschneiden. In die nächste Masche am ersten Bein einstechen. Dies wird die 1. Masche der 8. Rd.

8. Rd: fM häkeln. (24)

9.-15. Rd: fM häkeln. (24)

Weiter geht's auf Seite 48.

Material

- Häkelnadel 4,0 mm
- Häkelnadel 2,75 mm
- Garn der Stärke 4 (Medium) in Naturweiß, 1 Knäuel
- Garn der Stärke 4 (Medium) in Schwarz, 1 Knäuel
- 1 Paar Sicherheitsaugen, ø 9 mm
- Füllwatte
- Sticknadel ohne Spitze
- Stecknadeln zum Fixieren der Körperteile beim Annähen
- Schere
- Schwarzer Lidschatten
- Stickgarn in Weiß, 25 cm

Achtung: Für den Mantel die dünnere Häkelnadel verwenden.

Abkürzungen

abn – unsichtbar abnehmen, d. h. 2 feste Maschen zusammen abmaschen, dabei nur in das vordere Maschenglied einstechen

fM – feste Masche(n)

Nd – Nadel

Rd – Runde(n)

zun – zunehmen, d. h. 2 feste Maschen in dieselbe Masche der Vorrunde/-reihe häkeln

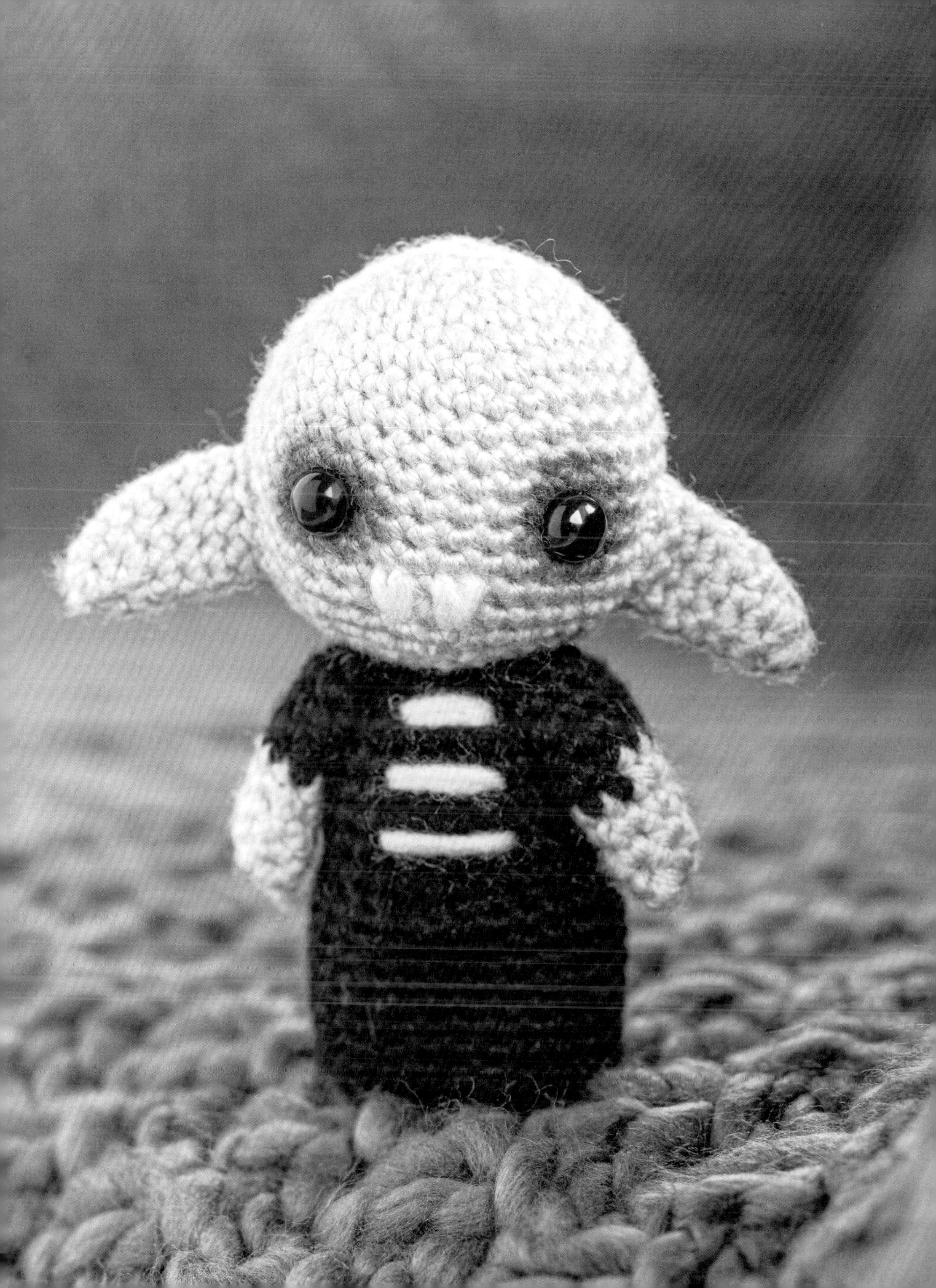

Nosferatu (Fortsetzung)

16. Rd: (2 fM, 1 fM abn) 6x. (18)

17. Rd: fM häkeln. (18)

18. Rd: (1 fM, 1 fM abn) 6x. (12)

Den Faden abschneiden und durchziehen, dabei ein langes Ende zum Zusammennähen hängen lassen.

Arme (2x)

In Naturweiß

1. Rd: 4 fM in einen Magic-Ring. (4)

2. Rd: (1 fM, 1 fM zun) 2x. (6)

3. Rd: fM häkeln. (6)

4. Rd: (1 fM, 1 fM zun) 3x. (9)

Mit Schwarz fortfahren

5.-9. Rd: fM häkeln. (9)

Den Faden abschneiden und durchziehen, dabei ein langes Ende zum Zusammennähen hängen lassen.

Ohren (2x)

In Naturweiß

1. Rd: 4 fM in einen Magic-Ring. (4)

2. Rd: (1 fM, 1 fM zun) 2x. (6)

3. Rd: (2 fM, 1 fM zun) 2x. (8)

4.-7. Rd: fM häkeln. (8)

Den Faden abschneiden und durchziehen, dabei ein langes Ende zum Zusammennähen hängen lassen.

Den Kopf mit überwendlichen Stichen schließen, dann den Körper ausstopfen und an die Unterseite des Kopfs nähen.

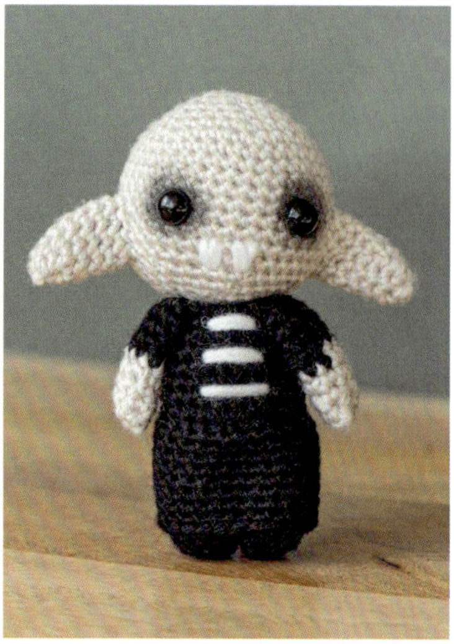

Mantel

Jetzt wird der untere Teil des Mantels gehäkelt.

In Schwarz

1. Rd: Die Figur umdrehen, sodass sie dir den Rücken zudreht, und auf den Kopf stellen. Mit der dünnen Häkelnadel in der Mitte des Rückens zwischen der 10. und 11. Rd mit dem schwarzen Garn neu anschlingen und fM rings um den Körper häkeln. Da die Figur in Rd gehäkelt wurde, verlaufen die Maschen dort spiralförmig. Beim Umhäkeln würde die letzte Masche also nicht auf gleicher Höhe mit der ersten liegen, deshalb musst du eine Masche überspringen, um wieder auf gleiche Höhe zu kommen. Ich empfehle, das am Rücken der Figur vor der letzten Masche zu tun. Bei genauem Hinsehen erkennt man die übersprungene Masche, aber am Rücken fällt das kaum auf. Insgesamt sollte deine Rd etwa 24 Maschen haben.

2.-9. Rd: fM häkeln. (ca. 24)

Den Faden abschneiden und durchziehen, dann vernähen.

Fertigstellen

Jetzt die Arme seitlich am Körper festnähen (sie werden nicht ausgestopft). Die Ohren beiderseits des Kopfs annähen. Mit dem weißen Stickgarn die Vampirzähne und die Verzierungen auf dem Oberteil aufsticken. Übrige Fadenenden mit einer Schere abschneiden. Jetzt kann sich Nosferatu in seinem Schloss auf die Lauer legen.

Minotaurus

Mit dem Minotaurus habe ich Mitleid. In der griechischen Mythologie wird er oft als groteskes Monster dargestellt, das eine Mischung aus einem Menschen und einem Stier ist. Seine Aufgabe ist es, ein Labyrinth zu bewachen. Kontakt zu Menschen hat er nur, wenn er sie jagt, denn sie sind seine Nahrung. Er kann nicht anders! Ich statte meine Häkelfiguren gern mit Details aus, die nicht aus Garn bestehen. Hier verwende ich Basteldraht für seinen Nasenring und Filz für seinen Lendenschurz. Erst diese Kleinigkeiten sind es, die ihn wirklich perfekt aussehen lassen.

Kopf

In Mittelbraun

1. Rd: 6 fM in einen Magic-Ring. (6)

2. Rd: (1 fM zun) 6x. (12)

3. Rd: (1 fM, 1 fM zun) 6x. (18)

4. Rd: (2 fM, 1 fM zun) 6x. (24)

5. Rd: (3 fM, 1 fM zun) 6x. (30)

6. Rd: (4 fM, 1 fM zun) 6x. (36)

7.-12. Rd: fM häkeln. (36)

13. Rd: (5 fM, 1 fM zun) 6x. (42)

14.-16. Rd: fM häkeln. (42)

Die Augen zwischen der 12. und 13. Rd anbringen, der Abstand beträgt 7 Maschen. Beim weiteren Abnehmen den Kopf fest ausstopfen.

17. Rd: (5 fM, 1 fM abn) 6x. (36)

18. Rd: (4 fM, 1 fM abn) 6x. (30)

19. Rd: (3 fM, 1 fM abn) 6x. (24)

20. Rd: (2 fM, 1 fM abn) 6x. (18)

21. Rd: (1 fM, 1 fM abn) 6x. (12)

22. Rd: (1 fM abn) 6x. (6)

Den Faden abschneiden und durchziehen.

Körper

Mit dem ersten Bein beginnen, in Dunkelbraun

1. Rd: 6 fM in einen Magic-Ring. (6)

2. Rd: (1 fM zun) 6x. (12)

3. Rd: (1 fM, 1 fM zun) 6x. (18)

4. Rd: hMG, fM häkeln. (18)

5. Rd: fM häkeln. (18)

Mit Mittelbraun fortfahren

6.-9. Rd: fM häkeln. (18)

Den Faden abschneiden und durchziehen.

Zweites Bein, in Dunkelbraun

1. Rd: 6 fM in einen Magic-Ring. (6)

2. Rd: (1 fM zun) 6x. (12)

3. Rd: (1 fM, 1 fM zun) 6x. (18)

4. Rd: hMG, fM häkeln. (18)

5. Rd: fM häkeln. (18)

Weiter geht's auf Seite 51.

Material

- Häkelnadel 4,0 mm
- Garn der Stärke 4 (Medium) in Braun, 1 Knäuel
- Garn der Stärke 4 (Medium) in Dunkelbraun, 1 Knäuel
- Garn der Stärke 4 (Medium) in Naturweiß, 1 Knäuel
- Garn der Stärke 4 (Medium) in Grau, 1 Knäuel
- 1 Paar Sicherheitsaugen, ø 12 mm
- Füllwatte
- Basteldraht in Gold, 20 cm
- 2 Stücke Filz in zwei verschiedenen Brauntönen
- Sticknadel ohne Spitze, Stecknadeln und Schere
- Textil- oder Heißkleber

Abkürzungen

abn – unsichtbar abnehmen, d. h. 2 feste Maschen zusammen abmaschen, dabei nur in das vordere Maschenglied einstechen

fM – feste Masche(n)

hMG – nur in das hintere Maschenglied einstechen

Lm – Luftmasche(n)

Nd – Nadel

Rd – Runde(n)

zun – zunehmen, d. h. 2 feste Maschen in dieselbe Masche der Vorrunde/-reihe häkeln

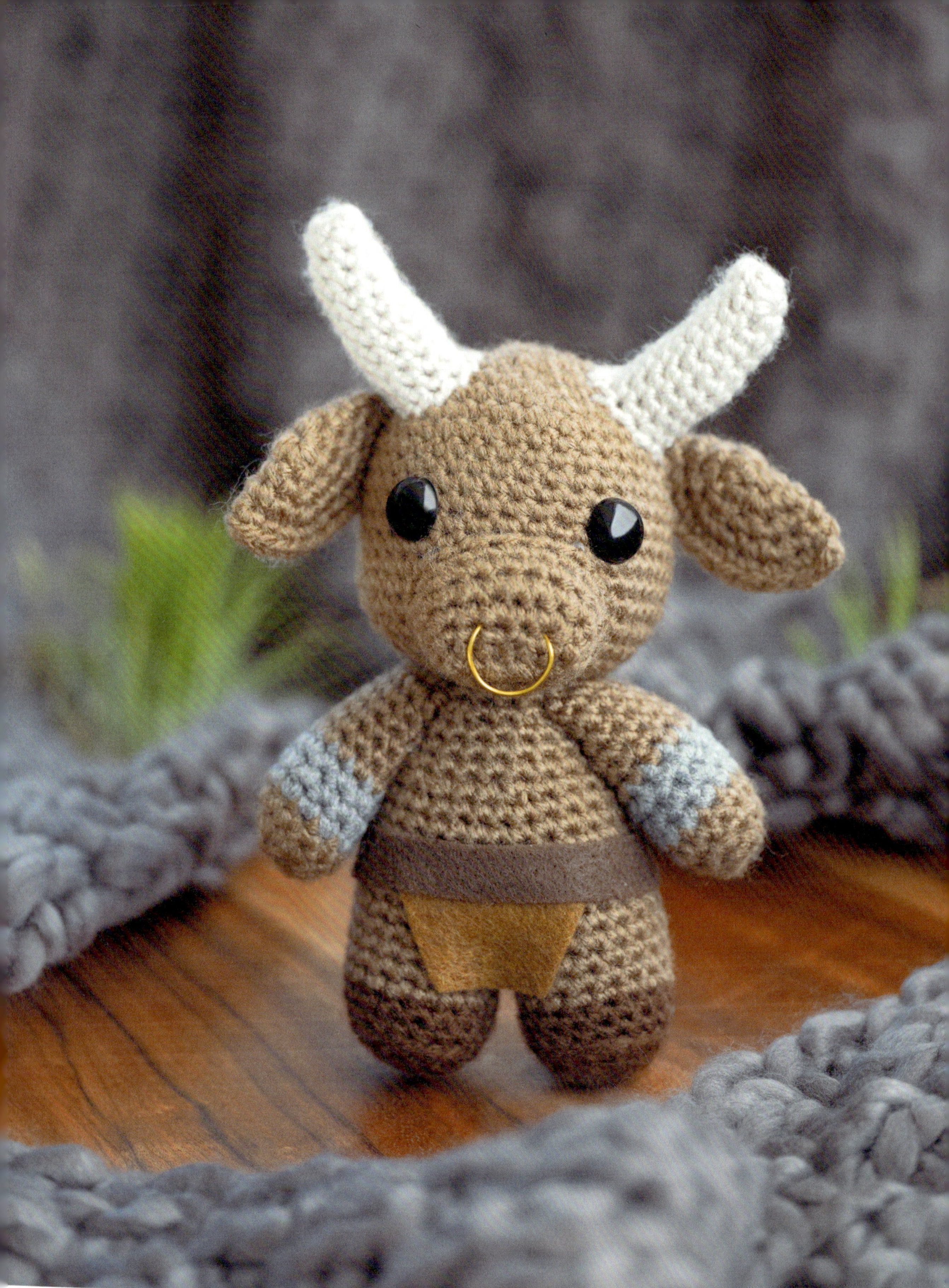

Minotaurus (Fortsetzung)

Mit Mittelbraun fortfahren

6.-9. Rd: fM häkeln. (18)

Den Faden nicht abschneiden. In die nächste Masche am ersten Bein einstechen. Dies wird die 1. Masche der 10. Rd.

10.+11. Rd: fM häkeln. (36)

12. Rd: (4 fM, 1 fM abn) 6x. (30)

13.-16. Rd: fM häkeln. (30)

17. Rd: (3 fM, 1 fM abn) 6x. (24)

18.-20. Rd: fM häkeln. (24)

21. Rd: (2 fM, 1 fM abn) 6x. (18)

22. Rd: fM häkeln. (18)

Den Faden abschneiden und durchziehen, dabei ein langes Ende zum Zusammennähen hängen lassen.

Schnauze

In Mittelbraun

1. Rd: 7 Lm, wenden. In jede Lm 2 fM arbeiten. (12)

2. Rd: (1 fM, 1 fM zun) 6x. (18)

3.+4. Rd: fM häkeln. (18)

Den Faden abschneiden und durchziehen, dabei ein langes Ende zum Zusammennähen hängen lassen.

Jetzt den Nasenring befestigen. Den Draht in der Mitte schön rund biegen. Die beiden Enden in die Schnauze stecken und fest zusammendrehen. Dabei muss außen so viel von der Schlaufe zu sehen sein, dass sie wie ein Ring wirkt. Die Drahtenden im Inneren der Schnauze abkneifen. Später beim Ausstopfen gut aufpassen, dass der Ring nicht verbogen wird. Wer keinen Basteldraht hat, kann auch goldenes Stickgarn oder einen schmalen Streifen Filz verwenden und auf der Innenseite der Schnauze verknoten.

Ohren (2x)

In Mittelbraun

1. Rd: 6 fM in einen Magic-Ring. (6)

2. Rd: (1 fM zun) 6x. (12)

3. Rd: (1 fM, 1 fM zun) 6x. (18)

4. Rd: (2 fM, 1 fM zun) 6x. (24)

Das Ohr zur Hälfte falten und wenden (ohne Wende-Lm). Die Kante mit fM zusammenhäkeln. (12)

Den Faden abschneiden und durchziehen, dabei ein langes Ende zum Zusammennähen hängen lassen.

Hörner (2x)

In Naturweiß

1. Rd: 6 fM in einen Magic-Ring. (6)

2. Rd: fM häkeln. (6)

3. Rd: (2 fM, 1 fM zun) 2x. (8)

4.+5. Rd: fM häkeln. (8)

6. Rd: (3 fM, 1 fM zun) 2x. (10)

7.-11. Rd: fM häkeln. (10)

Den Faden abschneiden und durchziehen, dabei ein langes Ende zum Zusammennähen hängen lassen.

Arme (2x)

In Mittelbraun

1. Rd: 6 fM in einen Magic-Ring. (6)

2. Rd: (1 fM zun) 6x. (12)

3. Rd: fM häkeln. (12)

Mit Grau fortfahren

4.-6. Rd: fM häkeln. (12)

Mit Mittelbraun fortfahren

7.-12. Rd: fM häkeln. (12)

Den Faden abschneiden und durchziehen, dabei ein langes Ende zum Zusammennähen hängen lassen.

Fertigstellen

Zuerst den Kopf mit überwendlichen Stichen schließen, dann den Körper fest ausstopfen und an den Kopf nähen. Die Schnauze sehr vorsichtig mittig unter den Augen an den Kopf stecken und festnähen. Ich empfehle, sie zu drei Vierteln festzunähen und dann vorsichtig auszustopfen. Dabei behutsam vorgehen, damit der Nasenring nicht verbogen wird. Anschließend den Rest der Schnauze festnähen.

Für den Lendenschurz zwei Trapeze aus hellbraunem Filz zuschneiden und an Vorder- und Rückseite der Figur kleben. Einen langen schmalen Streifen aus dunkelbraunem Filz wie einen Gürtel über die Oberkanten der Trapeze kleben. Seine Enden im Rücken leicht überlappen lassen.

Die Arme leicht ausstopfen und an die Seiten des Körpers nähen. Die Ohren beiderseits des Kopfs annähen. Die Hörner leicht ausstopfen, sodass sie sich noch biegen lassen, und auf dem Oberkopf festnähen. Zuletzt die übrigen Fadenenden abschneiden. Dann kann der Minotaurus in seinem Labyrinth auf Beute warten.

Zyklop

Ein einäugiger Riese, der sich von Menschen ernährt und gekonnt mit einer Keule umgeht? Klingt ziemlich gruselig ... Aber wenn man sein entwaffnendes Lächeln sieht, möchte man meinen, dass er eine missverstandene Kreatur ist. Die griechische Mythologie ging nicht immer freundlich mit den Zyklopen um. Sie galten als grausame, dumme, höhlenbewohnende Kannibalen! Vielleicht wirst du dir beim Häkeln deines Zyklopen eine eigene Meinung über ihn bilden. Ich hatte eine Menge Spaß mit diesem Entwurf und finde er sieht eigentlich ganz sympathisch aus.

Kopf

In Hautfarbe

1. Rd: 6 fM in einen Magic-Ring. (6)

2. Rd: (1 fM zun) 6x. (12)

3. Rd: (1 fM, 1 fM zun) 6x. (18)

4. Rd: (2 fM, 1 fM zun) 6x. (24)

5. Rd: (3 fM, 1 fM zun) 6x. (30)

6. Rd: (4 fM, 1 fM zun) 6x. (36)

7.-12. Rd: fM häkeln. (36)

13. Rd: (5 fM, 1 fM zun) 6x. (42)

14.-16. Rd: fM häkeln. (42)

Ein elliptisches Stück weißen Filz zuschneiden und auf den Dorn des Sicherheitsauges stecken. Dann das Auge zwischen der 11. und 12. Rd anbringen. Beim weiteren Abnehmen den Kopf fest ausstopfen.

17. Rd: (5 fM, 1 fM abn) 6x. (36)

18. Rd: (4 fM, 1 fM abn) 6x. (30)

19. Rd: (3 fM, 1 fM abn) 6x. (24)

20. Rd: (2 fM, 1 fM abn) 6x. (18)

21. Rd: (1 fM, 1 fM abn) 6x. (12)

22. Rd: (1 fM abn) 6x. (6)

Den Faden abschneiden und durchziehen.

Körper

Mit dem ersten Bein beginnen, in Hautfarbe

1. Rd: 6 fM in einen Magic-Ring. (6)

2. Rd: (1 fM zun) 6x. (12)

3. Rd: (1 fM, 1 fM zun) 6x. (18)

4.-8. Rd: fM häkeln. (18)

Den Faden abschneiden und durchziehen.

Zweites Bein, in Hautfarbe

1. Rd: 6 fM in einen Magic-Ring. (6)

2. Rd: (1 fM zun) 6x. (12)

3. Rd: (1 fM, 1 fM zun) 6x. (18)

4.-8. Rd: fM häkeln. (18)

Den Faden nicht abschneiden. In die nächste Masche am ersten Bein einstechen. Dies wird die 1. Masche der 9. Rd.

Ich empfehle, bei der letzten Masche der 8. Rd die Farbe zu wechseln, weil die 9. Rd mit einer neuen Farbe beginnt.

Weiter geht's auf Seite 54.

Material

- Häkelnadel 4,0 mm
- Häkelnadel 2,75 mm
- Garn der Stärke 4 (Medium) in Hautfarbe, 1 Knäuel
- Garn der Stärke 4 (Medium) in Dunkelbraun, 1 Knäuel
- Garn der Stärke 4 (Medium) in Mittelbraun, 1 Knäuel
- 1 Sicherheitsauge, ø 15 mm
- Füllwatte
- Sticknadel ohne Spitze
- Stecknadeln zum Fixieren der Körperteile beim Annähen
- Schere
- 1 Stück Filz in Weiß
- Stickgarn in Schwarz und Weiß, Reste

Hinweis: Der Schurz wird mit der dünneren Häkelnadel gearbeitet, der Rest mit der dickeren.

Abkürzungen

abn – unsichtbar abnehmen, d. h. 2 feste Maschen zusammen abmaschen, dabei nur in das vordere Maschenglied einstechen

fM – feste Masche(n)

Nd – Nadel

Rd – Runde(n)

zun – zunehmen, d. h. 2 feste Maschen in dieselbe Masche der Vorrunde/-reihe häkeln

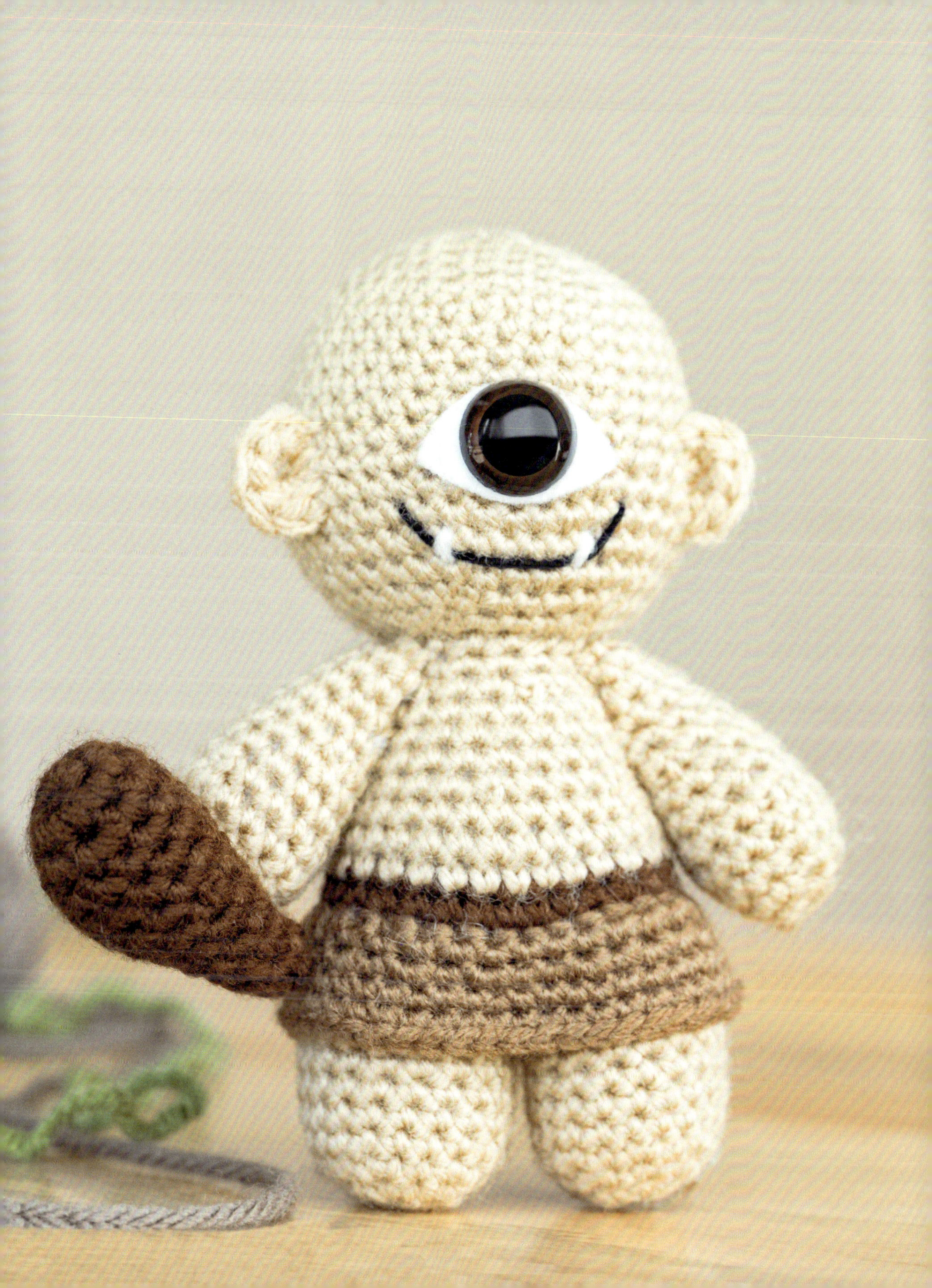

Zyklop (Fortsetzung)

Mit Dunkelbraun fortfahren

9.+10. Rd: fM häkeln. (36)

11. Rd: (4 fM, 1 fM abn) 6x. (30)

12. Rd: fM häkeln. (30)

Mit Hautfarbe fortfahren

13.-15. Rd: fM häkeln. (30)

16. Rd: (3 fM, 1 fM abn) 6x. (24)

17.-19. Rd: fM häkeln. (24)

20. Rd: (2 fM, 1 fM abn) 6x. (18)

21. Rd: fM häkeln. (18)

Den Faden abschneiden und durchziehen, dabei ein langes Ende zum Zusammennähen hängen lassen.

Arme (2x)

In Hautfarbe

1. Rd: 6 fM in einen Magic-Ring. (6)

2. Rd: (1 fM zun) 6x. (12)

3. Rd: (3 fM, 1 fM zun) 3x. (15)

4. Rd: fM häkeln. (15)

5. Rd: (3 fM, 1 fM abn) 3x. (12)

6.+7. Rd: fM häkeln. (12)

8. Rd: (4 fM, 1 fM abn) 2x. (10)

9.-12. Rd: fM häkeln. (10)

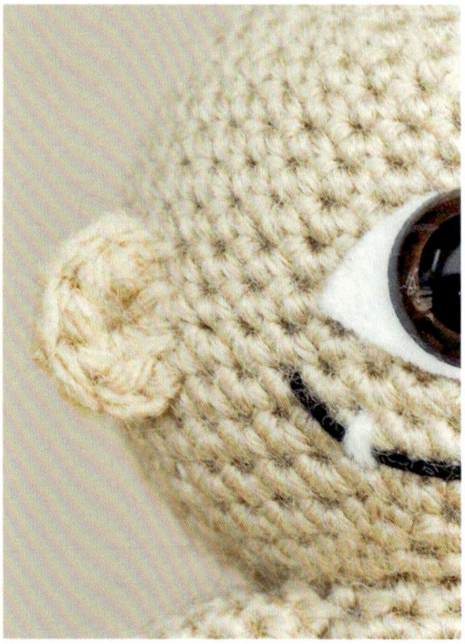

Den Faden abschneiden und durchziehen, dabei ein langes Ende zum Zusammennähen hängen lassen.

Ohren (2x)

In Hautfarbe

1. Rd: 5 fM in einen Magic-Ring. (5)

Alle Maschen zu einer Seite schieben, sodass ein Halbkreis entsteht.

Den Faden abschneiden und durchziehen, dabei ein langes Ende zum Zusammennähen hängen lassen. Den Kopf mit überwendlichen Stichen schließen. Den Körper fest ausstopfen und an den Kopf nähen.

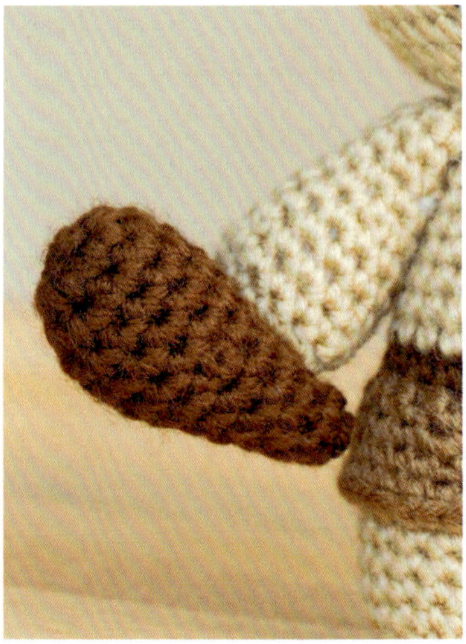

Keule

In Dunkelbraun

1. Rd: 6 fM in einen Magic-Ring. (6)

2. Rd: (1 fM zun) 6x. (12)

3.-5. Rd: fM häkeln. (12)

6. Rd: (2 fM, 1 fM abn) 3x. (9)

Die Keule beim weiteren Abnehmen fest ausstopfen.

7.+8. Rd: fM häkeln. (9)

9. Rd: (1 fM, 1 fM abn) 3x. (6)

10. Rd: fM häkeln. (6)

Den Faden abschneiden und durchziehen, dabei ein langes Ende zum Zusammennähen hängen lassen.

Schurz

Der Schurz wird mit der dünneren Häkelnadel und dunkelbraunem Garn gehäkelt. Den Zyklopen umdrehen und auf den Kopf stellen.

Mit der dünneren Häkelnadel in der Mitte des Rückens zwischen der 11. und 12. Rd mit dem dunkelbraunen Garn neu anschlingen und fM rings um den Körper häkeln. Da die Figur in Rd gehäkelt wurde, verlaufen die Maschen dort spiralförmig. Beim Umhäkeln würde die letzte Masche also nicht auf gleicher Höhe mit der ersten liegen, deshalb musst du eine Masche überspringen, um wieder auf gleiche Höhe zu kommen. Ich empfehle, das am Rücken der Figur vor der letzten Masche zu tun. Bei genauem Hinsehen erkennt man die übersprungene Masche, aber am Rücken fällt das kaum auf.

Nach der übersprungenen Masche 1 fM in die ursprüngliche Masche arbeiten. Damit ist die 1. Rd geschlossen. Sie sollte insgesamt etwa 30 Maschen umfassen, auf eine mehr oder weniger kommt es aber nicht an. Wichtiger ist, dass ringsherum eine gleichmäßige Rd gehäkelt wurde. Sie bildet die Basis-Rd für die nächsten Rd.

2. Rd: 1 fM in jede Masche der Basis-Rd. (ca. 30)

3. Rd: (1 fM, 1 fM zun) 15x. (ca. 45)

Es macht nichts, wenn die Gesamtmaschenzahl nicht exakt übereinstimmt. Einfach weiterhäkeln, und der Schurz wird prima aussehen.

4.+5. Rd: fM häkeln. (ca. 45)

Den Faden abschneiden und durchziehen, dabei ein langes Ende stehen lassen. Es wird später vernäht und in den Körper gezogen.

Fertigstellen

Die Fäden des Schurzes vernähen. Die Arme leicht ausstopfen und an die Seiten des Körpers nähen. Die Ohren beiderseits des Kopfs feststecken und annähen. Nun die Keule an der Hand des Zyklopen befestigen. Mit schwarzem Stickgarn einen lächelnden (oder, wenn du möchtest, einen grimmigen) Mund sticken, dann mit weißem Stickgarn einige kleine Zähne aufsticken. Natürlich kannst du deinen Zyklopen ganz nach Belieben gestalten. Zuletzt alle herausstehenden Fäden mit einer Schere abschneiden.

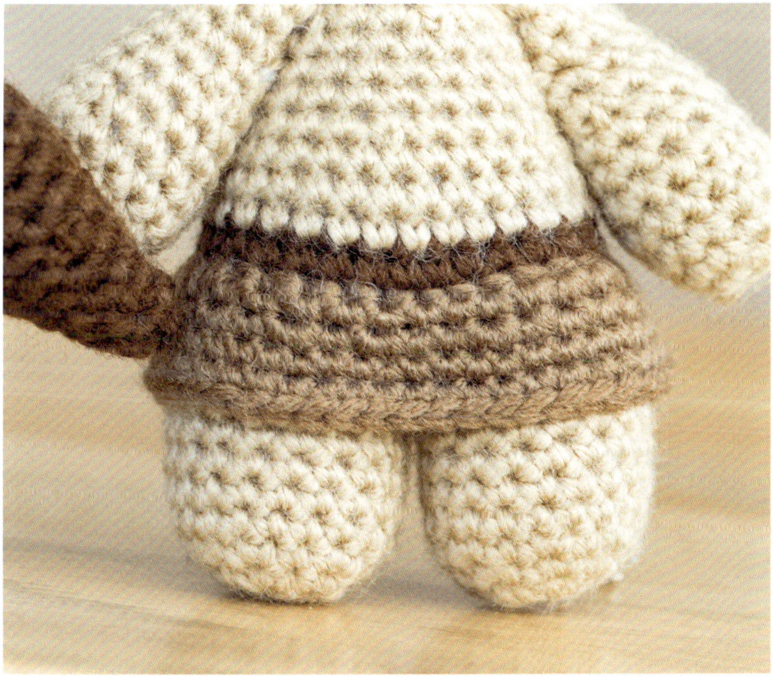

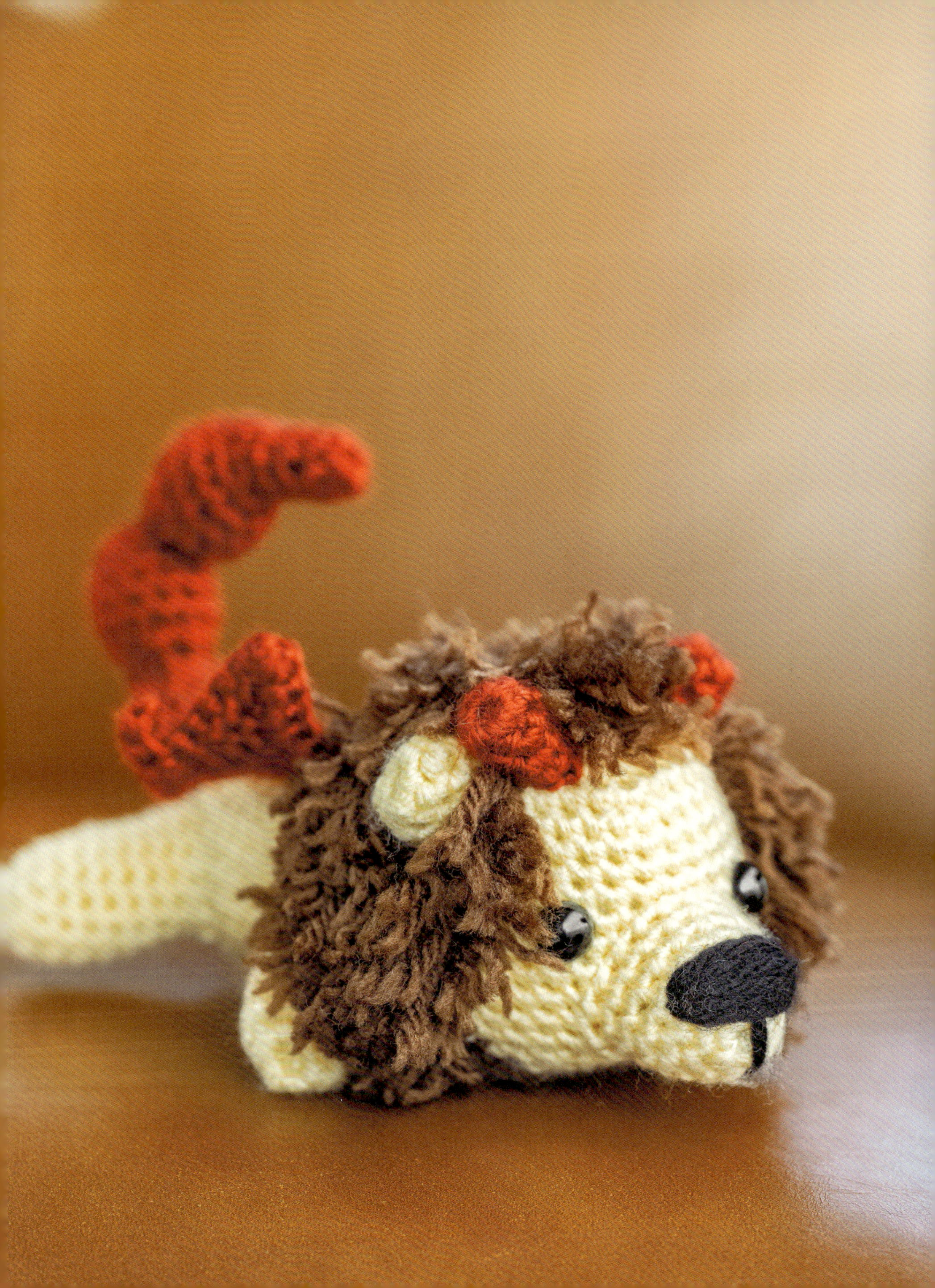

Mantikor

Der Mantikor ist eine menschenfressende Bestie mit dem Kopf und Körper eines Löwen, dem Schwanz eines Skorpions und den Flügeln eines Drachens. Der gefährliche Jäger hat seinen Ursprung in der persisch-griechischen Mythologie, wie man sich angesichts seiner Merkmale denken kann. Im Rudel sind sie sogar noch gefährlicher – das solltest du bedenken, wenn du mehr als einen häkeln willst. Der größte Feind des Mantikor ist der Drache. Du könntest also einen Drachen (Seite 139) häkeln, der den Mantikor in Schach hält. Bei dieser Figur hat mir die Mähne besonders viel Spaß gemacht. Es ist etwas mühsam, die einzelnen Fäden anzubringen, aber das streichelweiche Ergebnis kann sich sehen lassen.

Kopf

In Hellgelb

1. Rd: 6 fM in einen Magic-Ring. (6)

2. Rd: (1 fM zun) 6x. (12)

3. Rd: (1 fM, 1 fM zun) 6x. (18)

4. Rd: (2 fM, 1 fM zun) 6x. (24)

5. Rd: (3 fM, 1 fM zun) 6x. (30)

6.-10. Rd: fM häkeln. (30)

11. Rd: (4 fM, 1 fM zun) 6x. (36)

12.-15. Rd: fM häkeln. (36)

Die Augen zwischen der 10. und 11. Rd anbringen, der Abstand beträgt 6 Maschen. Beim weiteren Abnehmen den Kopf fest ausstopfen.

16. Rd: (4 fM, 1 fM abn) 6x. (30)

17. Rd: (3 fM, 1 fM abn) 6x. (24)

18. Rd: (2 fM, 1 fM abn) 6x. (18)

19. Rd: (1 fM, 1 fM abn) 6x. (12)

20. Rd: (1 fM abn) 6x. (6)

Den Faden abschneiden und durchziehen.

Schnauze

In Hellgelb

1. Rd: 6 fM in einen Magic-Ring. (6)

2. Rd: (1 fM zun) 6x. (12)

3. Rd: (3 fM, 1 fM zun) 3x. (15)

4.-6. Rd: fM häkeln. (15)

Den Faden abschneiden und durchziehen, dabei ein langes Ende zum Zusammennähen hängen lassen.

Weiter geht's auf Seite 58.

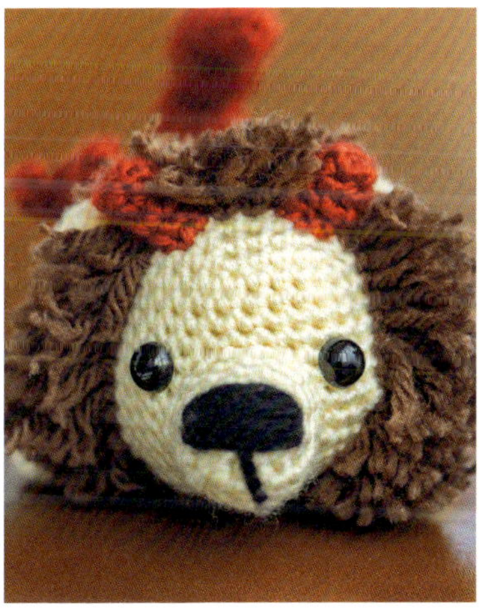

Material

- Häkelnadel 4,0 mm
- Garn der Stärke 4 (Medium) in Hellgelb, 1 Knäuel
- Garn der Stärke 4 (Medium) in Rot, 1 Knäuel
- Garn der Stärke 4 (Medium) in Braun, 1 Knäuel
- 1 Paar Sicherheitsaugen, ø 9 mm
- Füllwatte
- Sticknadel ohne Spitze
- Stecknadeln zum Fixieren der Körperteile beim Annähen
- Schere
- (Stick-)Garn in Schwarz, 25 cm

Abkürzungen

abn – unsichtbar abnehmen, d. h. 2 feste Maschen zusammen abmaschen, dabei nur in das vordere Maschenglied einstechen

fM – feste Masche(n)

Lm – Luftmasche(n)

Nd – Nadel

R – Reihe(n)

Rd – Runde(n)

zun – zunehmen, d. h. 2 feste Maschen in dieselbe Masche der Vorrunde/-reihe häkeln

Mantikor (Fortsetzung)

Ohren (2x)

In Hellgelb

1. Rd: 6 fM in einen Magic-Ring. (6)

2. Rd: (2 fM, 1 fM zun) 2x. (8)

3. Rd: fM häkeln. (8)

Den Faden abschneiden und durchziehen, dabei ein langes Ende zum Zusammennähen hängen lassen.

Beine (4x)

In Hellgelb

1. Rd: 6 fM in einen Magic-Ring. (6)

2. Rd: (1 fM zun) 6x. (12)

3.-9. Rd: fM häkeln. (12)

Den Faden abschneiden und durchziehen, dabei ein langes Ende zum Zusammennähen hängen lassen.

Hörner (2x)

In Rot

1. Rd: 6 fM in einen Magic-Ring. (6)

2.-4. Rd: fM häkeln. (6)

Den Faden abschneiden und durchziehen, dabei ein langes Ende zum Zusammennähen hängen lassen.

Körper

In Hellgelb

1. Rd: 6 fM in einen Magic-Ring. (6)

2. Rd: (1 fM zun) 6x. (12)

3. Rd: (1 fM, 1 fM zun) 6x. (18)

4. Rd: (2 fM, 1 fM zun) 6x. (24)

5.-15. Rd: fM häkeln. (24)

16. Rd: (2 fM, 1 fM abn) 6x. (18)

Den Faden abschneiden und durchziehen, dabei ein langes Ende zum Zusammennähen hängen lassen.

Flügel (2x)

Die Flügel werden in R gehäkelt, nicht in Rd. Bitte die Anleitung sorgfältig lesen.

In Rot

1. R: 5 Lm, wenden.

2. R: In der 2. Lm ab Nd beginnen, 4 fM, 4 Lm und wenden.

3. R: In der 2. Lm ab Nd beginnen, 7 fM, 1 Lm und wenden.

4. R: In der 2. Lm ab Nd beginnen, 4 fM, 4 Lm und wenden.

5. R: In der 2. Lm ab Nd beginnen, 7 fM, 3 Lm und wenden.

6. R: In der 2. Lm ab Nd beginnen, 6 fM, 4 Lm und wenden.

7. R: In der 2. Lm ab Nd beginnen, 9 fM, keine Lm häkeln, nicht wenden.

8. R: fM entlang der Flügeloberkante häkeln (dabei auf gleichmäßige Abstände achten).

Den Faden abschneiden und durchziehen, dabei ein langes Ende zum Zusammennähen hängen lassen.

Schwanz: Rundes Segment (3x)

In Rot

1. Rd: 6 fM in einen Magic-Ring. (6)

2. Rd: (1 fM zun) 6x. (12)

3.-5. Rd: fM häkeln. (12)

6. Rd: (1 fM abn) 6x. (6)

Den Faden abschneiden und durchziehen, dabei ein langes Ende zum Zusammennähen hängen lassen.

Schwanz: Stachel (1x)

In Rot

1. Rd: 4 fM in einen Magic-Ring. (4)

2. Rd: 1 fM zun, 3 fM. (5)

3. Rd: 1 fM zun, 4 fM. (6)

4. Rd: 1 fM zun, 5 fM. (7)

5. Rd: 1 fM zun, 6 fM. (8)

Den Faden abschneiden und durchziehen, dabei ein langes Ende zum Zusammennähen hängen lassen.

Fertigstellen

Zuerst den Kopf mit überwendlichen Stichen schließen. Die Schnauze ausstopfen, zwischen den Augen an den Kopf stecken und festnähen. Den Körper ausstopfen und an die Hinterseite des Kopfs nähen. Der Mantikor liegt, also befinden sich der Bauch und die Unterseite des Kopfs auf gleicher Höhe. Ohren und Hörner oben auf dem Kopf befestigen (sie werden nicht ausgestopft). Ich habe die Hörner bei meinem Mantikor etwas weiter vorn auf dem Kopf angebracht, damit die Ohren besser in die Mähne passen.

Für die Mähne etwa 100 Fäden von 10 cm Länge aus braunem Garn zuschneiden und wie Fransen in den Kopf einknüpfen. Wenn die Mähne schön füllig ist, kann sie etwas in Form geschnitten werden – aber vorsichtig: was ab ist, ist ab. Und falls die Mähne doch zu kurz wird, kannst du die Fäden herauszupfen und von vorn beginnen. Die Nase mit einem schwarzen Faden aufsticken.

Alle vier Beine ausstopfen und so an den Körper nähen, dass die Unterseiten auf gleicher Höhe mit dem Bauch sind. Der Mantikor liegt, die Beine sollen den Bauch also nicht anheben. Ich empfehle immer, die Körperteile vor dem Nähen mit Stecknadeln festzustecken und dann zu überprüfen, ob sie richtig sitzen.

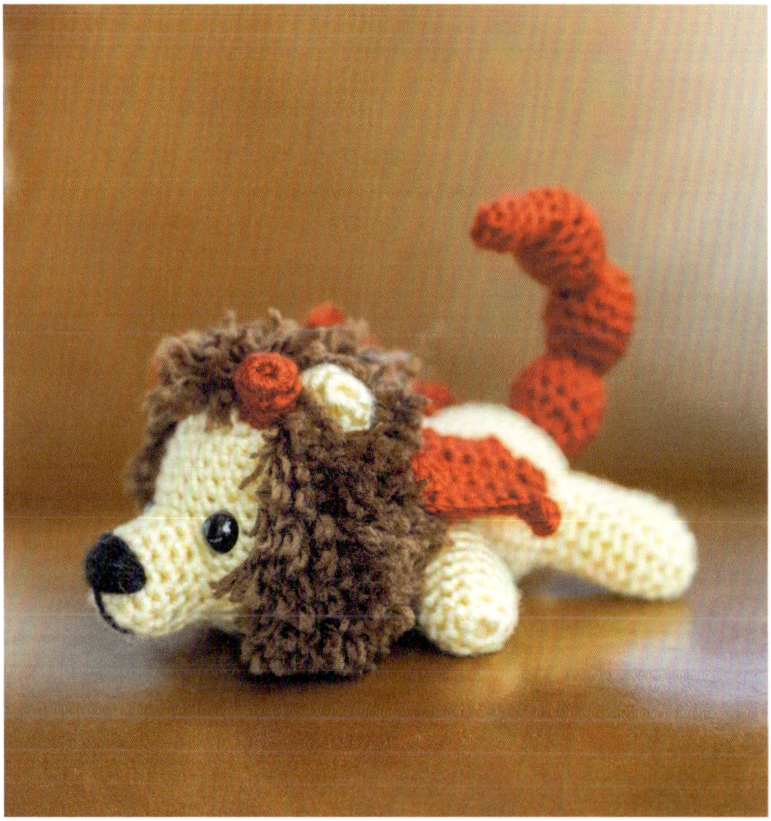

Wenn das der Fall ist, können sie endgültig festgenäht werden. Wer sichergehen will, nimmt zum Feststecken Sicherheitsnadeln, die nicht aus dem Maschenwerk rutschen können.

Die Flügel an der gewünschten Position auf dem Rücken des Mantikor feststecken. Wenn die Position stimmt, werden sie festgenäht.

Jetzt folgt der Schwanz. Die runden Segmente fest ausstopfen, der Stachel muss nicht ausgestopft werden. Das erste runde Segment am Schwanzansatz am Hinterleib des Mantikor feststecken und festnähen. Das zweite Segment so anbringen, dass der Schwanz eine leichte Krümmung nach oben bekommt. Danach das dritte Segment ebenso festnähen, dabei wieder auf die Krümmung achten. Zuletzt den Stachel festnähen. Er hat durch die Zunahmen schon eine Krümmung. Übrige Fadenenden mit einer Schere abschneiden, dann ist der Mantikor fertig!

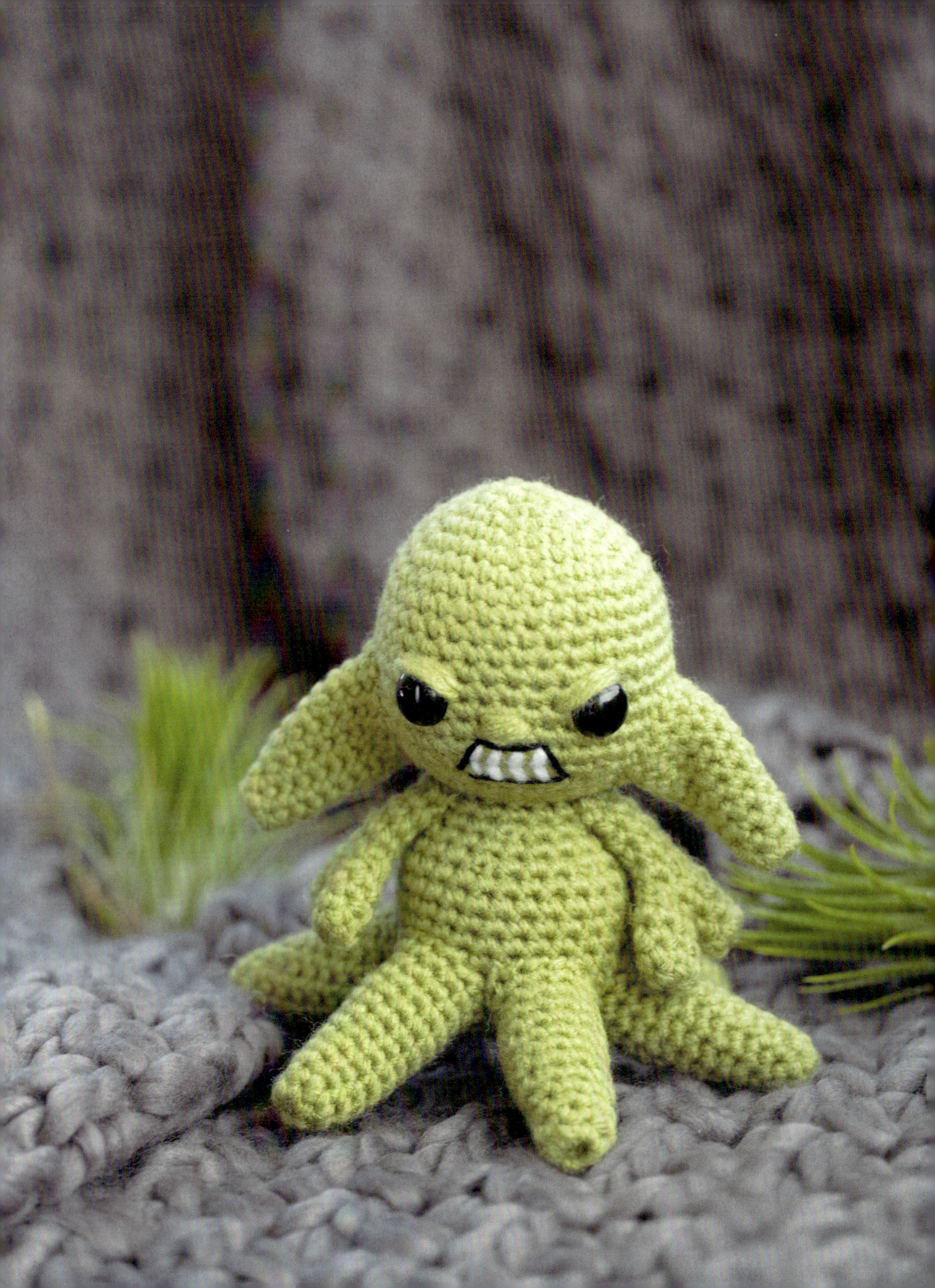

Kapitel 3

AUS DER TIEFE

Die Weltmeere gehören zu den letzten „Unbekannten“ der Erde, denn über 80 Prozent davon sind unerforscht! Da gibt es kilometerlange Höhlen, Unterwasservulkane und womöglich Tore zu anderen Welten. Auch ohne Mythologien und Legenden sind die Ozeane unglaublich faszinierend. In diesem Kapitel begegnen uns einige liebenswerte und schöne Wasserbewohner, von der Meerjungfrau (Seite 65) bis zu Kaiju (Seite 79). Ich bin mir sicher, dass in diesem Kapitel etwas dabei ist, das auch dein Sammlerherz erfreuen wird. Bei mir war es der Kappa (Seite 75) – dieser kleine Kerl hat mein Herz im Sturm erobert.

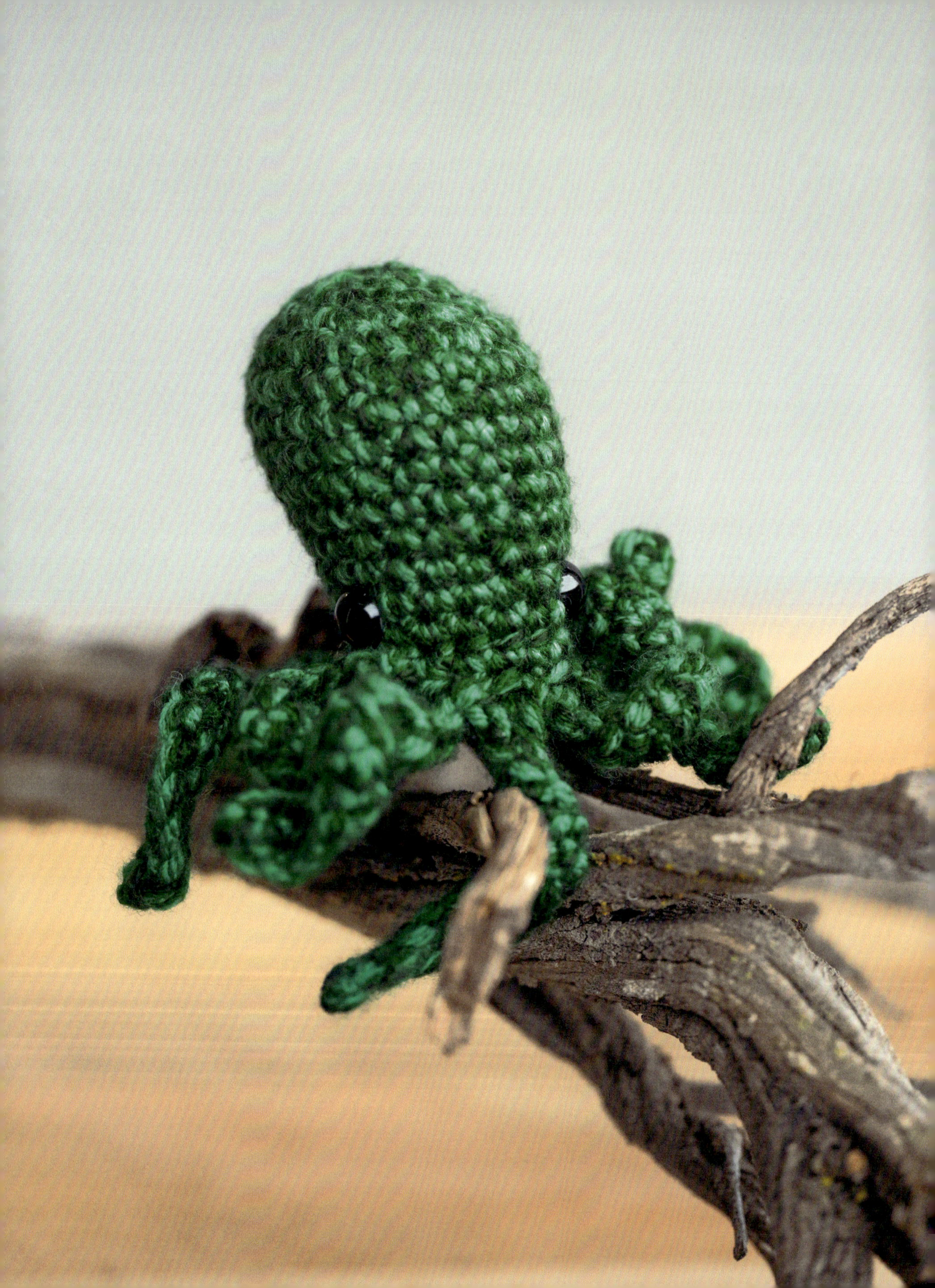

Krake

Der Krake ist ein riesiger Kopffüßer aus der nordischen Mythologie. Er ist groß wie eine Insel, stark und sehr wendig, und er kann Schiffe versenken. Noch im 18. Jahrhundert nahm man an, dass es solche Wesen von bis zu 2,5 km Länge tatsächlich gab. An einem solchen Giganten würde man ein Leben lang häkeln, darum habe ich eine Mini-Version entworfen. Dieser kleine Krake ist viel niedlicher und auch ganz ungefährlich. Aber Vorsicht beim Füttern, damit er nicht zu schnell wächst! Dieses Projekt ist besonders schnell fertig und eignet sich, weil nur wenig Garn erforderlich ist, auch gut zur Resteverwertung.

Kopf/Körper

1. Rd: 6 fM in einen Magic-Ring. (6)

2. Rd: (1 fM zun) 6x. (12)

3. Rd: (1 fM, 1 fM zun) 6x. (18)

4. Rd: (2 fM, 1 fM zun) 6x. (24)

5.-8. Rd: fM häkeln. (24)

9. Rd: (1 fM abn) 4x, 1 fM in jede der restlichen 16 Maschen. (20)

10. Rd: (1 fM abn) 2x, 1 fM in jede der restlichen16 Maschen. (18)

11.-13. Rd: fM häkeln. (18)

14. Rd: (1 fM abn) 2x, 1 fM in jede der restlichen 14 Maschen. (16)

Die Augen auf der Vorderseite zwischen der 12. und 13. Rd anbringen, der Abstand beträgt 6 Maschen (die Rückseite ist dort, wo die Abnahmen liegen). Kopf und Körper beim Häkeln der nächsten Rd fest ausstopfen.

Fangarme (8x)

In dieser Rd werden die Fangarme gehäkelt. Lass dir Zeit und lies die Anleitung sorgfältig durch.

15. Rd: 1 Km in die nächste Masche, (16 Lm, wenden, fM in die nächsten 10 Lm, beginnend mit der 2. Lm ab Nd, je 1 hStb in die restlichen 5 Lm, 1 Masche am Kopf übergehen, 1 Km in die folgende Masche) 8x wiederholen. Nach dem letzten Fangarm den Faden abschneiden und durchziehen.

Weiter geht's auf Seite 64.

Material

- Häkelnadel 4,0 mm
- Grün der Stärke 6 (Super Bulky) in Grün, 1 Knäuel
- 1 Paar Sicherheitsaugen, ø 9 mm
- Füllwatte
- Sticknadel ohne Spitze
- Stecknadeln zum Fixieren der Körperteile beim Annähen
- Schere

Abkürzungen

abn – unsichtbar abnehmen, d. h. 2 feste Maschen zusammen abmaschen, dabei nur in das vordere Maschenglied einstechen

fM – feste Masche(n)

hStb – halbes Stäbchen

Km – Kettmasche

Lm – Luftmasche(n)

Nd – Nadel

Rd – Runde(n)

zun – zunehmen, d. h. 2 feste Maschen in dieselbe Masche der Vorrunde/-reihe häkeln

Krake (Fortsetzung)

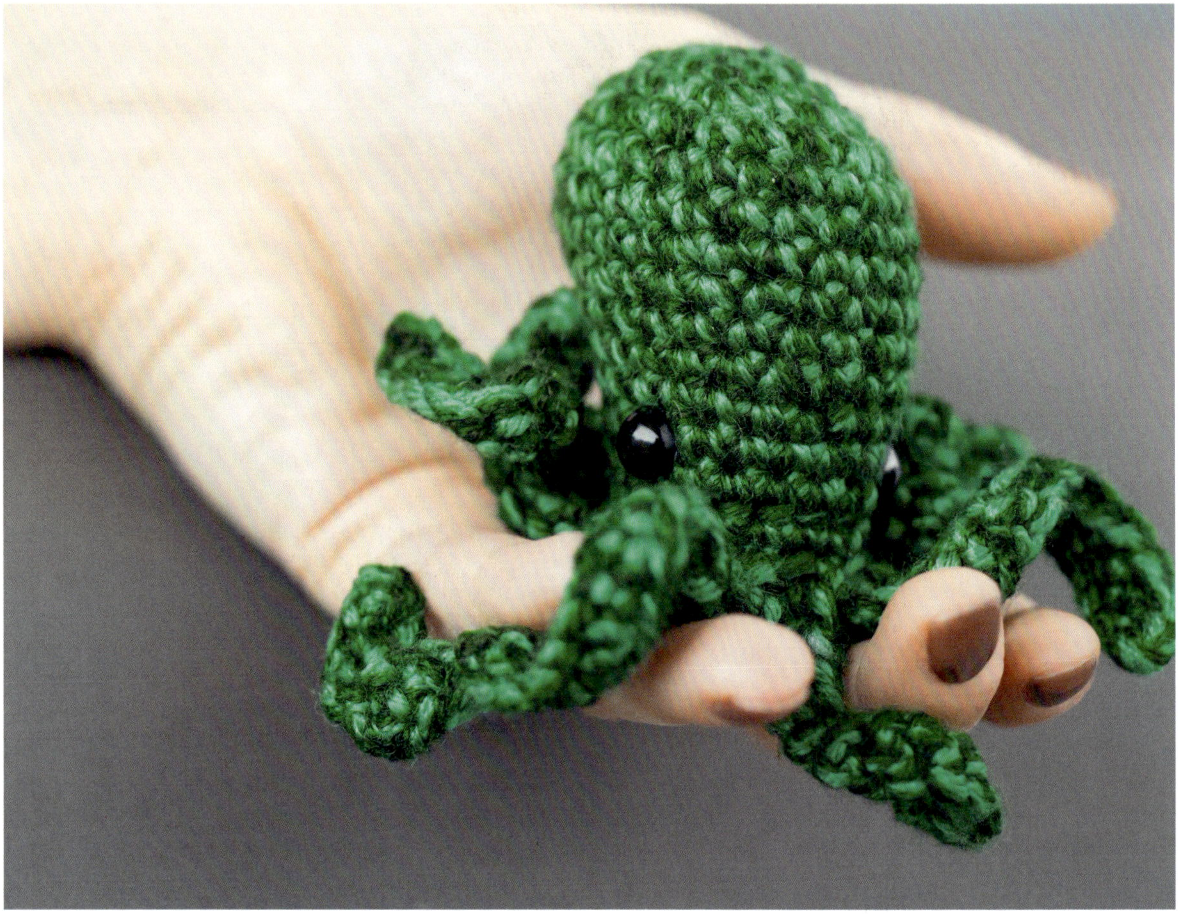

Boden des Kopfs

1. Rd: 6 fM in einen Magic-Ring. (6)

2. Rd: (1 fM zun) 6x. (12)

Den Faden abschneiden und durchziehen, dabei ein langes Ende zum Zusammennähen hängen lassen. Dieses Teil ist absichtlich kleiner als die untere Öffnung des Kopfs, damit es leicht hineingeschoben werden kann.

Fertigstellen

Den Kopf fest ausstopfen, dann den Boden leicht in die Öffnung schieben und rundherum festnähen. Alle herausstehenden Fadenenden mit einer Schere abschneiden. Die natürliche Drehung der Fangarme mit den Fingern leicht verstärken. Das war es schon!

Meerjungfrau

Seeleute und Überlebende von Schiffsunglücken wollen gelegentlich Wesen gesichtet haben, die halb Frau, halb Fisch sind. Manche behaupten, dass diese Meerjungfrauen Seeleute in Stürme – und so in ihr Verderben – locken, während andere meinen, dass sie versuchen, die verunglückten Menschen zu retten. Mir gefällt die zweite Geschichte besser. Dieses Projekt ist sehr vielseitig. Die Farbkombinationen sind endlos und man kann die Haare ganz nach Geschmack frisieren.

Kopf

In Hautfarbe

1. Rd: 6 fM in einen Magic-Ring. (6)

2. Rd: (1 fM zun) 6x. (12)

3. Rd: (1 fM, 1 fM zun) 6x. (18)

4. Rd: (2 fM, 1 fM zun) 6x. (24)

5. Rd: (3 fM, 1 fM zun) 6x. (30)

6. Rd: (4 fM, 1 fM zun) 6x. (36)

7.–15. Rd: fM häkeln. (36)

Die Augen zwischen der 11. und 12. Rd anbringen, der Abstand beträgt 6 Maschen. Bei den weiteren Abnahmen den Kopf ausstopfen.

16. Rd: (4 fM, 1 fM abn) 6x. (30)

17. Rd: (3 fM, 1 fM abn) 6x. (24)

18. Rd: (2 fM, 1 fM abn) 6x. (18)

19. Rd: (1 fM, 1 fM abn) 6x. (12)

20. Rd: (1 fM abn) 6x. (6)

Den Faden abschneiden und durchziehen.

Haarkappe

In Violett

1. Rd: 6 fM in einen Magic-Ring. (6)

2. Rd: (1 fM zun) 6x. (12)

3. Rd: (1 fM, 1 fM zun) 6x. (18)

4. Rd: (2 fM, 1 fM zun) 6x. (24)

5. Rd: (3 fM, 1 fM zun) 6x. (30)

6. Rd: (4 fM, 1 fM zun) 6x. (36)

7.–11. Rd: fM häkeln. (36)

Den Faden abschneiden und durchziehen, dabei ein sehr langes Ende zum Annähen hängen lassen.

Haare

Für Haare wie auf der Abbildung zuerst die Haarkappe auf den Oberkopf nähen. Das Fadenende hängen lassen. Es sollte ca. 25 cm lang sein und wird zum Befestigen der Haare gebraucht. Falls das Ende zu kurz ist, einen neuen Faden verwenden und in der vorderen Mitte der Haarkappe befestigen. Hier wird mit dem Anbringen der Haare begonnen.

Weiter geht's auf Seite 66.

Material

- Häkelnadel 4,0 mm
- Garn der Stärke 4 (Medium) in Hautfarbe, 1 Knäuel
- Garn der Stärke 4 (Medium) in Violett, 1 Knäuel
- 1 Paar Sicherheitsaugen, ø 9 mm
- Füllwatte
- Sticknadel ohne Spitze
- Stecknadeln zum Fixieren der Körperteile beim Annähen
- Schere
- Textil- oder Heißkleber

Abkürzungen

abn – unsichtbar abnehmen, d. h. 2 feste Maschen zusammen abmaschen, dabei nur in das vordere Maschenglied einstechen

fM – feste Masche(n)

Nd – Nadel

Rd – Runde(n)

zun – zunehmen, d. h. 2 feste Maschen in dieselbe Masche der Vorrunde/-reihe häkeln

Meerjungfrau (Fortsetzung)

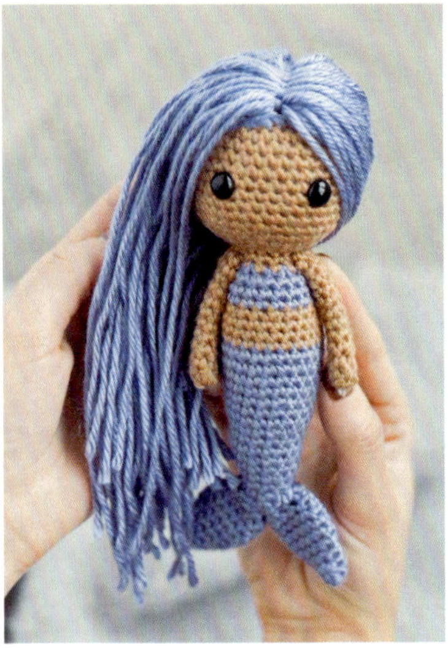

Nun vom violetten Garn 40 Fäden von 20 cm Länge abschneiden und in kleinen Bündeln von vorn nach hinten an den Oberkopf nähen. Bündel mit je 4 Fäden haben eine gute Größe. Die Nahtlinie muss schön gerade verlaufen, denn sie bildet den Scheitel. Wichtig ist, jeden Stich sehr gut festzuziehen und bei allen Stichen die gleiche Spannung einzuhalten. Ich höre normalerweise am Hinterkopf mit dem Festnähen der Haarbündel auf. Der letzte Schritt besteht darin, unter den Haaren eine sehr dünne Linie Kleber auf jeder Seite der „Scheitelnaht" aufzutragen, damit die Haare nicht unter den Stichen herausrutschen können. Unbedingt sparsam mit dem Kleber umgehen, damit er nicht auf der Oberseite der Haare sichtbar ist. Den Kopf an einen sicheren Platz legen, bis der Kleber trocken ist. Die Haare vorerst lang lassen. Die Frisur wird erst zum Schluss gestaltet.

Körper

In Violett

1. Rd: 6 fM in einen Magic-Ring. (6)

2. Rd: fM häkeln. (6)

3. Rd: (1 fM, 1 fM zun) 3x. (9)

4. Rd: fM häkeln. (9)

5. Rd: (2 fM, 1 fM zun) 3x. (12)

6. Rd: fM häkeln. (12)

7. Rd: (3 fM, 1 fM zun) 3x. (15)

8.+9. Rd: fM häkeln. (15)

10. Rd: (4 fM, 1 fM zun) 3x. (18)

11.+12. Rd: fM häkeln. (18)

13. Rd: (5 fM, 1 fM zun) 3x. (21)

14.+15. Rd: fM häkeln. (21)

16. Rd: (6 fM, 1 fM zun) 3x. (24)

17. Rd: fM häkeln. (24)

Mit Hautfarbe fortfahren

18.-20. Rd: fM häkeln. (24)

21. Rd: (2 fM, 1 fM abn) 6x. (18)

Mit Violett fortfahren

22.-24. Rd: fM häkeln. (18)

Mit Hautfarbe fortfahren

25. Rd: (1 fM, 1 fM abn) 6x. (12)

26. Rd: fM häkeln. (12)

Den Faden abschneiden und durchziehen, dabei ein langes Ende zum Zusammennähen hängen lassen.

Arme (2x)

In Hautfarbe

1. Rd: 6 fM in einen Magic-Ring. (6)

2.-11. Rd: fM häkeln. (6)

Den Faden abschneiden und durchziehen, dabei ein langes Ende zum Zusammennähen hängen lassen.

Schwanzflosse (2x)

In Violett

1. Rd: 4 fM in einen Magic-Ring. (4)

2. Rd: (1 fM, 1 fM zun) 2x. (6)

3. Rd: (2 fM, 1 fM zun) 2x. (8)

4. Rd: (3 fM, 1 fM zun) 2x. (10)

5. Rd: (4 fM, 1 fM zun) 2x. (12)

6.+7. Rd: fM häkeln. (12)

8. Rd: (4 fM, 1 fM abn) 2x. (10)

9. Rd: (3 fM, 1 fM abn) 2x. (8)

Den Faden abschneiden und durchziehen, dabei ein langes Ende zum Zusammennähen hängen lassen.

Fertigstellen

Wenn der Kleber getrocknet ist, den Boden des Kopfes mit überwendlichen Stichen schließen. Den Körper fest bis in die Schwanzspitze ausstopfen. Die Arme auf beiden Seiten des Körpers feststecken und annähen (sie werden nicht ausgestopft). Die Flossen flach drücken und am Ende des Schwanzes festnähen (sie werden nicht ausgestopft). Übrige Fadenenden abschneiden. Zuletzt können die Haare geschnitten werden, aber bitte ganz vorsichtig. Wenn die Frisur sitzt, ist die Meerjungfrau fertig!

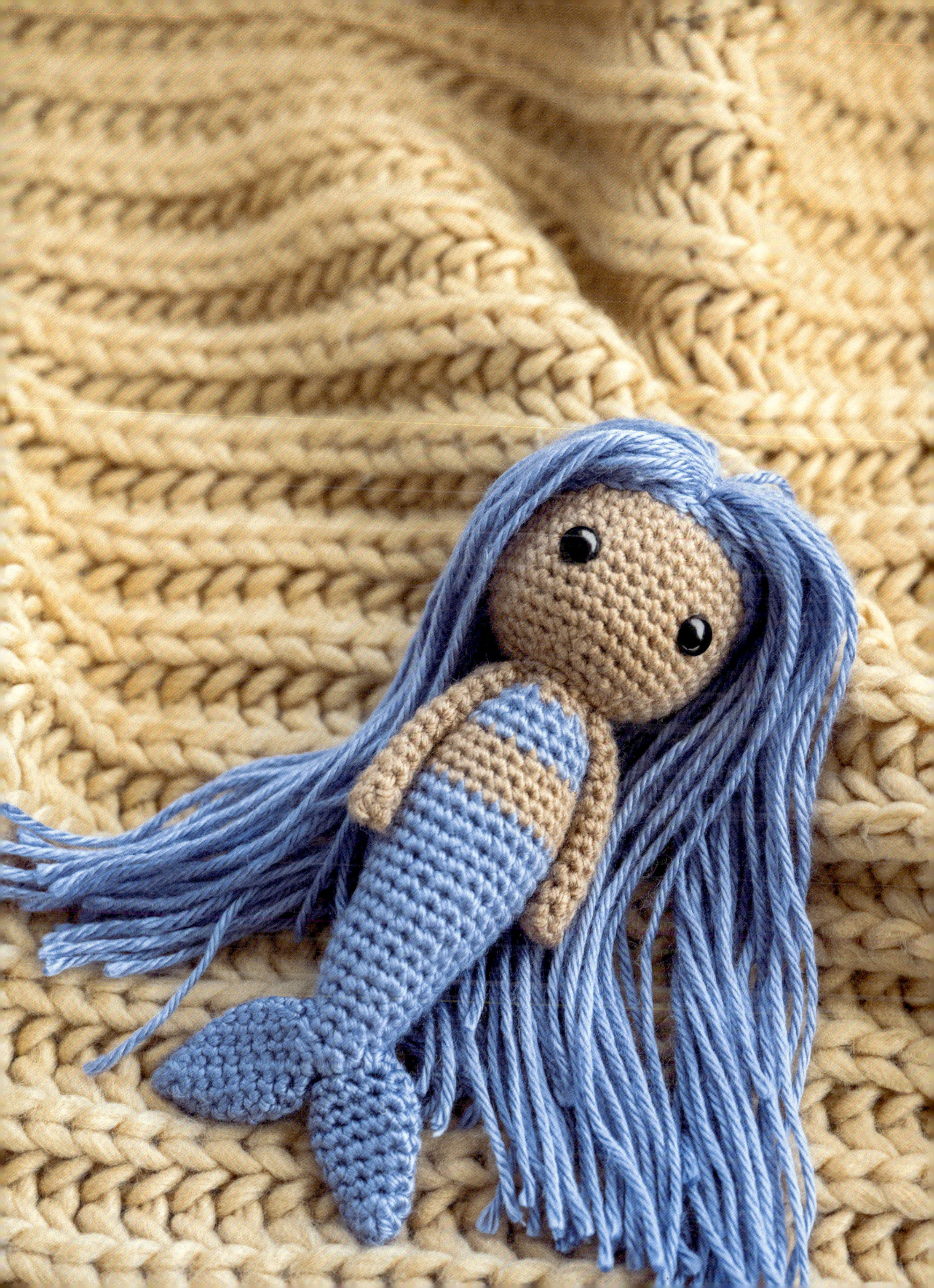

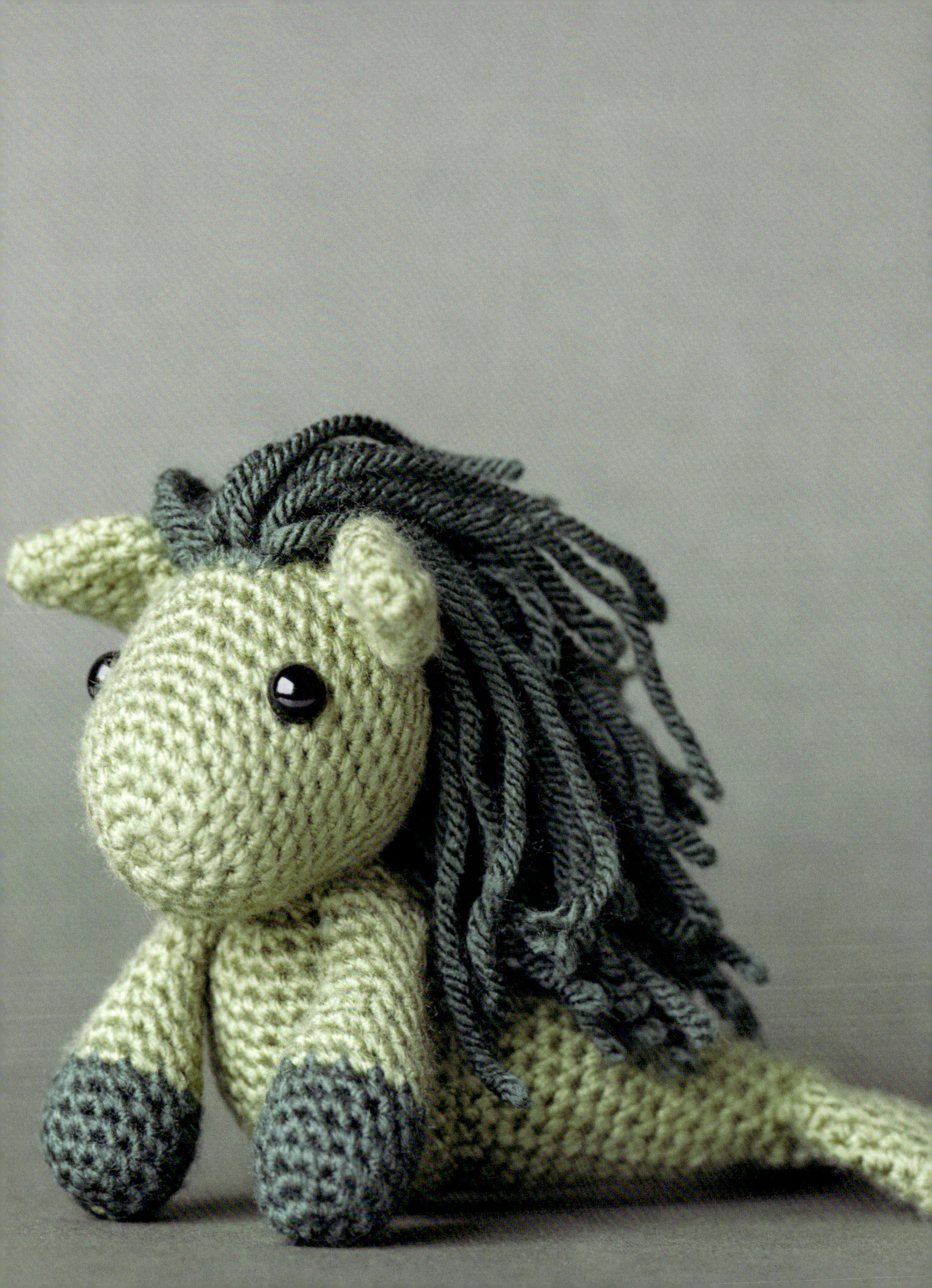

Kelpie

Kelpies sind Wassergeister in Pferdegestalt, oft mit einem Fischschwanz. Sie haben ihren Ursprung in der keltischen Folklore. In anderen Kulturen gibt es ähnliche Geschöpfe. Sie sind Gestaltwandler, die sich in ein Pferd oder einen Menschen verwandeln können, und sie locken ahnungslose Sterbliche ins Wasser, um sie zu fressen! Besonders gefährlich sind sie, weil sie so schön aussehen. Dieses gehäkelte Kelpie stellt allerdings keine Gefahr dar, denn es ist so klein, dass es einen Menschen nicht überwältigen kann.

Kopf

In Hellgrün

1. Rd: 6 fM in einen Magic-Ring. (6)

2. Rd: (1 fM zun) 6x. (12)

3. Rd: (1 fM, 1 fM zun) 6x. (18)

4. Rd: (2 fM, 1 fM zun) 6x. (24)

5.–8. Rd: fM häkeln. (24)

9. Rd: (3 fM, 1 fM zun) 6x. (30)

10. Rd: (4 fM, 1 fM zun) 6x. (36)

11.–13. Rd: fM häkeln. (36)

14. Rd: (4 fM, 1 fM abn) 6x. (30)

15. Rd: fM häkeln. (30)

Die Augen zwischen der 9. und 10. Rd anbringen, der Abstand beträgt 9 Maschen. Beim weiteren Abnehmen den Kopf fest ausstopfen.

16. Rd: (3 fM, 1 fM abn) 6x. (24)

17. Rd: (2 fM, 1 fM abn) 6x. (18)

18. Rd: (1 fM, 1 fM abn) 6x. (12)

19. Rd: (1 fM abn) 6x. (6)

Den Faden abschneiden und durchziehen.

Ohren (2x)

In Hellgrün

1. Rd: 4 fM in einen Magic-Ring. (4)

2. Rd: (1 fM, 1 fM zun) 2x. (6)

3. Rd: (2 fM, 1 fM zun) 2x. (8)

4. Rd: (3 fM, 1 fM zun) 2x. (10)

5. Rd: (4 fM, 1 fM zun) 2x. (12)

6.+7. Rd: fM häkeln. (12)

8. Rd: (1 fM abn) 6x. (6)

Den Faden abschneiden und durchziehen, dabei ein langes Ende zum Zusammennähen hängen lassen.

Weiter geht's auf Seite 70.

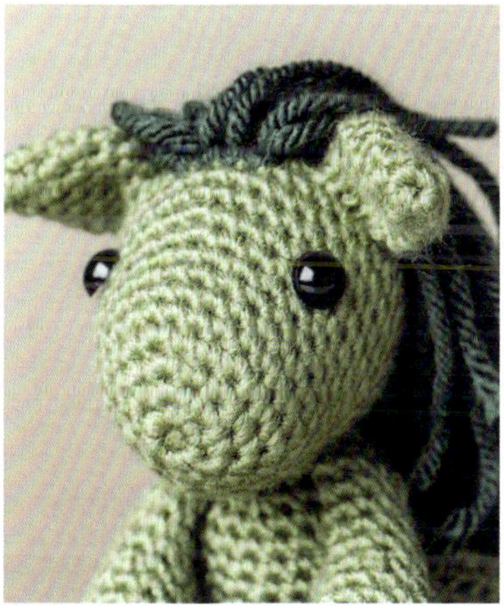

Material

- Häkelnadel 4,0 mm
- Garn der Stärke 4 (Medium) in Hellgrün, 1 Knäuel
- Garn der Stärke 4 (Medium) in Dunkelgrün, 1 Knäuel
- 1 Paar Sicherheitsaugen, ø 9 mm
- Füllwatte
- Sticknadel ohne Spitze
- Stecknadeln zum Fixieren der Körperteile beim Annähen
- Schere

Abkürzungen

abn – unsichtbar abnehmen, d. h. 2 feste Maschen zusammen abmaschen, dabei nur in das vordere Maschenglied einstechen

fM – feste Masche(n)

Nd – Nadel

Rd – Runde(n)

zun – zunehmen, d. h. 2 feste Maschen in dieselbe Masche der Vorrunde/-reihe häkeln

Kelpie
(Fortsetzung)

Körper

In Hellgrün

1. Rd: 6 fM in einen Magic-Ring. (6)

2. Rd: (1 fM zun) 6x. (12)

3. Rd: (1 fM, 1 fM zun) 6x. (18)

4. Rd: (2 fM, 1 fM zun) 6x. (24)

5. Rd: (3 fM, 1 fM zun) 6x. (30)

6.-9. Rd: fM häkeln. (30)

10. Rd: (3 fM, 1 fM abn) 6x. (24)

11.-15. Rd: fM häkeln. (24)

16. Rd: (2 fM, 1 fM abn) 6x. (18)

17. Rd: (1 fM, 1 fM abn) 6x. (12)

Den Faden abschneiden und durchziehen, dabei ein langes Ende zum Zusammennähen hängen lassen.

Beine (2x)

In Dunkelgrün

1. Rd: 6 fM in einen Magic-Ring. (6)

2. Rd: (1 fM zun) 6x. (12)

3. Rd: (3 fM, 1 fM zun) 3x. (15)

4.+5. Rd: fM häkeln. (15)

6. Rd: (3 fM, 1 fM abn) 3x. (12)

Mit Hellgrün fortfahren

7.-9. Rd: fM häkeln. (12)

10. Rd: (2 fM, 1 fM abn) 3x. (9)

11.-15. Rd: fM häkeln. (9)

Den Faden abschneiden und durchziehen, dabei ein langes Ende zum Zusammennähen hängen lassen.

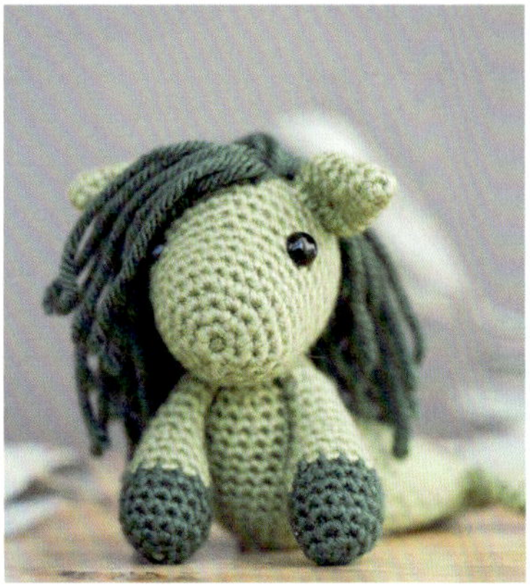

Schwanz

In Hellgrün

1. Rd: 6 fM in einen Magic-Ring. (6)

2. Rd: fM häkeln. (6)

3. Rd: (1 fM, 1 fM zun) 3x. (9)

4. Rd: fM häkeln. (9)

5. Rd: (2 fM, 1 fM zun) 3x. (12)

6. Rd: fM häkeln. (12)

7. Rd: (3 fM, 1 fM zun) 3x. (15)

8.+9. Rd: fM häkeln. (15)

10. Rd: (4 fM, 1 fM zun) 3x. (18)

11.+12. Rd: fM häkeln. (18)

13. Rd: (5 fM, 1 fM zun) 3x. (21)

14.+15. Rd: fM häkeln. (21)

16. Rd: (6 fM, 1 fM zun) 3x. (24)

17. Rd: fM häkeln. (24)

Den Faden abschneiden und durchziehen, dabei ein langes Ende zum Zusammennähen hängen lassen.

Schwanzflosse (2x)

In Hellgrün

1. Rd: 4 fM in einen Magic-Ring. (4)

2. Rd: (1 fM, 1 fM zun) 2x. (6)

3. Rd: (2 fM, 1 fM zun) 2x. (8)

4. Rd: (3 fM, 1 fM zun) 2x. (10)

5. Rd: (4 fM, 1 fM zun) 2x. (12)

6.+7. Rd: fM häkeln. (12)

8. Rd: (4 fM, 1 fM abn) 2x. (10)

9. Rd: (3 fM, 1 fM abn) 2x. (8)

Den Faden abschneiden und durchziehen, dabei ein langes Ende zum Zusammennähen hängen lassen.

Fertigstellen

Den Kopf mit überwendlichen Stichen schließen, dann den Körper fest ausstopfen und an der Unterseite des Kopfs festnähen. Die Beine ausstopfen und beidseitig an den vorderen Körper nähen. Sie sollen so sitzen, dass sie den vorderen Körper etwas vom Boden abheben und stützen. Den Schwanz ausstopfen und am hinteren Körper festnähen. Ich habe ihn etwas zur Seite gebogen, damit man die Flossen auch aus der Frontalansicht sehen kann. Ich empfehle, den Schwanz zuerst festzustecken, um verschiedene Positionen auszuprobieren. Der Schwanz kann auch helfen, die Figur auszubalancieren, wenn die Vorderbeine allein dafür nicht ausreichen. Die Flossen beidseitig an die Schwanzspitze nähen (sie werden nicht ausgestopft). Die Ohren an die Oberseite des Kopfes nähen (auch sie müssen nicht ausgestopft werden). Eventuell übrige Fadenenden abschneiden.

Für die Mähne aus dunkelgrünem Garn 60 Fäden von 30 cm Länge abschneiden. Bündel von je 4 Fäden am Kopf festnähen, dabei vor den Ohren beginnen und an der Rückseite des Kopfes herunterarbeiten. Ist die Mähne füllig genug, kann sie gleichmäßig gekürzt werden.

Grindylow

Grindylows sind kleine, gefräßige Wassergeister, die der Folklore zufolge in den englischen Grafschaften Yorkshire und Lancashire ihr Unwesen treiben. Sie leben in Seen und Mooren und machen Jagd auf kleine Kinder, die sich zu nahe ans Wasser wagen! Das jedenfalls erzählt man gern den Kindern, damit sie nicht ohne Aufsicht am Wasser spielen. Ich versuche, selbst groteske Bösewichte niedlich zu gestalten. Viel Spaß also bei diesem süßen Unhold!

Material

- Häkelnadel 4,0 mm
- Garn der Stärke 4 (Medium) in Hellgrün, 1 Knäuel
- 1 Paar Sicherheitsaugen, ø 12 mm
- Füllwatte
- Sticknadel ohne Spitze
- Stecknadeln zum Fixieren der Körperteile beim Annähen
- Schere
- Stickgarn in Weiß und Schwarz, je 25 cm

Abkürzungen

abn – unsichtbar abnehmen, d. h. 2 feste Maschen zusammen abmaschen, dabei nur in das vordere Maschenglied einstechen

fM – feste Masche(n)

Nd – Nadel

Rd – Runde(n)

zun – zunehmen, d. h. 2 feste Maschen in dieselbe Masche der Vorrunde/-reihe häkeln

Kopf

1. Rd: 6 fM in einen Magic-Ring. (6)

2. Rd: (1 fM zun) 6x. (12)

3. Rd: (1 fM, 1 fM zun) 6x. (18)

4. Rd: (2 fM, 1 fM zun) 6x. (24)

5. Rd: (3 fM, 1 fM zun) 6x. (30)

6. Rd: (4 fM, 1 fM zun) 6x. (36)

7.-11. Rd: fM häkeln. (36)

12. Rd: (5 fM, 1 fM zun) 6x. (42)

13.-15. Rd: fM häkeln. (42)

Die Augen zwischen der 12. und 13. Rd anbringen, der Abstand beträgt 7 Maschen. Beim weiteren Abnehmen den Kopf fest ausstopfen.

16. Rd: (5 fM, 1 fM abn) 6x. (36)

17. Rd: (4 fM, 1 fM abn) 6x. (30)

18. Rd: (3 fM, 1 fM abn) 6x. (24)

19. Rd: (2 fM, 1 fM abn) 6x. (18)

20. Rd: (1 fM, 1 fM abn) 6x. (12)

21. Rd: (1 fM abn) 6x. (6)

Den Faden abschneiden und durchziehen.

Körper

1. Rd: 6 fM in einen Magic-Ring. (6)

2. Rd: (1 fM zun) 6x. (12)

3. Rd: (1 fM, 1 fM zun) 6x. (18)

4. Rd: (2 fM, 1 fM zun) 6x. (24)

5. Rd: (3 fM, 1 fM zun) 6x. (30)

6.-12. Rd: fM häkeln. (30)

13. Rd: (3 fM, 1 fM abn) 6x. (24)

14. Rd: fM häkeln. (24)

15. Rd: (2 fM, 1 fM abn) 6x. (18)

16. Rd: fM häkeln. (18)

Den Faden abschneiden und durchziehen, dabei ein langes Ende zum Zusammennähen hängen lassen.

Weiter geht's auf Seite 72.

Grindylow
(Fortsetzung)

Tentakel am Körper (6x)

1. Rd: 6 fM in einen Magic-Ring. (6)

2. Rd: fM häkeln. (6)

3. Rd: (2 fM, 1 fM zun) 2x. (8)

4. Rd: fM häkeln. (8)

5. Rd: (3 fM, 1 fM zun) 2x. (10)

6.+7. Rd: fM häkeln. (10)

8. Rd: (4 fM, 1 fM zun) 2x. (12)

9.-11. Rd: fM häkeln. (12)

12. Rd: (5 fM, 1 fM zun) 2x. (14)

Den Faden abschneiden und durchziehen, dabei ein langes Ende zum Zusammennähen hängen lassen.

Arme (2x)

Mit dem ersten Finger beginnen

1. Rd: 6 fM in einen Magic-Ring. (6)

2.+3. Rd: fM häkeln. (6)

Den Faden abschneiden und durchziehen.

Zweiter Finger

1. Rd: 6 fM in einen Magic-Ring. (6)

2.+3. Rd: fM häkeln. (6)

Den Faden nicht abschneiden. In die nächste Masche am ersten Finger einstechen. Dies wird die 1. Masche der 4. Rd.

4. Rd: fM häkeln. (12)

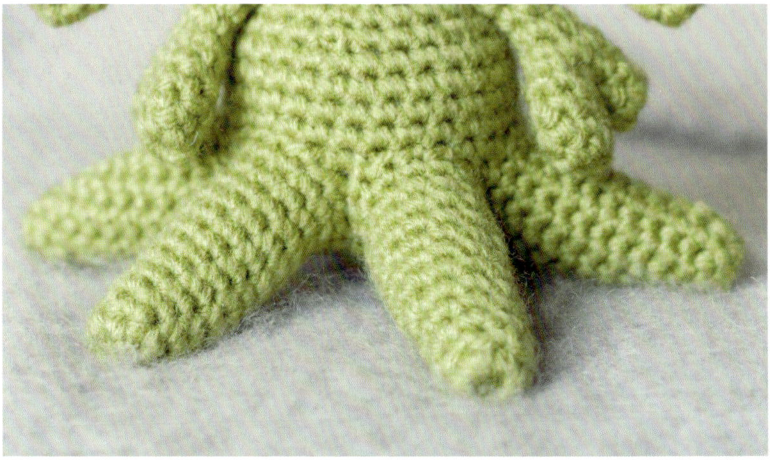

5. Rd: (1 fM abn) 6x. (6)

6.-9. Rd: fM häkeln. (6)

Den Faden abschneiden und durchziehen, dabei ein langes Ende zum Zusammennähen hängen lassen.

Tentakel am Kopf (2x)

1. Rd: 6 fM in einen Magic-Ring. (6)

2. Rd: fM häkeln. (6)

3. Rd: (2 fM, 1 fM zun) 2x. (8)

4. Rd: fM häkeln. (8)

5. Rd: (3 fM, 1 fM zun) 2x. (10)

6. Rd: fM häkeln. (10)

7. Rd: (4 fM, 1 fM zun) 2x. (12)

8.-10. Rd: fM häkeln. (12)

Den Faden abschneiden und durchziehen, dabei ein langes Ende zum Zusammennähen hängen lassen.

Fertigstellen

Die Unterseite des Kopfs mit überwendlichen Stichen zunähen. Den Körper ausstopfen und an den Kopf nähen. Die Tentakel fest ausstopfen und gleichmäßig verteilt an den unteren Körper stecken. Prüfen, ob sie die Figur im Gleichgewicht halten. Wenn das der Fall ist, werden sie festgenäht. Dann die Arme an den Seiten des Körpers festnähen (sie werden nicht ausgestopft). Die Kopf-Tentakel beiderseits des Gesichts feststecken und annähen (auch sie werden nicht ausgestopft). Übrige Fadenenden abschneiden.

Zuletzt das Gesicht gestalten. Mit dem weißen Stickgarn mittig ins Gesicht vier obere und vier untere Zähne sticken. Mit dem schwarzen Stickgarn den Umriss eines Mundes um die Zähne herum sticken. Zuletzt mit hellgrünem Garn die Augenbrauen und eine kleine Nase aufsticken.
Fertig ist der Grindylow!

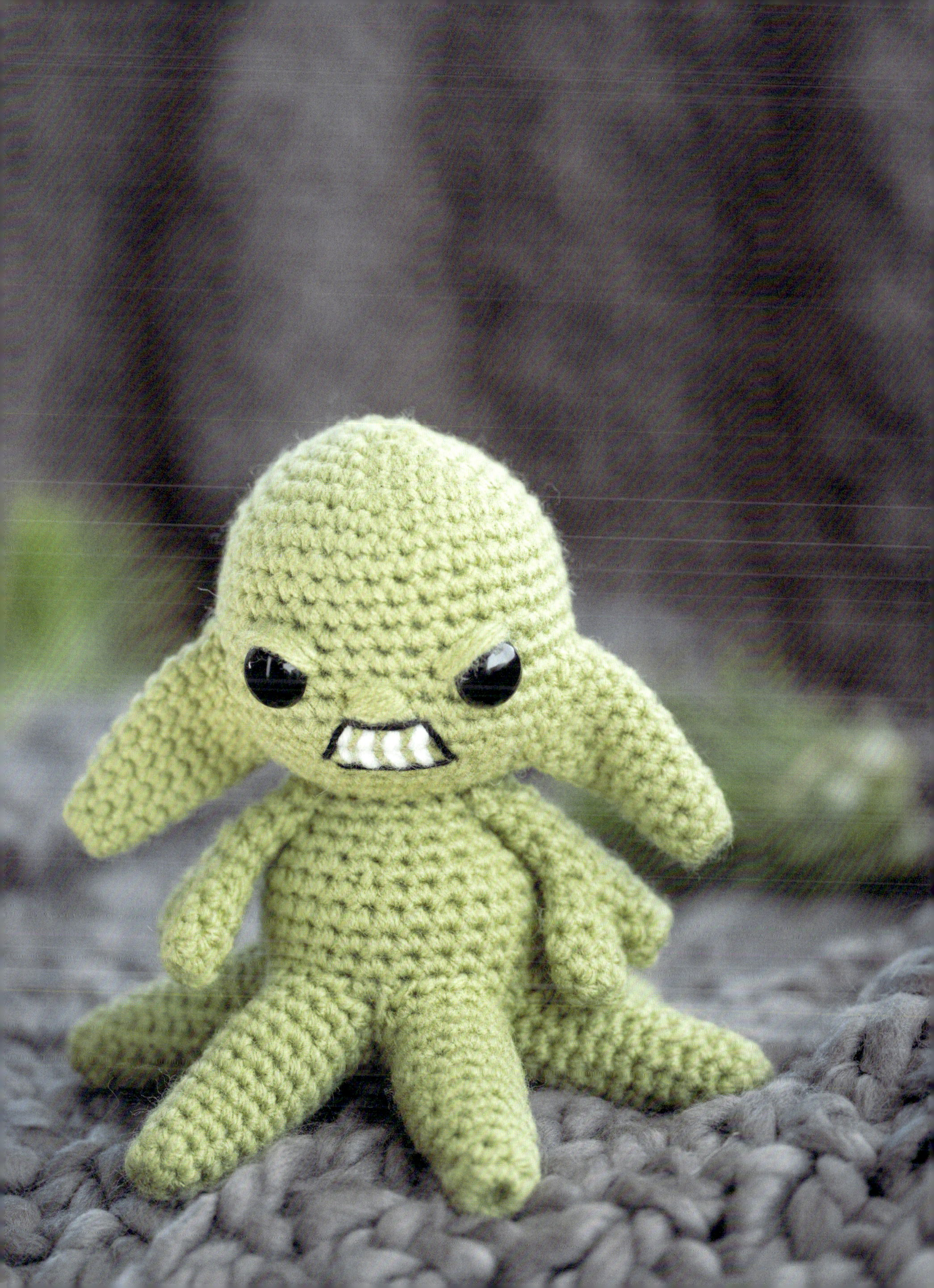

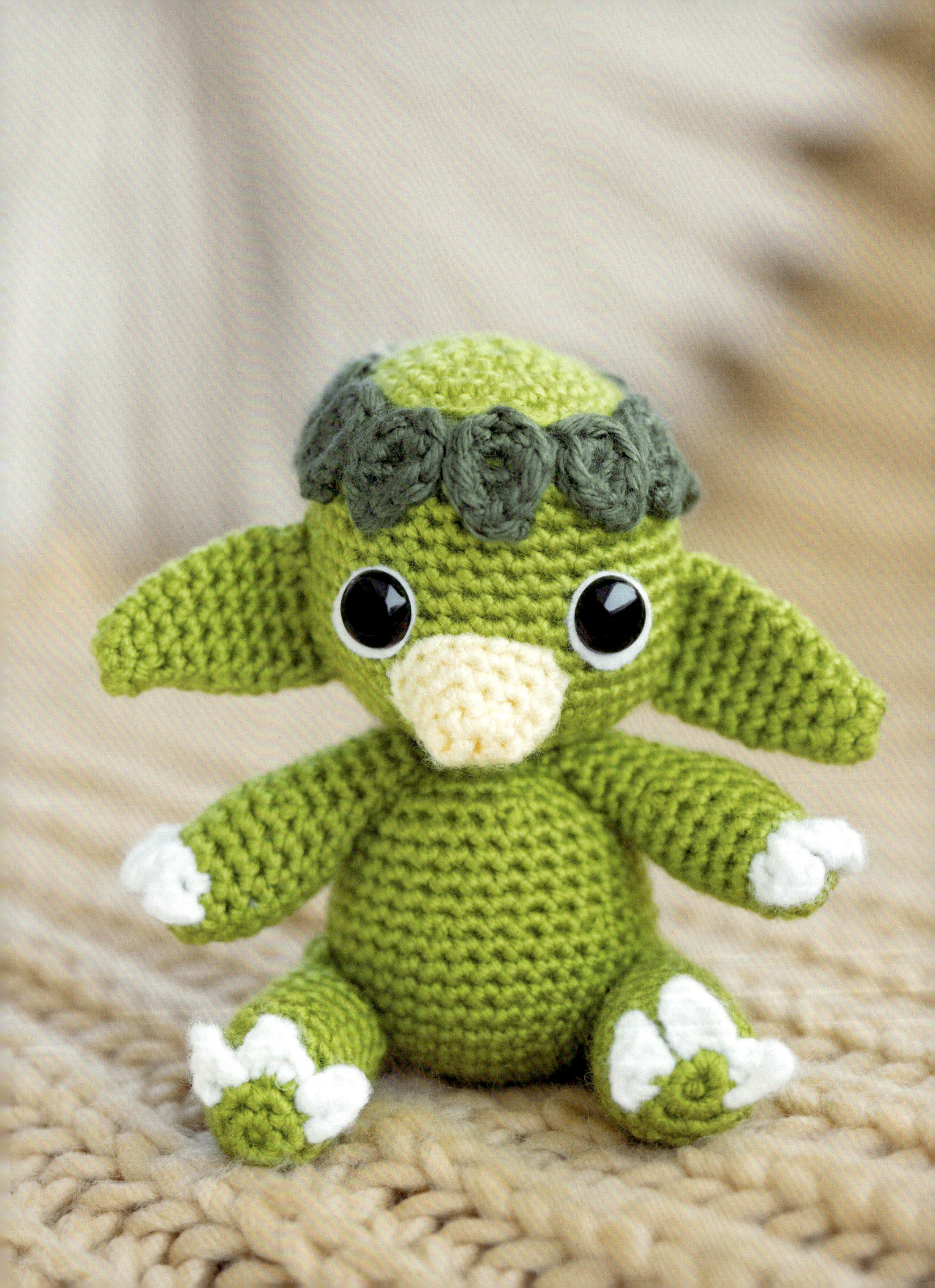

Kappa

Kappa sind Wasserdämonen aus der japanischen Folklore. Sie sind etwa so groß wie ein menschliches Kind, haben aber eher Ähnlichkeit mit einer Schildkröte. Das auffälligste Merkmal – abgesehen von ihrem Panzer – ist eine flache Vertiefung auf ihrem Kopf, die „Sara“ genannt wird. Darin nehmen die Kappa immer etwas Wasser mit, wenn sie sich an Land wagen. Wasser ist ihr Lebenselixier, und wenn es ihnen an Land abhandenkommt, sind sie in größten Schwierigkeiten. Kappa sind allerdings sehr höflich. Wer sich vor ihnen verbeugt, dem tun sie es gleich. So verschütten sie ihr Wasser und sind aller Kräfte beraubt.

Material

- Häkelnadel 4,0 mm
- Garn der Stärke 4 (Medium) in Kiwigrün, 1 Knäuel
- Garn der Stärke 4 (Medium) in Dunkelgrün, 1 Knäuel
- Garn der Stärke 4 (Medium) in Gelb, 1 Knäuel
- Garn der Stärke 4 (Medium) in Braun, 1 Knäuel
- Garn der Stärke 4 (Medium) in Weiß, 1 Knäuel
- 1 Paar Sicherheitsaugen, ø 12 mm
- Füllwatte
- Sticknadel ohne Spitze
- Stecknadeln zum Fixieren der Körperteile beim Annähen
- Schere
- 1 Stück Filz in Weiß

Abkürzungen

abn – unsichtbar abnehmen, d. h. 2 feste Maschen zusammen abmaschen, dabei nur in das vordere Maschenglied einstechen

fM – feste Masche(n)

hMG – nur in das hintere Maschenglied einstechen

hStb – halbe(s) Stäbchen

Km – Kettmasche

Lm – Luftmasche(n)

Nd – Nadel

Rd – Runde(n)

vMG – nur in das vordere Maschenglied einstechen

zun – zunehmen, d. h. 2 feste Maschen in dieselbe Masche der Vorrunde/-reihe häkeln

Kopf

In Kiwigrün

1. Rd: 6 fM in einen Magic-Ring. (6)

2. Rd: (1 fM zun) 6x. (12)

3. Rd: (1 fM, 1 fM zun) 6x. (18)

4. Rd: (2 fM, 1 fM zun) 6x. (24)

5. Rd: (3 fM, 1 fM zun) 6x. (30)

6. Rd: hMG, (4 fM, 1 fM zun) 6x. (36)

7.-12. Rd: fM häkeln. (36)

13. Rd: (5 fM, 1 fM zun) 6x. (42)

14.-17. Rd: fM häkeln. (42)

Aus weißem Filz zwei Kreise von 1,3 cm Durchmesser zuschneiden. In die Mitte jeweils einen Schlitz schneiden und den Befestigungsdorn eines Sicherheitsauges durchstecken. Dadurch wird das Auge von einem weißen Kreis umrahmt. Den Kreis so zuschneiden, dass er oben dünner als unten ist. So bekommt die Figur einen niedlichen „Dackelblick“.

Weiter geht’s auf Seite 76.

Kappa
(Fortsetzung)

Die Augen zusammen mit den Filzrändern zwischen der 13. und 14. Rd anbringen, der Abstand beträgt 7 Maschen. Beim weiteren Abnehmen den Kopf fest ausstopfen.

18. Rd: (5 fM, 1 fM abn) 6x. (36)

19. Rd: (4 fM, 1 fM abn) 6x. (30)

20. Rd: (3 fM, 1 fM abn) 6x. (24)

21. Rd: (2 fM, 1 fM abn) 6x. (18)

22. Rd: (1 fM, 1 fM abn) 6x. (12)

23. Rd: (1 fM abn) 6x. (6)

Den Faden abschneiden und durchziehen.

Körper

In Kiwigrün

1. Rd: 6 fM in einen Magic-Ring. (6)

2. Rd: (1 fM zun) 6x. (12)

3. Rd: (1 fM, 1 fM zun) 6x. (18)

4. Rd: (2 fM, 1 fM zun) 6x. (24)

5. Rd: (3 fM, 1 fM zun) 6x. (30)

6. Rd: (4 fM, 1 fM zun) 6x. (36)

7.-10. Rd: fM häkeln. (36)

11. Rd: (4 fM, 1 fM abn) 6x. (30)

12.-15. Rd: fM häkeln. (30)

16. Rd: (3 fM, 1 fM abn) 6x. (24)

17. Rd: (2 fM, 1 fM abn) 6x. (18)

18. Rd: (1 fM, 1 fM abn) 6x. (12)

Den Faden abschneiden und durchziehen, dabei ein langes Ende zum Zusammennähen hängen lassen.

Beine (2x)

In Kiwigrün

1. Rd: 6 fM in einen Magic-Ring. (6)

2. Rd: (1 fM zun) 6x. (12)

3. Rd: (3 fM, 1 fM zun) 3x. (15)

4.-6. Rd: fM häkeln. (15)

7. Rd: (3 fM, 1 fM abn) 3x. (12)

8.-10. Rd: fM häkeln. (12)

11. Rd: (2 fM, 1 fM abn) 3x. (9)

12.-14. Rd: fM häkeln. (9)

Den Faden abschneiden und durchziehen, dabei ein langes Ende zum Zusammennähen hängen lassen.

Arme (2x)

In Kiwigrün

1. Rd: 6 fM in einen Magic-Ring. (6)

2. Rd: (1 fM zun) 6x. (12)

3.-7. Rd: fM häkeln. (12)

8. Rd: (2 fM, 1 fM abn) 3x. (9)

9.-13. Rd: fM häkeln. (9)

Den Faden abschneiden und durchziehen, dabei ein langes Ende zum Zusammennähen hängen lassen.

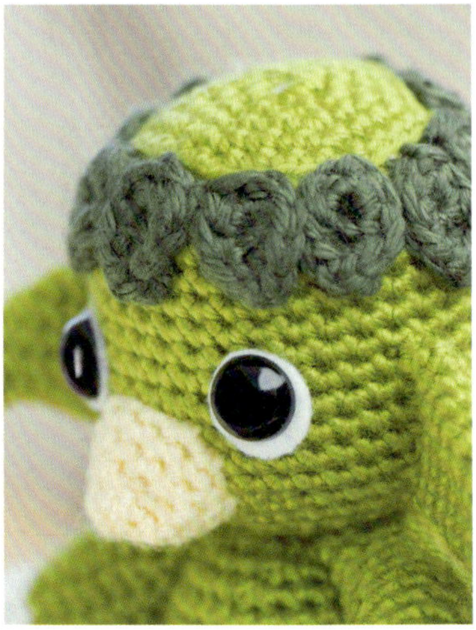

Ohren (2x)

In Kiwigrün

1. Rd: 6 fM in einen Magic-Ring. (6)

2. Rd: fM häkeln. (6)

3. Rd: (2 fM, 1 fM zun) 2x. (8)

4. Rd: (3 fM, 1 fM zun) 2x. (10)

5. Rd: (4 fM, 1 fM zun) 2x. (12)

6.-9. Rd: fM häkeln. (12)

10. Rd: (4 fM, 1 fM abn) 2x. (10)

Den Faden abschneiden und durchziehen, dabei ein langes Ende zum Zusammennähen hängen lassen.

Schnabel

In Gelb

1. Rd: 4 Lm und wenden, fM in beide Seiten der Lm-Kette häkeln (mit der 2. Lm ab Nd beginnen). (6)

2. Rd: (1 fM, 1 fM zun) 3x. (9)

3. Rd: (2 fM, 1 fM zun) 3x. (12)

4. Rd: fM häkeln. (12)

Den Faden abschneiden und durchziehen, dabei ein langes Ende zum Zusammennähen hängen lassen.

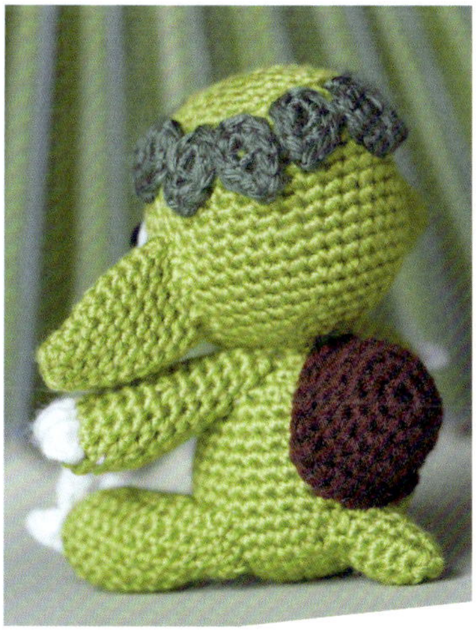

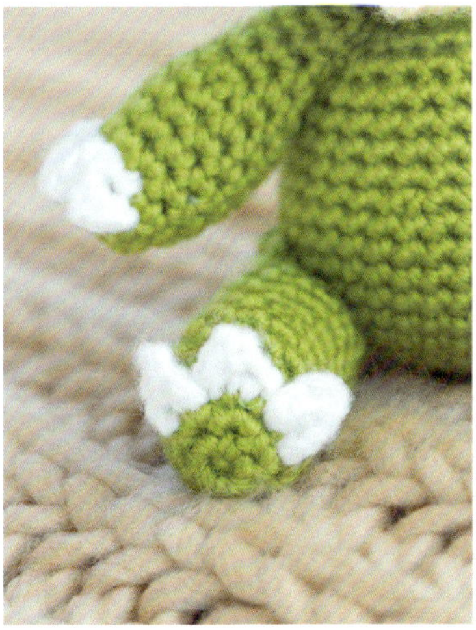

Schwanz

In Kiwigrün

1. Rd: 4 fM in einen Magic-Ring. (4)

2. Rd: (1 fM, 1 fM zun) 2x. (6)

3. Rd: (2 fM, 1 fM zun) 2x. (8)

4. Rd: (3 fM, 1 fM zun) 2x. (10)

5.+6. Rd: fM häkeln. (10)

Den Faden abschneiden und durchziehen, dabei ein langes Ende zum Zusammennähen hängen lassen.

Panzer

In Braun

1. Rd: 6 fM in einen Magic-Ring. (6)

2. Rd: (1 fM zun) 6x. (12)

3. Rd: (1 fM, 1 fM zun) 6x. (18)

4.+5. Rd: fM häkeln. (18)

6. Rd: vMG, hStb häkeln. (18)

Den Faden abschneiden und durchziehen, dabei ein langes Ende zum Zusammennähen hängen lassen.

Blätter (11x)

In Dunkelgrün

4 Lm und wenden, 2 hStb in die 2. Lm ab Nd, 1 fM in die nächste Lm und 1 Km in die letzte Masche. 1 Lm und das Teil so drehen, dass auf der anderen Seite der Lm-Kette gehäkelt wird. Die Maschen spiegelbildlich zu den ersten anordnen: mit 1 Km beginnen, 1 fM in die nächste Lm und 2 hStb in die letzte.

Den Faden abschneiden und durchziehen, dabei ein langes Ende zum Zusammennähen hängen lassen.

Krallen (12x)

In Weiß

3 Lm und wenden, 1 Km in die 2. Lm ab Nd, 1 fM in die letzte Lm.

Den Faden abschneiden und durchziehen, dabei ein langes Ende zum Zusammennähen hängen lassen.

Fertigstellen

Den Kopf mit überwendlichen Stichen schließen. Den Körper fest ausstopfen und an der Unterseite des Kopfes festnähen. Die Beine ausstopfen und so festnähen, dass sie dein Kappa in einer sitzenden Position halten. Die Arme leicht ausstopfen, vor allem die Unterseiten der Hände, und seitlich am Körper direkt am Übergang zwischen Kopf und Körper festnähen.

Den Schwanz an die Rückseite des Kappa nähen. Wenn die Figur etwas wackelig sitzt, kann der Winkel des Schwanzes sie stabilisieren. Den Panzer in der Mitte des Rückens feststecken und zu drei Vierteln festnähen. Dann ausstopfen und den Rest festnähen. Die Ohren beiderseits des Kopfs annähen (sie werden nicht ausgestopft). Den Schnabel in der Mitte des Gesichts zwischen die Augen stecken und festnähen, wenn die Platzierung stimmt.

Die Blätter rings um den Kopf dort festnähen, wo durch die in das hintere Maschenglied eingestochenen hStb ein kleiner Wulst zu sehen ist. Ich habe für den Kranz elf Blätter gebraucht. Wer lockerer häkelt oder ein anderes Garn verwendet, braucht vielleicht mehr oder weniger Blätter. Am besten die Blätter zuerst feststecken, um festzustellen, ob die Anzahl ausreicht. Eventuell kann man auch die Abstände leicht verändern, damit die Anzahl ausreicht.

An die Enden der Arme und Beine je drei Krallen stecken und festnähen. Zuletzt die heraustehenden Fadenenden abschneiden. Dann ist der Kappa fertig.

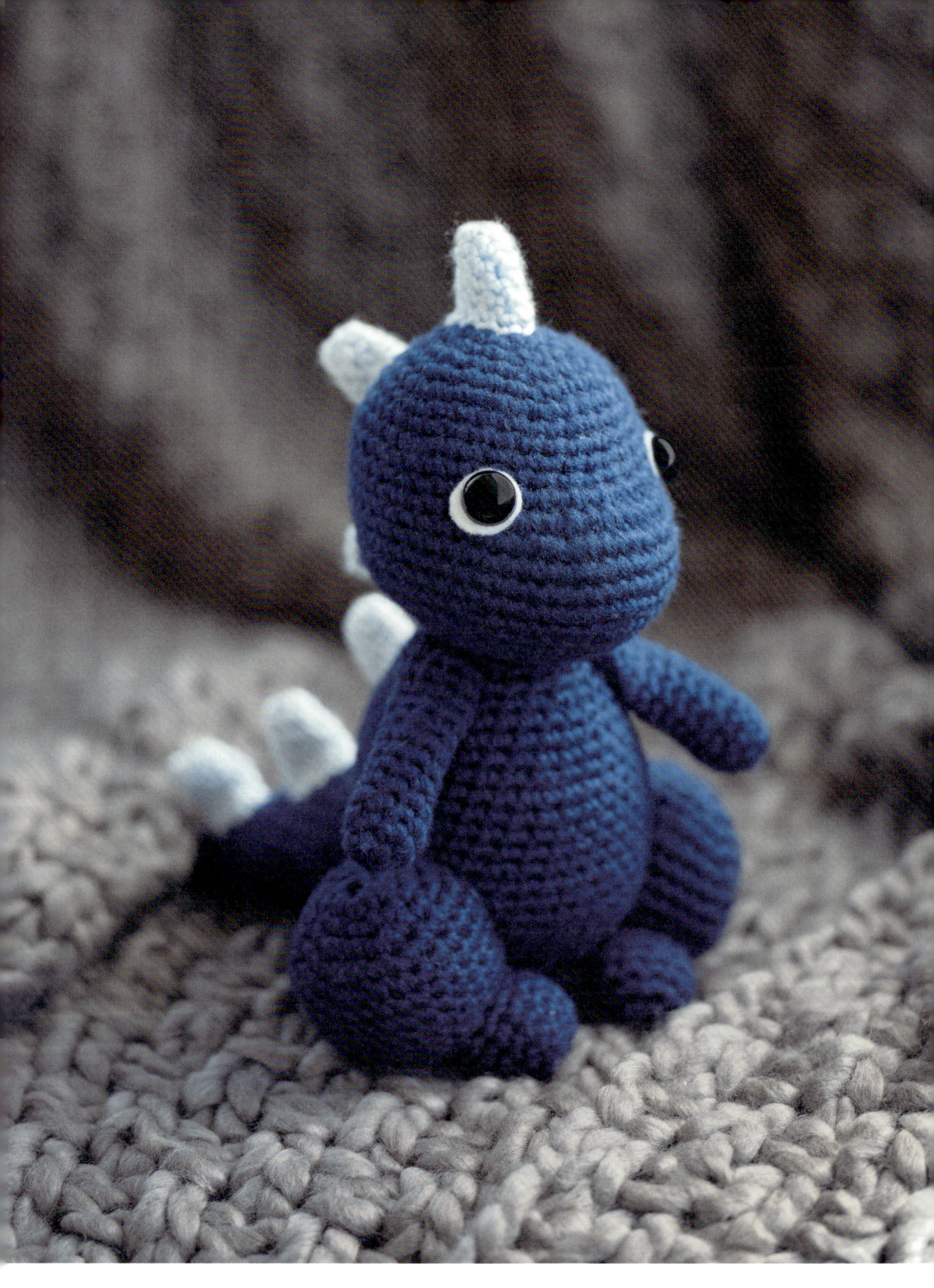

Kaiju

Kaiju stammen aus der japanischen Folklore und Mythologie. Die fantastischen Riesenwesen sollen aus einer anderen Dimension stammen, die nur vom Mittelpunkt der Erde aus zu erreichen ist. Sie können in vielen Formen auftreten und haben viele verschiedene Fähigkeiten, aber eines haben sie alle gemeinsam: Sie sind so riesig, dass man sie als Titanen bezeichnen könnte. Ich habe mich für einen Ozeanbewohner entschieden, der schneller schwimmen kann als alles, was unsere Welt je gesehen hat. Aber er kann auch an Land herumstapfen und Städte unter seinen Füßen zermalmen. Unser Kaiju ist jedoch sehr gutmütig und tut niemandem etwas zuleide.

Material

- Häkelnadel 4,0 mm
- Garn der Stärke 4 (Medium) in Dunkelblau, 1 Knäuel
- Garn der Stärke 4 (Medium) in Hellblau, 1 Knäuel
- 1 Paar Sicherheitsaugen, ø 12 mm
- Füllwatte
- Sticknadel ohne Spitze
- Stecknadeln zum Fixieren der Körperteile beim Annähen
- Schere
- 1 Stück Filz in Weiß

Abkürzungen

abn – unsichtbar abnehmen, d. h. 2 feste Maschen zusammen abmaschen, dabei nur in das vordere Maschenglied einstechen

fM – feste Masche(n)

Nd – Nadel

Rd – Runde(n)

zun – zunehmen, d. h. 2 feste Maschen in dieselbe Masche der Vorrunde/-reihe häkeln

Kopf

In Dunkelblau

1. Rd: 6 fM in einen Magic-Ring. (6)

2. Rd: (1 fM zun) 6x. (12)

3. Rd: (1 fM, 1 fM zun) 6x. (18)

4. Rd: (2 fM, 1 fM zun) 6x. (24)

5. Rd: (3 fM, 1 fM zun) 6x. (30)

6. Rd: (4 fM, 1 fM zun) 6x. (36)

7.-10. Rd: fM häkeln. (36)

11. Rd: 6 fM, (1 fM zun) 6x, 24 fM. (42)

12. Rd: 6 fM, (1 fM, 1 fM zun) 6x, 24 fM. (48)

13.-16. Rd: fM häkeln. (48)

Aus weißem Filz zwei Kreise von 1,3 cm Durchmesser zuschneiden. In die Mitte jeweils einen Schlitz schneiden und den Befestigungsdorn eines Sicherheitsauges durchstecken. Dadurch wird das Auge von einem weißen Kreis umrahmt. Den Kreis so zuschneiden, dass er oben dünner als unten ist. So bekommt die Figur einen niedlichen „Dackelblick". Die Augen zwischen der 11. und 12. Rd anbringen, der Abstand beträgt 15 Maschen (d. h., sie liegen beiderseits der Zunahmen).

17. Rd: (6 fM, 1 fM abn) 6x. (42)

18. Rd: (5 fM, 1 fM abn) 6x. (36)

19. Rd: (4 fM, 1 fM abn) 6x. (30)

20. Rd: (3 fM, 1 fM abn) 6x. (24)

21. Rd: (2 fM, 1 fM abn) 6x. (18)

22. Rd: (1 fM, 1 fM abn) 6x. (12)

23. Rd: (1 fM abn) 6x. (6)

Beim weiteren Abnehmen den Kopf fest ausstopfen.

Weiter geht's auf Seite 80.

Kaiju
(Fortsetzung)

Körper

In Dunkelblau

1. Rd: 6 fM in einen Magic-Ring. (6)

2. Rd: (1 fM zun) 6x. (12)

3. Rd: (1 fM, 1 fM zun) 6x. (18)

4. Rd: (2 fM, 1 fM zun) 6x. (24)

5. Rd: (3 fM, 1 fM zun) 6x. (30)

6. Rd: (4 fM, 1 fM zun) 6x. (36)

7. Rd: (5 fM, 1 fM zun) 6x. (42)

8.-11. Rd: fM häkeln. (42)

12. Rd: (5 fM, 1 fM abn) 6x. (36)

13.-16. Rd: fM häkeln. (36)

17. Rd: (4 fM, 1 fM abn) 6x. (30)

18.-20. Rd: fM häkeln. (30)

21. Rd: (3 fM, 1 fM abn) 6x. (24)

22. Rd: fM häkeln. (24)

23. Rd: (2 fM, 1 fM abn) 6x. (18)

Den Faden abschneiden und durchziehen, dabei ein langes Ende zum Zusammennähen hängen lassen.

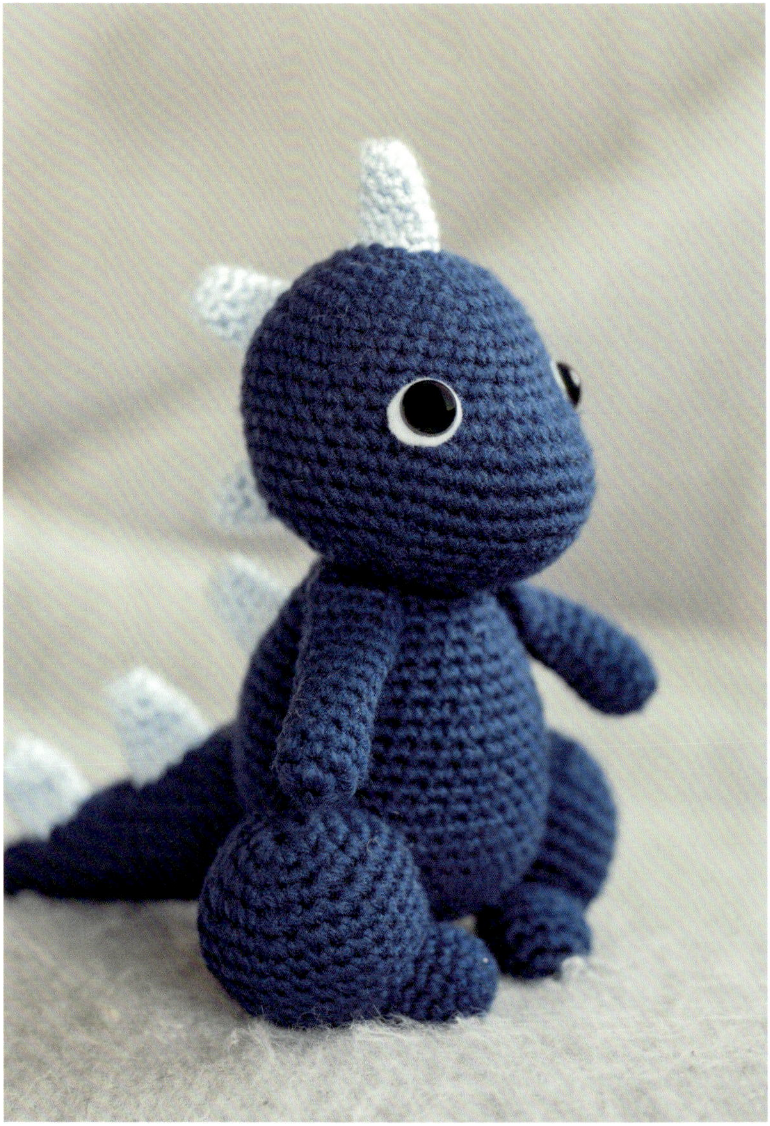

Schwanz

In Dunkelblau

1. Rd: 6 fM in einen Magic-Ring. (6)

2. Rd: fM häkeln. (6)

3. Rd: (2 fM, 1 fM zun) 2x. (8)

4. Rd: fM häkeln. (8)

5. Rd: (3 fM, 1 fM zun) 2x. (10)

6. Rd: fM häkeln. (10)

7. Rd: (4 fM, 1 fM zun) 2x. (12)

8. Rd: fM häkeln. (12)

9. Rd: (5 fM, 1 fM zun) 2x. (14)

10. Rd: fM häkeln. (14)

11. Rd: (6 fM, 1 fM zun) 2x. (16)

12. Rd: fM häkeln. (16)

13. Rd: (7 fM, 1 fM zun) 2x. (18)

14. Rd: fM häkeln. (18)

15. Rd: (8 fM, 1 fM zun) 2x. (20)

16. Rd: fM häkeln. (20)

17. Rd: (9 fM, 1 fM zun) 2x. (22)

18. Rd: fM häkeln. (22)

19. Rd: (10 fM, 1 fM zun) 2x. (24)

20. Rd: fM häkeln. (24)

21. Rd: (11 fM, 1 fM zun) 2x. (26)

22. Rd: fM häkeln. (26)

Den Faden abschneiden und durchziehen, dabei ein langes Ende zum Zusammennähen hängen lassen.

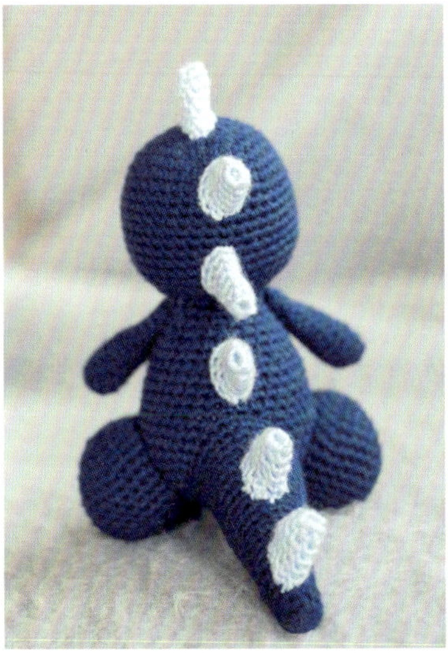

Hinterbeine (2x)

In Dunkelblau

1. Rd: 6 fM in einen Magic-Ring. (6)

2. Rd: (1 fM zun) 6x. (12)

3. Rd: (1 fM, 1 fM zun) 6x. (18)

4. Rd: (2 fM, 1 fM zun) 6x. (24)

5. Rd: (3 fM, 1 fM zun) 6x. (30)

6.-10. Rd: fM häkeln. (30)

11. Rd: (3 fM, 1 fM abn) 6x. (24)

12. Rd: (2 fM, 1 fM abn) 6x. (18)

13. Rd: (1 fM, 1 fM abn) 6x. (12)

14. Rd: (1 fM abn) 6x. (6)

Den Faden abschneiden und durchziehen, dabei ein langes Ende zum Zusammennähen hängen lassen.

Füße (2x)

In Dunkelblau

1. Rd: 6 fM in einen Magic-Ring. (6)

2. Rd: (1 fM zun) 6x. (12)

3.-6. Rd: fM häkeln. (12)

Den Faden abschneiden und durchziehen, dabei ein langes Ende zum Zusammennähen hängen lassen.

Arme (2x)

In Dunkelblau

1. Rd: 6 fM in einen Magic-Ring. (6)

2. Rd: (1 fM, 1 fM zun) 3x. (9)

3.-12. Rd: fM häkeln. (9)

Den Faden abschneiden und durchziehen, dabei ein langes Ende zum Zusammennähen hängen lassen.

Zacken (6x)

In Hellblau

1. Rd: 6 fM in einen Magic-Ring. (6)

2. Rd: fM häkeln. (6)

3. Rd: (2 fM, 1 fM zun) 2x. (8)

4. Rd: fM häkeln. (8)

5. Rd: (3 fM, 1 fM zun) 2x. (10)

6. Rd: fM häkeln. (10)

Den Faden abschneiden und durchziehen, dabei ein langes Ende zum Zusammennähen hängen lassen.

Fertigstellen

Den Kopf mit überwendlichen Stichen schließen. Den Körper fest ausstopfen und an die Unterseite des Kopfes nähen. Die Hinterbeine so fest ausstopfen, dass sie ihre Form behalten, sich aber an der dem Körper zugewandten Seite flach drücken lassen. Seitlich am Körper befestigen. Dann die Füße leicht ausstopfen und an den Beinen festnähen.

Den Schwanz ausstopfen und leicht schräg an die Rückseite des Körpers nähen, damit er die sitzende Figur stabilisiert. Die Arme an die Körperseiten stecken (sie werden nicht ausgestopft) und direkt am Übergang zwischen Kopf und Körper festnähen. Zum Schluss die Zacken in einer Reihe vom Hinterkopf bis zum Rücken anordnen und festnähen. Die herausstehenden Fadenenden abschneiden. Dann ist der Kaiju fertig!

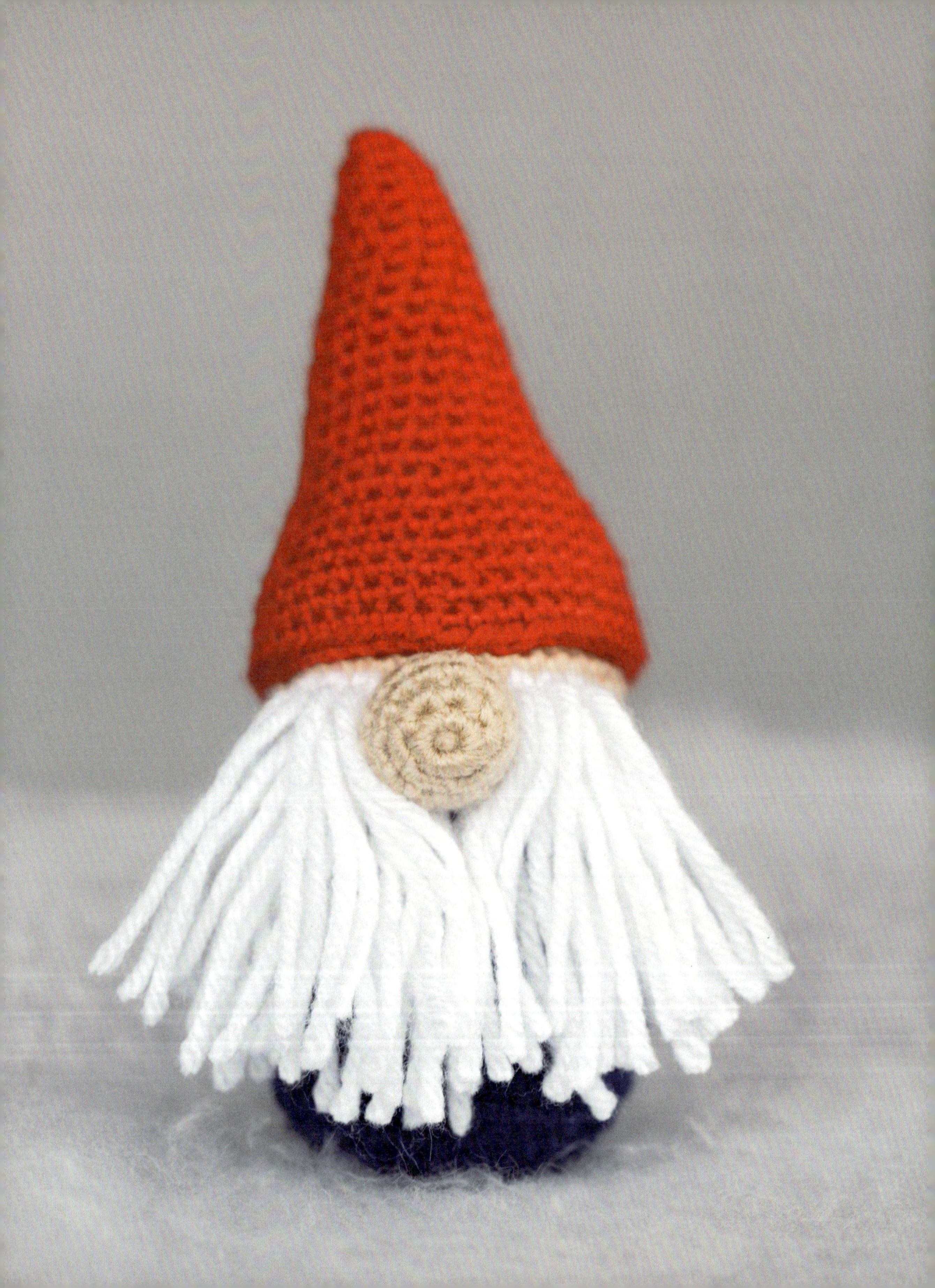

Kapitel 4

WALDWESEN

Es ist still im Wald, man ist umgeben von Bäumen, die älter sind als Städte, und von Moos, das dicker ist als überfüllte Autobahnauffahrten. Die Luft ist so frisch wie ein Oktobermorgen. Mitten in der Natur spürt man eine besondere Magie und man kann sich vorstellen, dass sich in diesem Wald alle möglichen Wesen verstecken, die sich nur dem zeigen, der an sie glaubt – vielleicht ein gelassener Zentaur (Seite 90), ein geheimnisvoller Leshy (Seite 99), ein paar scheue Zwerge (Seite 87) oder sogar Bigfoot höchstpersönlich (Seite 85). Lass dich verzaubern und erschaffe magische Wesen aus Garn.

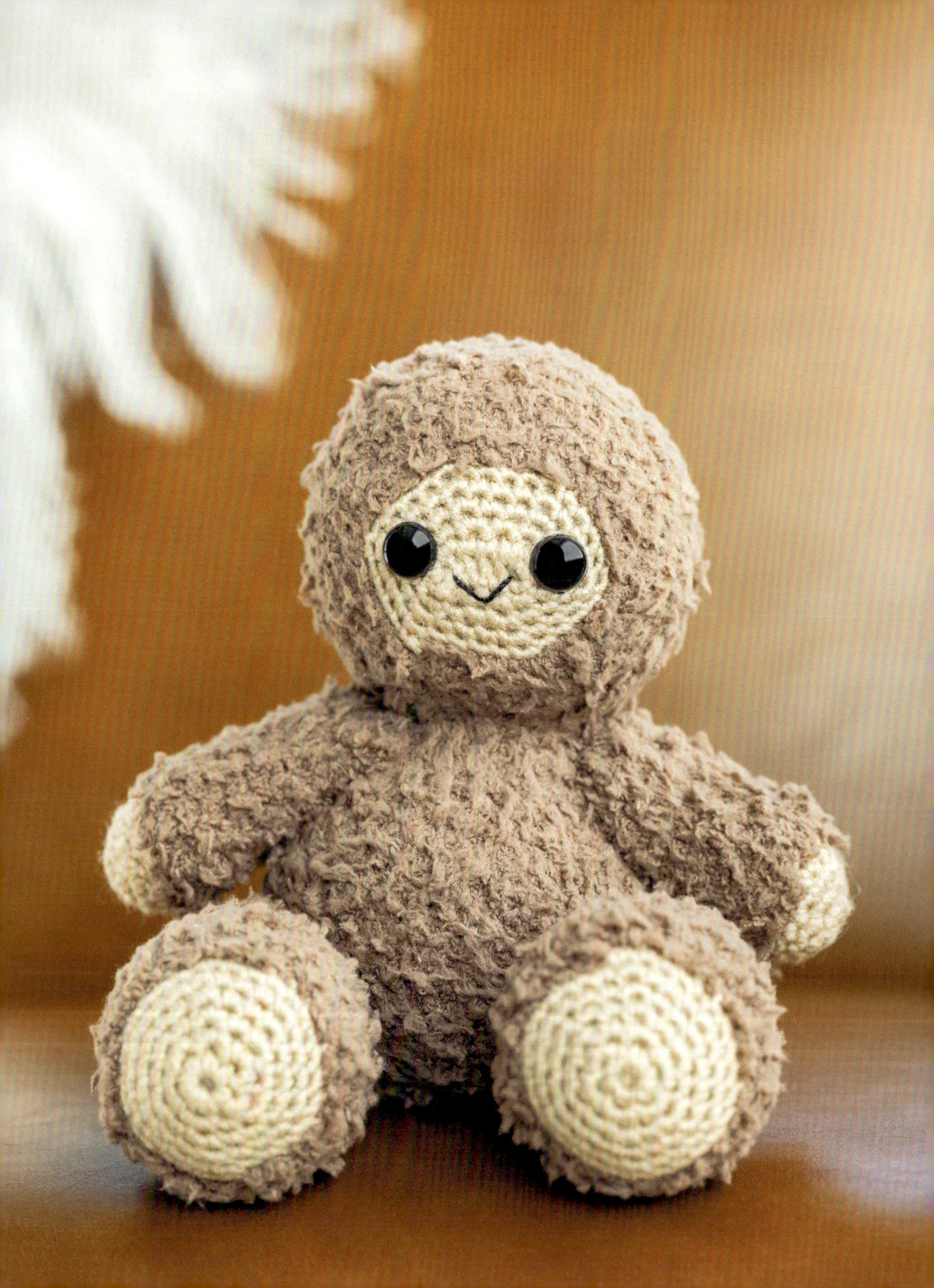

Bigfoot

Ich bin an der amerikanischen Pazifikküste aufgewachsen. Dort glauben die Menschen tatsächlich an Bigfoot, eine riesige, affenähnliche Kreatur, die in den tiefen Wäldern wohnt. Er lebt sehr zurückgezogen und wird wütend, wenn Menschen versuchen, ihn zu finden, zu fotografieren oder – noch schlimmer – zu jagen! Er ist dafür bekannt, dass er Steine wirft und ein recht territoriales Verhalten an den Tag legt. Kann man es ihm verdenken? Wenn du also feststellst, dass dein gehäkelter Bigfoot launisch ist, gib ihm etwas mehr Freiraum. Er wird sich beruhigen, wenn er sich weniger bedrängt fühlt. Ich schlage vor, für diesen Kerl ein superflauschiges Garn zu verwenden, um ihn besonders kuschelig zu machen. Aber du kannst auch normales Garn verwenden und ausbürsten wie beim Werwolf (Seite 37).

Material

- Häkelnadel 4,0 mm
- Garn der Stärke 4 (Medium) in Hautfarbe, 1 Knäuel
- Flauschgarn der Stärke 5 (Bulky) in Braun, 1 Knäuel
- 1 Paar Sicherheitsaugen, ø 12 mm
- Füllwatte
- Sticknadel ohne Spitze
- Stecknadeln zum Fixieren der Körperteile beim Annähen
- Schere
- Stickgarn in Schwarz, Rest

Abkürzungen

abn – unsichtbar abnehmen, d. h. 2 feste Maschen zusammen abmaschen, dabei nur in das vordere Maschenglied einstechen

fM – feste Masche(n)

Lm – Luftmasche(n)

Nd – Nadel

Rd – Runde(n)

zun – zunehmen, d. h. 2 feste Maschen in dieselbe Masche der Vorrunde/-reihe häkeln

---

Kopf

In Hautfarbe

1. Rd: 7 Lm, wenden und in jede Lm 2 fM häkeln (12)

2. Rd: (1 fM, 1 fM zun) 6x. (18)

3. Rd: (2 fM, 1 fM zun) 6x. (24)

4. Rd: (3 fM, 1 fM zun) 6x. (30)

5. Rd: (4 fM, 1 fM zun) 6x. (36)

Mit Braun fortfahren (flauschiges Garn)

6. Rd: (5 fM, 1 fM zun) 6x. (42)

7.-14. Rd: fM häkeln. (42)

Die Augen zwischen der 2. und 3. Rd anbringen, der Abstand beträgt 7 Maschen. Beim weiteren Abnehmen den Kopf fest ausstopfen.

15. Rd: (5 fM, 1 fM abn) 6x. (36)

16. Rd: (4 fM, 1 fM abn) 6x. (30)

17. Rd: (3 fM, 1 fM abn) 6x. (24)

18. Rd: (2 fM, 1 fM abn) 6x. (18)

19. Rd: (1 fM, 1 fM abn) 6x. (12)

20. Rd: (1 fM abn) 6x. (6)

Den Faden abschneiden und durchziehen.

Weiter geht's auf Seite 86.

Bigfoot
(Fortsetzung)

Körper

In Braun, flauschiges Garn

1. Rd: 6 fM in einen Magic-Ring. (6)

2. Rd: (1 fM zun) 6x. (12)

3. Rd: (1 fM, 1 fM zun) 6x. (18)

4. Rd: (2 fM, 1 fM zun) 6x. (24)

5. Rd: (3 fM, 1 fM zun) 6x. (30)

6. Rd: (4 fM, 1 fM zun) 6x. (36)

7. Rd: (5 fM, 1 fM zun) 6x. (42)

8.-11. Rd: fM häkeln. (42)

12. Rd: (5 fM, 1 fM abn) 6x. (36)

13. Rd: fM häkeln. (36)

14. Rd: (4 fM, 1 fM abn) 6x. (30)

15. Rd: fM häkeln. (30)

16. Rd: (3 fM, 1 fM abn) 6x. (24)

17. Rd: fM häkeln. (24)

18. Rd: (2 fM, 1 fM abn) 6x. (18)

19.+20. Rd: fM häkeln. (18)

21. Rd: (1 fM, 1 fM abn) 6x. (12)

22. Rd: fM häkeln. (12)

Den Faden abschneiden und durchziehen, dabei ein langes Ende zum Zusammennähen hängen lassen.

Arme (2x)

In Hautfarbe

1. Rd: 6 fM in einen Magic-Ring. (6)

2. Rd: (1 fM zun) 6x. (12)

3. Rd: (1 fM, 1 fM zun) 6x. (18)

4. Rd: fM häkeln. (18)

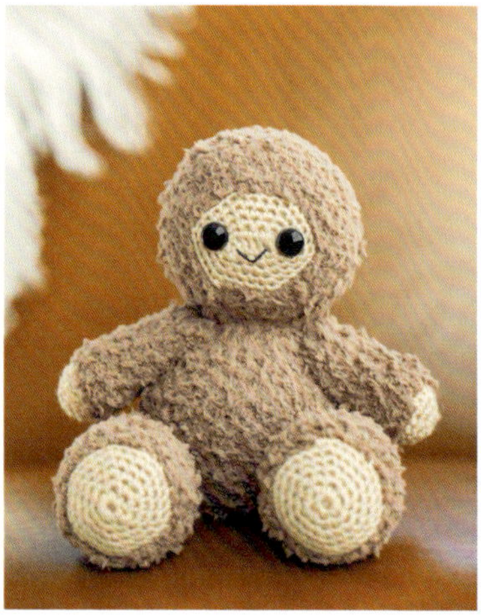

Mit Braun fortfahren, flauschiges Garn

5.-7. Rd: fM häkeln. (18)

8. Rd: (3 fM, 1 fM abn) 3x. (15)

9.-15. Rd: fM häkeln. (15)

Den Faden abschneiden und durchziehen, dabei ein langes Ende zum Zusammennähen hängen lassen.

Beine (2x)

In Hautfarbe

1. Rd: 6 fM in einen Magic-Ring. (6)

2. Rd: (1 fM zun) 6x. (12)

3. Rd: (1 fM, 1 fM zun) 6x. (18)

4. Rd: (2 fM, 1 fM zun) 6x. (24)

5. Rd: (3 fM, 1 fM zun) 6x. (30)

6. Rd: fM häkeln. (30)

Mit Braun fortfahren, flauschiges Garn

7.-9. Rd: fM häkeln. (30)

10. Rd: (3 fM, 1 fM abn) 6x. (24)

11.-13. Rd: fM häkeln. (24)

14. Rd: (2 fM, 1 fM abn) 6x. (18)

15.-17. Rd: fM häkeln. (18)

18. Rd: (1 fM, 1 fM abn) 6x. (12)

19.-21. Rd: fM häkeln. (12)

Den Faden abschneiden und durchziehen, dabei ein langes Ende zum Zusammennähen hängen lassen.

Fertigstellen

Nimm dir erst einmal eine Minute Zeit, um dir selbst zu gratulieren: Häkeln mit Flauschgarn ist nicht einfach, aber du hast es ja geschafft. Und nun zum Fertigstellen. Den Kopf mit überwendlichen Stichen zunähen, dann den Körper fest ausstopfen und an der Unterseite des Kopfes befestigen. Die Beine fest ausstopfen und so am Körper befestigen, dass Bigfoot eine sitzende Position einnimmt. Als Nächstes werden die Arme an beiden Seiten des Körpers befestigt, und zwar dort, wo Kopf und Körper zusammengenäht sind (die Arme müssen nicht ausgestopft werden). Zuletzt alle herausstehenden Fadenenden abschneiden und mit schwarzem Stickgarn ein kleines Lächeln aufsticken. Damit ist dein Bigfoot fertig!

Wenn du Schwierigkeiten hast, mit flauschigem Garn zu häkeln, kannst du auch normales Acrylgarn verwendet und die Fellteile anschließend ausbürsten. Das Ausbürsten wird beim Werwolf (Seite 37) genau erklärt. Du könntest auch weißes Flauschgarn und hellblaues Acrylgarn verwenden, um nach der gleichen Anleitung einen Yeti zu häkeln. Viel Spaß!

Zwerg

Zwerge leben tief im Wald und kommen nur selten mit Menschen in Kontakt. Trotz ihrer winzigen Statur können sie bis zu sieben Mal stärker sein als der durchschnittliche Mensch und sie können bis zu 50 Stundenkilometer schnell laufen! Sie sind Vegetarier und als Hüter des Waldes bekannt. Einen Großteil ihrer Zeit verbringen sie damit, sich um Tiere zu kümmern. Sie retten Wildtiere aus Schlingen von Wilderern oder versorgen vernachlässigte Nutztiere. Ihr größter Feind sind jedoch Katzen, sowohl Hauskatzen als auch verwilderte. Wer also eine Katze hat, sollte sie vor den Zwergen warnen. Die kleinen Kerle sind so schnell gehäkelt, dass man gleich mehrere anfertigen kann.

Kopf

In Hautfarbe

1. Rd: 6 fM in einen Magic-Ring. (6)

2. Rd: (1 fM zun) 6x. (12)

3. Rd: (1 fM, 1 fM zun) 6x. (18)

4. Rd: (2 fM, 1 fM zun) 6x. (24)

5. Rd: (3 fM, 1 fM zun) 6x. (30)

6. Rd: (4 fM, 1 fM zun) 6x. (36)

7.-15. Rd: fM häkeln. (36)

16. Rd: (4 fM, 1 fM abn) 6x. (30)

17. Rd: (3 fM, 1 fM abn) 6x. (24)

Beim weiteren Abnehmen den Kopf fest ausstopfen.

18. Rd: (2 fM, 1 fM abn) 6x. (18)

19. Rd: (1 fM, 1 fM abn) 6x. (12)

20. Rd: (1 fM abn) 6x. (6)

Den Faden abschneiden und durchziehen.

Nase

In Hautfarbe

1. Rd: 6 fM in einen Magic-Ring. (6)

2. Rd: (1 fM zun) 6x. (12)

3. Rd: (3 fM, 1 fM zun) 3x. (15)

4. Rd: fM häkeln. (15)

5. Rd: (3 fM, 1 fM abn) 3x. (12)

6. Rd: (2 fM, 1 fM abn) 3x. (9)

Weiter geht's auf Seite 89.

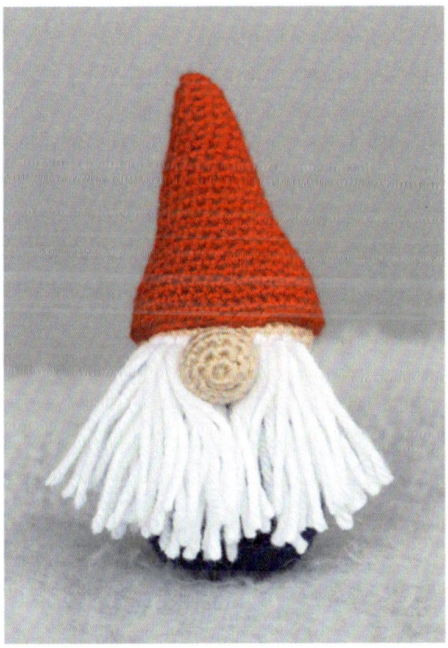

Material

- Häkelnadel 4,0 mm
- Garn der Stärke 4 (Medium) in Hautfarbe, 1 Knäuel
- Garn der Stärke 4 (Medium) in Rot, 1 Knäuel
- Garn der Stärke 4 (Medium) in Dunkelblau, 1 Knäuel
- Garn der Stärke 4 (Medium) in Weiß, 1 Knäuel
- Füllwatte
- Sticknadel ohne Spitze
- Stecknadeln zum Fixieren der Körperteile beim Annähen
- Schere

Abkürzungen

abn – unsichtbar abnehmen, d. h. 2 feste Maschen zusammen abmaschen, dabei nur in das vordere Maschenglied einstechen

fM – feste Masche(n)

Nd – Nadel

Rd – Runde(n)

zun – zunehmen, d. h. 2 feste Maschen in dieselbe Masche der Vorrunde/-reihe häkeln

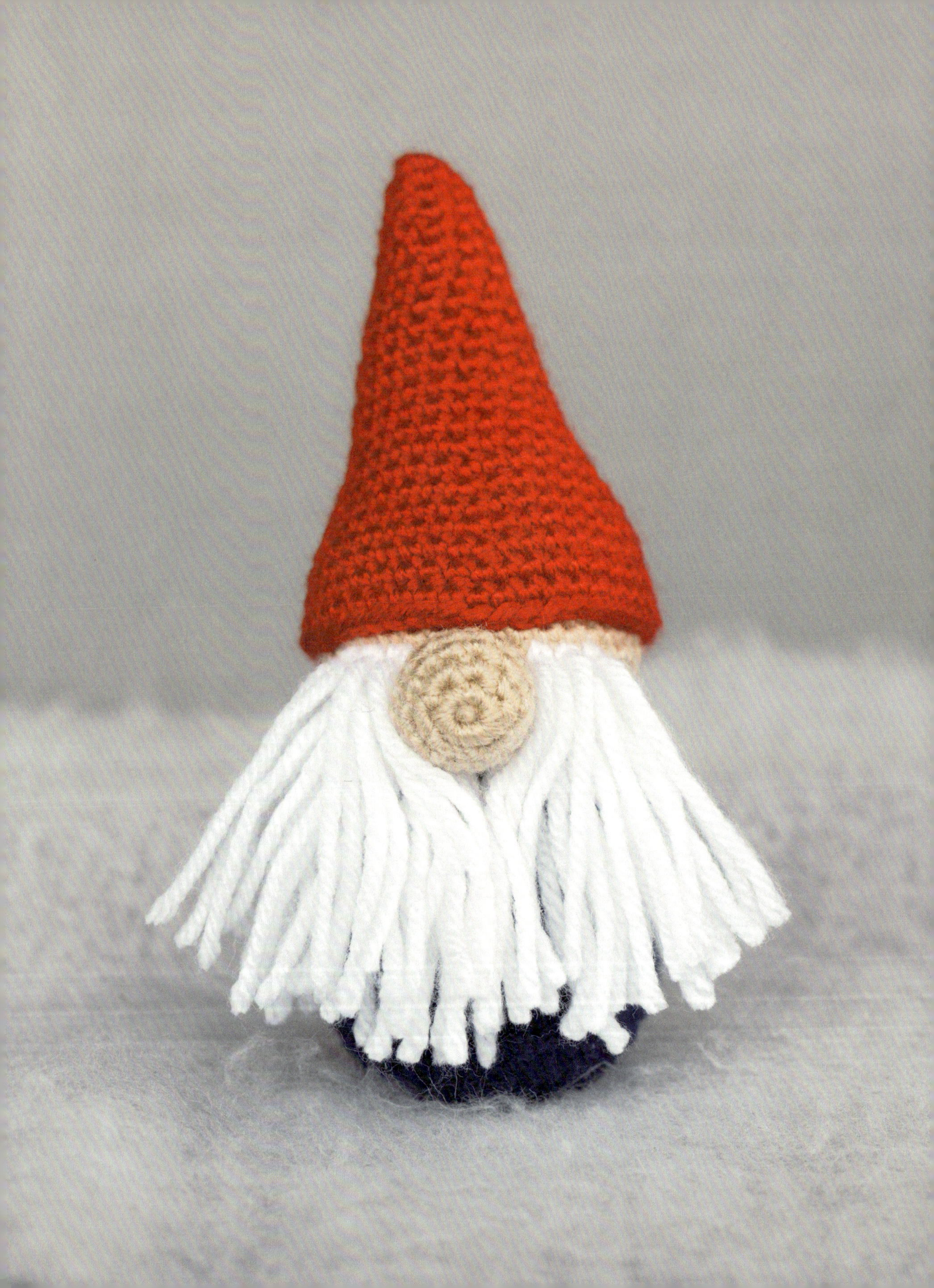

Zwerg (Fortsetzung)

Mütze

In Rot

1. Rd: 4 fM in einen Magic-Ring. (4)

2. Rd: (1 fM, 1 fM zun) 2x. (6)

3. Rd: (2 fM, 1 fM zun) 2x. (8)

4. Rd: (3 fM, 1 fM zun) 2x. (10)

5. Rd: fM häkeln. (10)

6. Rd: (4 fM, 1 fM zun) 2x. (12)

7. Rd: fM häkeln. (12)

8. Rd: (3 fM, 1 fM zun) 3x. (15)

9. Rd: fM häkeln. (15)

10. Rd: (4 fM, 1 fM zun) 3x. (18)

11. Rd: fM häkeln. (18)

12. Rd: (5 fM, 1 fM zun) 3x. (21)

13. Rd: fM häkeln. (21)

14. Rd: (6 fM, 1 fM zun) 3x. (24)

15. Rd: fM häkeln. (24)

16. Rd: (3 fM, 1 fM zun) 6x. (30)

17. Rd: fM häkeln. (30)

18. Rd: (4 fM, 1 fM zun) 6x. (36)

19. Rd: fM häkeln. (36)

20. Rd: (5 fM, 1 fM zun) 6x. (42)

21.-23. Rd: fM häkeln. (42)

Den Faden abschneiden und durchziehen, dabei ein langes Ende zum Zusammennahen hängen lassen.

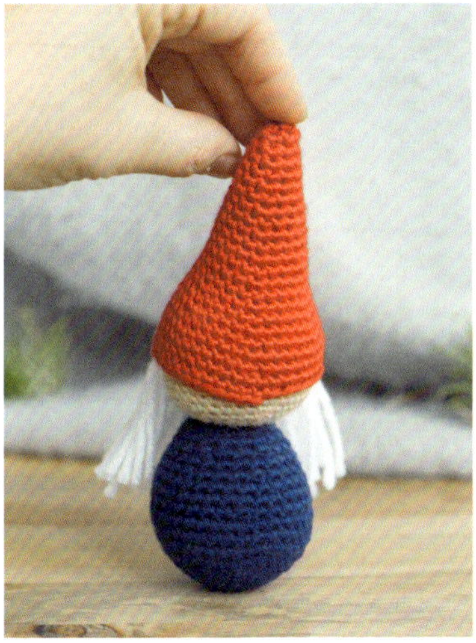

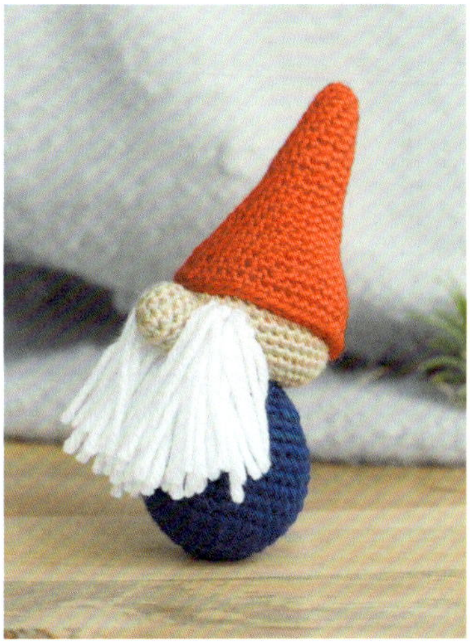

Körper

In Dunkelblau

1. Rd: 6 fM in einen Magic Ring. (6)

2. Rd: (1 fM zun) 6x. (12)

3. Rd: (1 fM, 1 fM zun) 6x. (18)

4. Rd: (2 fM, 1 fM zun) 6x. (24)

5. Rd: (3 fM, 1 fM zun) 6x. (30)

6. Rd: (4 fM, 1 fM zun) 6x. (36)

7.-9. Rd: fM häkeln. (36)

10. Rd: (4 fM, 1 fM abn) 6x. (30)

11.+12. Rd: fM häkeln. (30)

13. Rd: (3 fM, 1 fM abn) 6x. (24)

14. Rd: fM häkeln. (24)

15. Rd: (2 fM, 1 fM abn) 6x. (18)

16. Rd: fM häkeln. (18)

17. Rd: (1 fM, 1 fM abn) 6x. (12)

Den Faden abschneiden und durchziehen, dabei ein langes Ende zum Zusammennähen hängen lassen.

Fertigstellen

Den Kopf mit überwendlichen Stichen schließen, dann den Körper fest ausstopfen und an der Unterseite des Kopfes festnähen. Die Nase ausstopfen und in der Mitte des Gesichtes annähen. Beim Ausstopfen der Mütze darauf achten, dass die Spitze schön aufrecht steht. Die Mütze bis zur Nase auf den Zwergenkopf ziehen und rundherum festnähen. Die übrigen Fadenenden mit der Schere abschneiden.

Für den Bart aus weißem Garn ca. 40 Fäden von 25 cm Länge zuschneiden und wie Fransen um die Nase herum und unter ihr einknüpfen. Wenn der Bart schön voll ist, kann er auf die richtige Länge gestutzt werden. Dann braucht der Zwerg nur noch ein Tier, um das er sich kümmern kann.

Zentaur

Zentauren sind edle und stolze Geschöpfe, die ein ruhiges Leben im Wald führen. Sie leben in Herden zusammen, sind familienorientiert und beherrschen die Kunst des Heilens, der Astrologie und des Bogenschießens. Diese halb menschlichen, halb pferdeähnlichen Wesen spielen in der griechischen Mythologie und in vielen modernen Fantasygeschichten eine wichtige Rolle. Mein Zentaur macht eine Pause und liegt entspannt auf dem Boden. Diese Haltung ist auch für Anfänger recht einfach zu erreichen und sieht sehr niedlich aus. Wer es sich zutraut, kann natürlich auch versuchen, einen stehenden Zentauren zu gestalten.

Kopf

In Hautfarbe

1. Rd: 6 fM in einen Magic-Ring. (6)

2. Rd: (1 fM zun) 6x. (12)

3. Rd: (1 fM, 1 fM zun) 6x. (18)

4. Rd: (2 fM, 1 fM zun) 6x. (24)

5. Rd: (3 fM, 1 fM zun) 6x. (30)

6. Rd: (4 fM, 1 fM zun) 6x. (36)

7.-15. Rd: fM häkeln. (36)

Die Augen zwischen der 11. und 12. Rd anbringen, der Abstand beträgt 6 Maschen. Beim weiteren Abnehmen den Kopf ausstopfen.

16. Rd: (4 fM, 1 fM abn) 6x. (30)

17. Rd: (3 fM, 1 fM abn) 6x. (24)

18. Rd: (2 fM, 1 fM abn) 6x. (18)

19. Rd: (1 fM, 1 fM abn) 6x. (12)

20. Rd: (1 fM abn) 6x. (6)

Den Faden abschneiden und durchziehen.

Haarkappe

In Schwarz

1. Rd: 6 fM in einen Magic-Ring. (6)

2. Rd: (1 fM zun) 6x. (12)

3. Rd: (1 fM, 1 fM zun) 6x. (18)

4. Rd: (2 fM, 1 fM zun) 6x. (24)

5. Rd: (3 fM, 1 fM zun) 6x. (30)

6. Rd: (4 fM, 1 fM zun) 6x. (36)

7.-11. Rd: fM häkeln. (36)

Den Faden abschneiden und durchziehen, dabei ein langes Ende zum Zusammennähen hängen lassen.

Material

- Häkelnadel 4,0 mm
- Garn der Stärke 4 (Medium) in Hautfarbe, 1 Knäuel
- Garn der Stärke 4 (Medium) in Schwarz, 1 Knäuel
- Garn der Stärke 4 (Medium) in Dunkelbraun, 1 Knäuel
- 1 Paar Sicherheitsaugen, ø 9 mm
- Füllwatte
- Sticknadel ohne Spitze
- Stecknadeln zum Fixieren der Körperteile beim Annähen
- Schere
- Textil- oder Heißkleber

Abkürzungen

abn – unsichtbar abnehmen, d. h. 2 feste Maschen zusammen abmaschen, dabei nur in das vordere Maschenglied einstechen

fM – feste Masche(n)

Nd – Nadel

Rd – Runde(n)

zun – zunehmen, d. h. 2 feste Maschen in dieselbe Masche der Vorrunde/-reihe häkeln

Ohren (2x)

In Hautfarbe

1. Rd: 5 fM in einen Magic-Ring. (5)

Alle Maschen auf eine Seite schieben, sodass ein Halbkreis entsteht.

Den Faden abschneiden und durchziehen, dabei ein langes Ende zum Zusammennähen hängen lassen.

Oberkörper

In Dunkelbraun

1. Rd: 6 fM in einen Magic-Ring. (6)
2. Rd: (1 fM zun) 6x. (12)
3. Rd: (1 fM, 1 fM zun) 6x. (18)
4. Rd: (2 fM, 1 fM zun) 6x. (24)
5. Rd: (3 fM, 1 fM zun) 6x. (30)

6.-11. Rd: fM häkeln. (30)

Mit Hautfarbe fortfahren

12. Rd: fM häkeln. (30)
13. Rd: (3 fM, 1 fM abn) 6x. (24)

14.-16. Rd: fM häkeln. (24)

17. Rd: (2 fM, 1 fM abn) 6x. (18)

18.+19. Rd: fM häkeln. (18)

20. Rd: (1 fM, 1 fM abn) 6x. (12)
21. Rd: fM häkeln. (12)

Den Faden abschneiden und durchziehen, dabei ein langes Ende zum Zusammennähen hängen lassen.

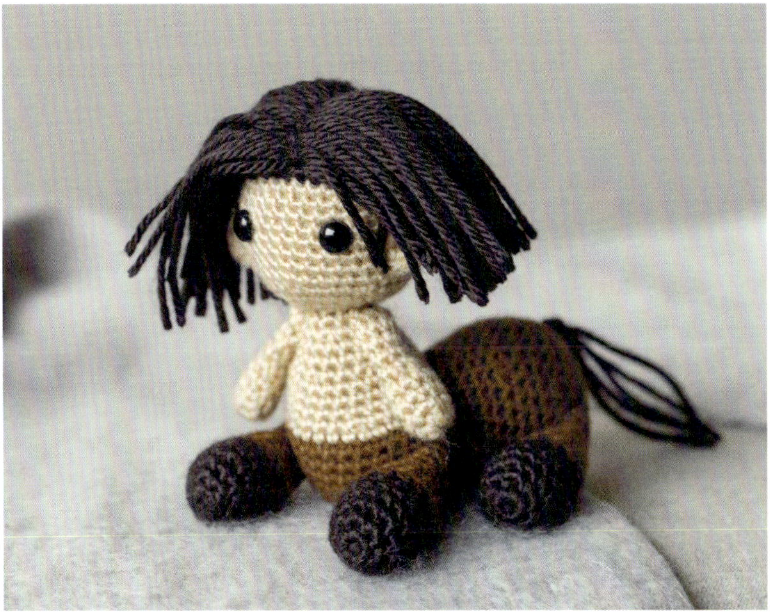

Körper

In Dunkelbraun

1. Rd: 6 fM in einen Magic-Ring. (6)
2. Rd: (1 fM zun) 6x. (12)
3. Rd: (1 fM, 1 fM zun) 6x. (18)
4. Rd: (2 fM, 1 fM zun) 6x. (24)
5. Rd: (3 fM, 1 fM zun) 6x. (30)

6.-11. Rd: fM häkeln. (30)

12. Rd: (3 fM, 1 fM abn) 6x. (24)

13.-16. Rd: fM häkeln. (24)

Den Faden abschneiden und durchziehen, dabei ein langes Ende zum Zusammennähen hängen lassen.

Beine (4x)

In Schwarz

1. Rd: 6 fM in einen Magic-Ring. (6)
2. Rd: (1 fM zun) 6x. (12)
3. Rd: (3 fM, 1 fM zun) 3x. (15)

4.+5. Rd: fM häkeln. (15)

6. Rd: (3 fM, 1 fM abn) 3x. (12)

Mit Dunkelbraun fortfahren

7.-9. Rd: fM häkeln. (12)

10. Rd: (2 fM, 1 fM abn) 3x. (9)

11.-15. Rd: fM häkeln. (9)

Den Faden abschneiden und durchziehen, dabei ein langes Ende zum Zusammennähen hängen lassen.

Weiter geht's auf Seite 93.

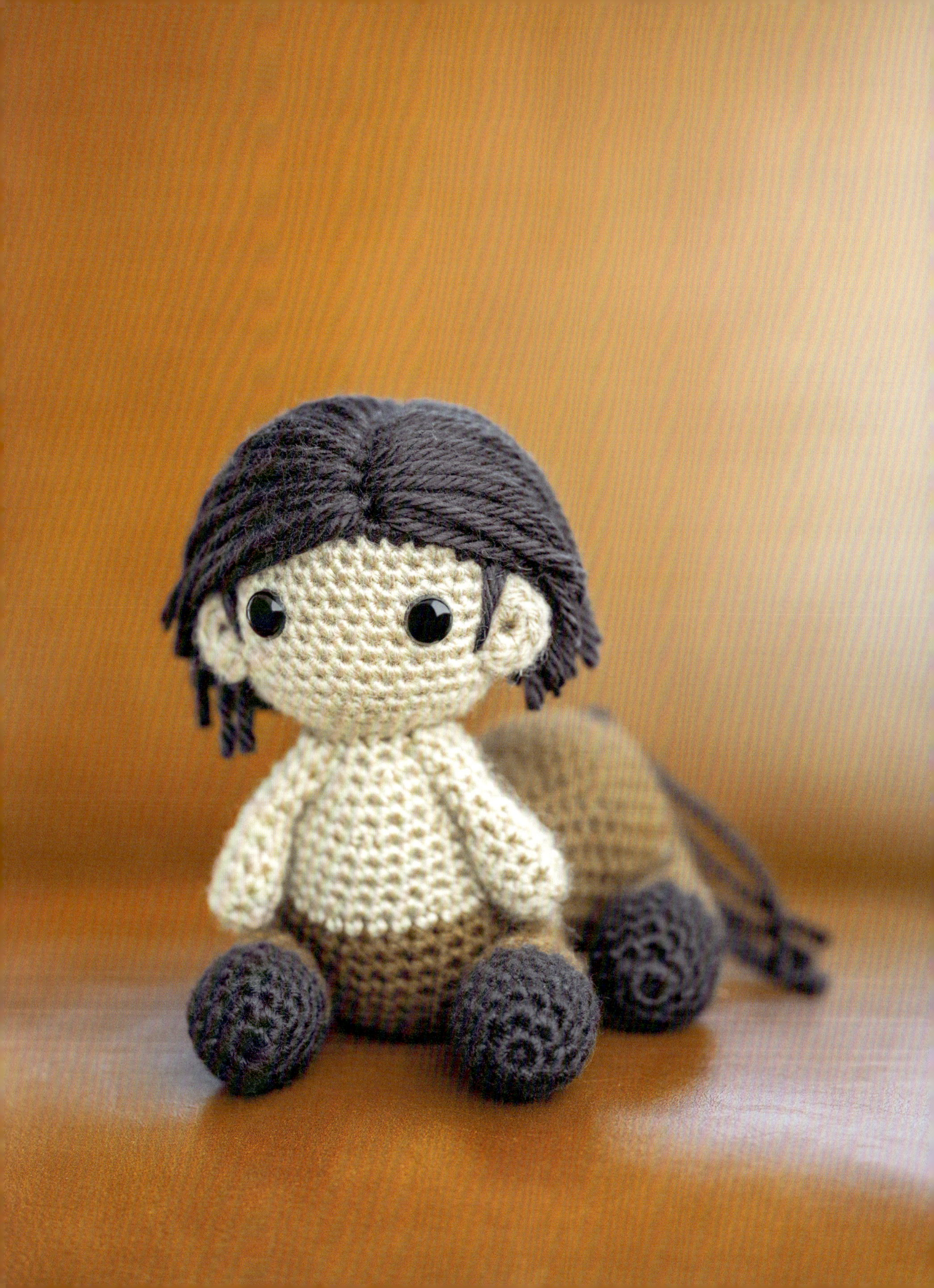

Zentaur
(Fortsetzung)

Arme (2x)

In Hautfarbe

1. Rd: 6 fM in einen Magic-Ring. (6)

2. Rd: (1 fM, 1 fM zun) 3x. (9)

3.+4. Rd: fM häkeln. (9)

5. Rd: (1 fM, 1 fM abn) 3x. (6)

6.-9. Rd: fM häkeln. (6)

Den Faden abschneiden und durchziehen, dabei ein langes Ende zum Zusammennähen hängen lassen.

Fertigstellen

Den Kopf mit überwendlichen Stichen schließen. Den Oberkörper fest ausstopfen und an der Unterseite des Kopfes festnähen. Dann den Pferdekörper fest ausstopfen und an die Rückseite des Oberkörpers nähen. Es soll so aussehen, als ob beide fließend ineinander übergehen. Die Beine ausstopfen und je zwei am vorderen und hinteren Pferdekörper festnähen. Ich habe mich für einen liegenden Zentauren entschieden und die Beine waagerecht angenäht. Wenn du lieber einen stehenden Zentauren haben möchtest, musst du ihn gut auf den Beinen ausbalancieren. Nun noch die Arme beidseitig direkt unter dem Kopf an den Oberkörper nähen (sie werden nicht ausgestopft). Übrige Fadenenden abschneiden.

Jetzt folgen die Feinarbeiten am Kopf. Zuerst die Ohren beiderseits des Kopfs auf Höhe der Augen anbringen. Die Haarkappe aufsetzen und festnähen, dann mit dem restlichen Faden Koteletten vor die Ohren sticken. Wenn das Garnende nicht reicht, nimm einfach einen neuen Faden und stich nach dem Sticken in der vorderen Mitte der Haarkappe aus. Aus schwarzem Garn etwa 40 Fäden von 20 cm Länge zuschneiden. Bündel von 4 Fäden mit festen Stichen auf dem Kopf festnähen. Die Naht sollte gerade sein, denn sie bildet den Scheitel. Die Stiche sehr fest anziehen. Ich empfehle, unter den Haaren eine sehr dünne Linie Kleber auf jeder Seite der „Scheitelnaht“ aufzutragen, damit die Haare nicht unter den Stichen herausrutschen können. Unbedingt sparsam mit dem Kleber umgehen, damit er nicht auf der Oberseite der Haare sichtbar ist. Trocknen lassen, dann die Haare vorsichtig auf die gewünschte Länge schneiden.

Zum Schluss für den Schwanz 3 Fäden schwarzes Garn von 15 cm Länge zuschneiden und wie Fransen am Hinterteil einknüpfen. Fertig ist der Zentaur.

Chimäre

Die Chimäre ist eines der fantastischsten Ungeheuer der griechischen Mythologie. Eine Chimäre ist ein Mischwesen mit Köpfen von drei verschiedenen Tieren – Löwe, Ziege und Drache – und mit einer Schlange als Schwanz. Wirklich furchterregend! Chimären leben in den Bergwäldern und kommen in die Dörfer herunter, um Schafe und Rinder zu reißen. Für diese Figur musst du dir etwas mehr Zeit nehmen, dafür ist sie auch etwas ganz Besonderes. Ein tolles Geschenk für jemanden, der sich für die griechische Mythologie interessiert. Geh einfach Schritt für Schritt vor, dann wird dir die Chimäre gelingen.

Material

- Häkelnadel 4,0 mm
- Garn der Stärke 4 (Medium) in Beige, 1 Knäuel
- Garn der Stärke 4 (Medium) in Rot, 1 Knäuel
- Garn der Stärke 4 (Medium) in Schwarz, 1 Knäuel
- Garn der Stärke 4 (Medium) in Grau, 1 Knäuel
- Garn der Stärke 4 (Medium) in Grün, 1 Knäuel
- Garn der Stärke 4 (Medium) in Braun, 1 Knäuel
- 3 Paar Sicherheitsaugen, ø 12 mm
- 1 Paar Sicherheitsaugen, ø 6 mm
- Füllwatte
- Sticknadel ohne Spitze
- Stecknadeln zum Fixieren der Körperteile beim Annähen
- Schere
- 1 Pfeifenreiniger, 30 cm lang

Körper

In Beige

1. Rd: 6 fM in einen Magic-Ring. (6)

2. Rd: (1 fM zun) 6x. (12)

3. Rd: (1 fM, 1 fM zun) 6x. (18)

4. Rd: (2 fM, 1 fM zun) 6x. (24)

5. Rd: (3 fM, 1 fM zun) 6x. (30)

6. Rd: (4 fM, 1 fM zun) 6x. (36)

7.-25. Rd: fM häkeln. (36)

26. Rd: (4 fM, 1 fM abn) 6x. (30)

27. Rd: (3 fM, 1 fM abn) 6x. (24)

Den Körper beim weiteren Abnehmen fest ausstopfen.

28. Rd: (2 fM, 1 fM abn) 6x. (18)

29. Rd: (1 fM, 1 fM abn) 6x. (12)

30. Rd: (1 fM abn) 6x. (6)

Den Faden abschneiden und durchziehen, dabei ein langes Ende zum Zusammennähen hängen lassen.

Abkürzungen

abn – unsichtbar abnehmen, d. h. 2 feste Maschen zusammen abmaschen, dabei nur in das vordere Maschenglied einstechen

fM – feste Masche(n)

hStb – halbes Stäbchen

Km – Kettmasche

Lm – Luftmasche(n)

Nd – Nadel

Rd – Runde(n)

vMG – nur in das vordere Maschenglied einstechen

zun – zunehmen, d. h. 2 feste Maschen in dieselbe Masche der Vorrunde/-reihe häkeln

Löwenkopf

In Beige

1. Rd: 6 fM in einen Magic-Ring. (6)

2. Rd: (1 fM zun) 6x. (12)

3. Rd: (1 fM, 1 fM zun) 6x. (18)

4. Rd: (2 fM, 1 fM zun) 6x. (24)

5. Rd: (3 fM, 1 fM zun) 6x. (30)

6. Rd: (4 fM, 1 fM zun) 6x. (36)

7.-13. Rd: fM häkeln. (36)

14. Rd: (5 fM, 1 fM zun) 6x. (42)

15.-17. Rd: fM häkeln. (42)

Ein Paar 12-mm-Sicherheitsaugen zwischen der 12. und 13. Rd anbringen, der Abstand beträgt 7 Maschen. Beim weiteren Abnehmen den Kopf fest ausstopfen.

18. Rd: (5 fM, 1 fM abn) 6x. (36)

19. Rd: (4 fM, 1 fM abn) 6x. (30)

20. Rd: (3 fM, 1 fM abn) 6x. (24)

21. Rd: (2 fM, 1 fM abn) 6x. (18)

22. Rd: (1 fM, 1 fM abn) 6x. (12)

23. Rd: (1 fM abn) 6x. (6)

Den Faden abschneiden und durchziehen.

Löwenschnauze

In Beige

1. Rd: 6 fM in einen Magic-Ring. (6)

2. Rd: (1 fM zun) 6x. (12)

3. Rd: (1 fM, 1 fM zun) 6x. (18)

4.-7. Rd: fM häkeln. (18)

Den Faden abschneiden und durchziehen, dabei ein langes Ende zum Zusammennähen hängen lassen.

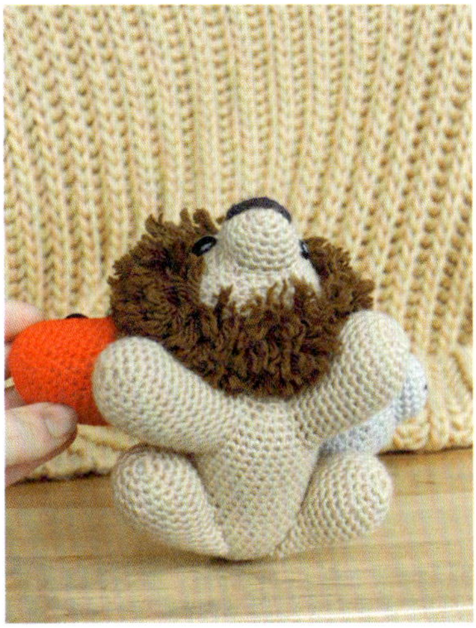

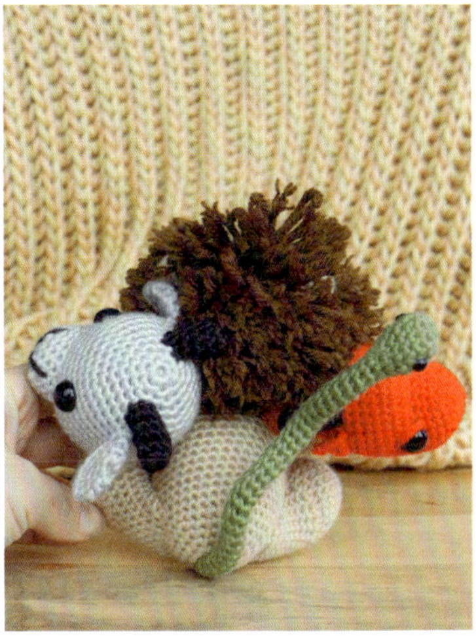

Löwenohren (2x)

In Beige

1. Rd: 6 fM in einen Magic-Ring. (6)

2. Rd: (1 fM zun) 6x. (12)

3.-5. Rd: fM häkeln. (12)

Den Faden abschneiden und durchziehen, dabei ein langes Ende zum Zusammennähen hängen lassen.

Drachenkopf

In Rot

1. Rd: 6 fM in einen Magic-Ring. (6)

2. Rd: (1 fM zun) 6x. (12)

3. Rd: (1 fM, 1 fM zun) 6x. (18)

4. Rd: (2 fM, 1 fM zun) 6x. (24)

5.-7. Rd: fM häkeln. (24)

8. Rd: 6 fM, (vMG 1 fM zun) 6x, 12 fM. (30)

9. Rd: 9 fM, (1 fM zun) 6x, 15 fM. (36)

10.-16. Rd: fM häkeln. (36)

Ein Paar 12-mm-Sicherheitsaugen zwischen der 12. und 13. Rd anbringen, der Abstand beträgt 11 Maschen (zwischen den Augen wird die Schnauze platziert). Beim weiteren Abnehmen den Kopf fest ausstopfen.

17. Rd: (1 fM abn) 3x, 24 fM, (1 fM abn) 3x. (30)

18. Rd: (1 fM abn) 3x, 18 fM, (1 fM abn) 3x. (24)

19. Rd: (2 fM, 1 fM abn) 6x. (18)

20.-25. Rd: fM häkeln. (18)

Den Faden abschneiden und durchziehen, dabei ein langes Ende zum Zusammennähen hängen lassen.

Drachenhörner (2x)

In Schwarz

1. Rd: 6 fM in einen Magic-Ring. (6)

2.-5. Rd: fM häkeln. (6)

Den Faden abschneiden und durchziehen, dabei ein langes Ende zum Zusammennähen hängen lassen.

Weiter geht's auf Seite 97.

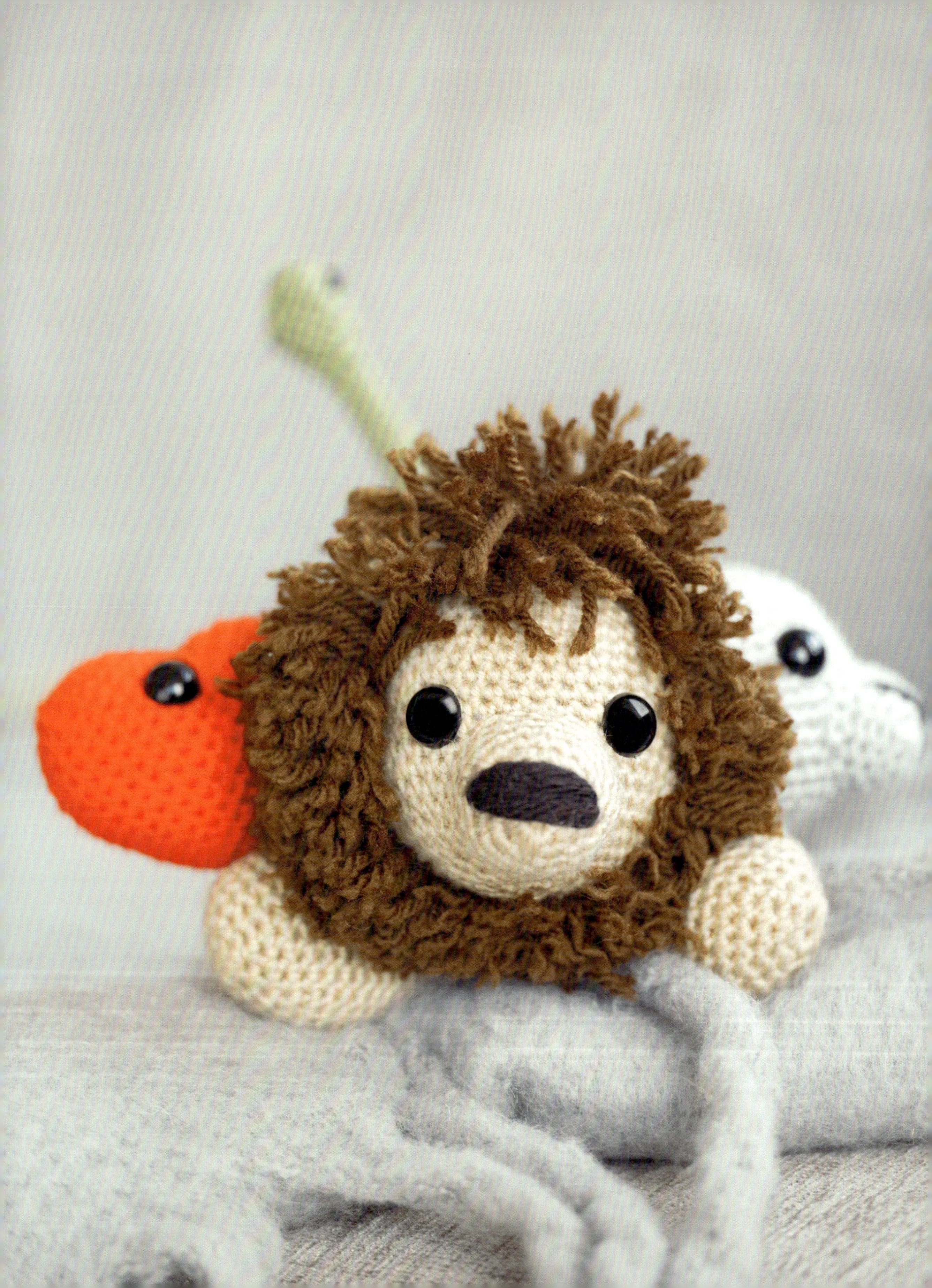

Chimäre
(Fortsetzung)

Drachenohren (2x)

In Rot

4 Lm und wenden. 1 Km in die Lm direkt nach der Nd, 1 fM in die nächste Lm, 1 hStb in die letzte Lm.

Den Faden abschneiden und durchziehen, dabei ein langes Ende zum Zusammennähen hängen lassen.

Ziegenkopf

In Grau

1. Rd: 6 fM in einen Magic-Ring. (6)

2. Rd: (1 fM zun) 6x. (12)

3. Rd: (1 fM, 1 fM zun) 6x. (18)

4. Rd: (2 fM, 1 fM zun) 6x. (24)

5. Rd: (3 fM, 1 fM zun) 6x. (30)

6. Rd: (4 fM, 1 fM zun) 6x. (36)

7.–12. Rd: fM häkeln. (36)

13. Rd: (5 fM, 1 fM zun) 6x. (42)

14.–16. Rd: fM häkeln. (42)

Ein Paar 12-mm-Sicherheitsaugen zwischen der 11. und 12. Rd anbringen, der Abstand beträgt 7 Maschen. Beim weiteren Abnehmen den Kopf fest ausstopfen.

17. Rd: (5 fM, 1 fM abn) 6x. (36)

18. Rd: (4 fM, 1 fM abn) 6x. (30)

19. Rd: (3 fM, 1 fM abn) 6x. (24)

20. Rd: (2 fM, 1 fM abn) 6x. (18)

21. Rd: (1 fM, 1 fM abn) 6x. (12)

22. Rd: (1 fM abn) 6x. (6)

Den Faden abschneiden und durchziehen.

Ziegenohren (2x)

In Grau

1. Rd: 6 fM in einen Magic-Ring. (6)

2. Rd: (1 fM zun) 6x. (12)

3. Rd: (1 fM, 1 fM zun) 6x. (18)

Die Ohren zur Hälfte falten. Ohne Lm wenden und die Kanten mit fM zusammenhäkeln. (9)

Den Faden abschneiden und durchziehen, dabei ein langes Ende zum Zusammennähen hängen lassen.

Ziegenschnauze

In Grau

1. Rd: 7 Lm, wenden und in jede Lm 2 fM häkeln. (12)

2. Rd: (1 fM, 1 fM zun) 6x. (18)

3.+4. Rd: fM häkeln. (18)

Den Faden abschneiden und durchziehen, dabei ein langes Ende zum Zusammennähen hängen lassen.

Ziegenhörner (2x)

In Schwarz

1. Rd: 6 fM in einen Magic-Ring. (6)

2.–5. Rd: fM häkeln. (6)

Den Faden abschneiden und durchziehen, dabei ein langes Ende zum Zusammennähen hängen lassen.

Beine (4x)

In Beige

1. Rd: 6 fM in einen Magic-Ring. (6)

2. Rd: (1 fM zun) 6x. (12)

3. Rd: (1 fM, 1 fM zun) 6x. (18)

4. Rd: (2 fM, 1 fM zun) 6x. (24)

5.–8. Rd: fM häkeln. (24)

9. Rd: (1 fM abn) 6x, 12 fM. (18)

10.–16. Rd: fM häkeln. (18)

Den Faden abschneiden und durchziehen, dabei ein langes Ende zum Zusammennähen hängen lassen.

Schlangenschwanz

In Grün

1. Rd: 6 fM in einen Magic-Ring. (6)

2. Rd: (1 fM zun) 6x. (12)

3.–5. Rd: fM häkeln. (12)

Die 6-mm-Sicherheitsaugen zwischen der 3. und 4. Rd anbringen, der Abstand beträgt 5 Maschen.

6. Rd: (2 fM, 1 fM abn) 3x. (9)

7. Rd: (1 fM, 1 fM abn) 3x. (6)

Der Schlangenkopf muss nicht ausgestopft werden. Den Pfeifenreiniger in den Kopf stecken und um ihn herum häkeln. Ich habe meinen Pfeifenreiniger auf 15 cm gekürzt und 36 oder 37 Rd gebraucht, um ihn zu bedecken. Je nachdem, welches Garn du verwendest und wie fest du häkelst, brauchst du vielleicht mehr oder weniger Rd. Wenn der Pfeifenreiniger bedeckt ist, den Faden abschneiden und durchziehen, dabei ein langes Ende zum Nähen hängen lassen.

Weiter geht's auf Seite 98.

Chimäre (Fortsetzung)

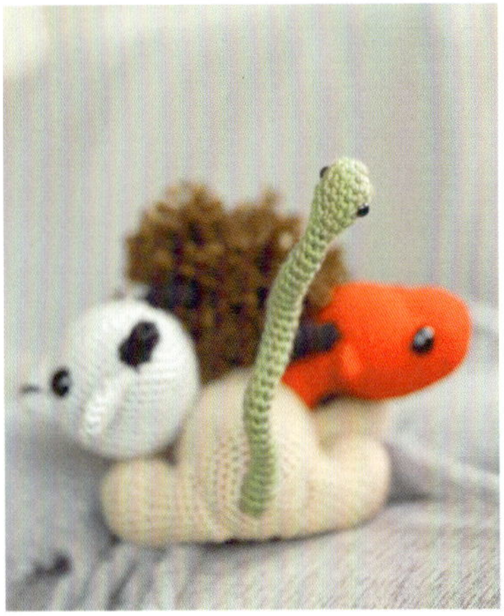

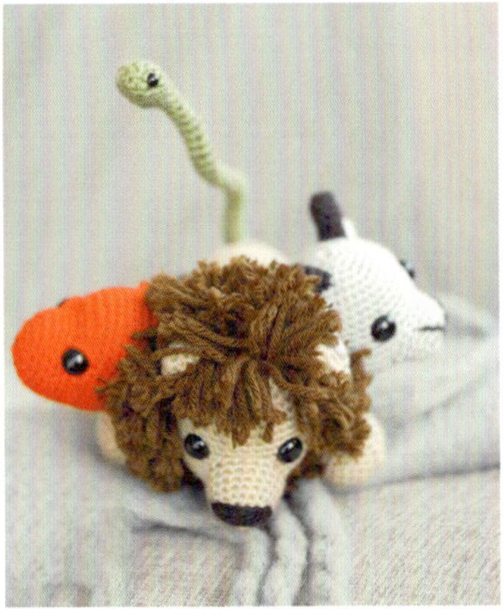

Fertigstellen

Den Löwenkopf mit überwendlichen Stichen zunähen. Die Schnauze in der Mitte des Gesichts anbringen und dabei ausstopfen. Die Ohren an den Oberkopf nähen. Die Nase mit schwarzem Garn sticken. Den Kopf mit dem langen Faden, der am Körper hängt, mittig am vorderen Körper befestigen. Sehr gut festnähen, denn die fertige Chimäre ist recht schwer. Das Fadenende nicht abschneiden, es wird noch zum Festnähen des Ziegenkopfs gebraucht.

Für die Löwenmähne etwa 100 braune Fäden von 8 cm Länge zuschneiden und wie Fransen in den Löwenkopf einknüpfen. Wenn die Mähne schön füllig ist, kann sie vorsichtig in Form geschnitten werden. Aber Achtung: Wenn du eine Partie zu kurz schneidest, musst du die Fäden wieder herauszupfen und neue anbringen.

Den Drachenhals so fest ausstopfen, dass er seine Form behält und aufrecht steht. Links vom Löwenkopf an den Körper nähen. (Alle drei Köpfe müssen dicht an dicht am vorderen Teil des Körpers sitzen.) Die Hörner an den Oberkopf nähen und die Ohren seitlich davon anbringen. Mit rotem Garn Augenlider sticken, damit der Drache noch etwas gefährlicher aussieht.

Nun den Ziegenkopf mit überwendlichen Stichen zunähen. Die Schnauze annähen und dabei ausstopfen. Nase und Maul mit schwarzem Garn aufsticken. Dann die Hörner auf dem Oberkopf anbringen, die Ohren seitlich davon. Den Kopf mit dem daran hängenden Faden rechts vom Löwenkopf an den Körper nähen. Wieder muss der Abstand sehr gering sein.

Alle vier Beine ausstopfen und an den Körper nähen. Die Vorderbeine balancieren die Figur aus, die recht kopflastig ist. Probiere verschiedene Positionen aus, um herauszufinden, wie deine Figur am besten steht.

Zuletzt den Schlangenschwanz mit überwendlichen Stichen am Hinterteil der Chimäre festnähen. Ich habe den Schwanz nach oben und vorn gebogen, du kannst aber auch eine andere Position wählen, der Pfeifenreiniger im Inneren macht's möglich. Nun noch alle heraushängenden Fadenenden mit einer Schere abschneiden. Dann kannst du deine Chimäre präsentieren.

Leshy

Leshy ist ein Waldgeist aus der slawischen Mythologie, der Tiere, Wälder und Sümpfe beschützt. Waldbesucher betrachtet er zunächst wohlwollend als „Gäste“, doch wenn jemand mit finsteren Absichten daherkommt, wird Leshy sich und seinen Wald trickreich verteidigen. Mit diesem Projekt kannst du deinen eigenen kleinen Waldwächter kreieren, der sich immer um alle kümmert, die in Not sind, auch um dich. Die kleinen Blätter werden aus Filz zugeschnitten. Das ist etwas mühsam, weil recht viele notwendig sind, sieht aber toll aus.

Kopf

In Weiß

1. Rd: 6 fM in einen Magic-Ring. (6)

2. Rd: (1 fM zun) 6x. (12)

3. Rd: (1 fM, 1 fM zun) 6x. (18)

4. Rd: (2 fM, 1 fM zun) 6x. (24)

5. Rd: (3 fM, 1 fM zun) 6x. (30)

6. Rd: (4 fM, 1 fM zun) 6x. (36)

7.-15. Rd: fM häkeln. (36)

16. Rd: (4 fM, 1 fM abn) 6x. (30)

17. Rd: (3 fM, 1 fM abn) 6x. (24)

Den Kopf beim weiteren Abnehmen fest ausstopfen.

18. Rd: (2 fM, 1 fM abn) 6x. (18)

19. Rd: (1 fM, 1 fM abn) 6x. (12)

20. Rd: (1 fM abn) 6x. (6)

Den Faden abschneiden und durchziehen.

Schnauze

In Weiß

1. Rd: 6 fM in einen Magic-Ring. (6)

2. Rd: (1 fM zun) 6x. (12)

3. Rd: fM häkeln. (12)

4. Rd: (3 fM, 1 fM zun) 3x. (15)

5.+6. Rd: fM häkeln. (15)

7. Rd: (4 fM, 1 fM zun) 3x. (18)

8.+9. Rd: fM häkeln. (18)

Den Faden abschneiden und durchziehen, dabei ein langes Ende zum Zusammennähen hängen lassen.

Körper

Mit dem ersten Bein beginnen, in Hellgrün

1. Rd: 6 fM in einen Magic-Ring. (6)

2. Rd: (1 fM zun) 6x. (12)

3.-7. Rd: fM häkeln. (12)

Den Faden abschneiden und durchziehen.

Weiter geht’s auf Seite 101.

Material

- Häkelnadel 4,0 mm
- Garn der Stärke 4 (Medium) in Weiß, 1 Knäuel
- Garn der Stärke 4 (Medium) in Hellgrün, 1 Knäuel
- Garn der Stärke 4 (Medium) in Braun, 1 Knäuel
- Füllwatte
- Sticknadel ohne Spitze
- Stecknadeln zum Fixieren der Körperteile beim Annähen
- Schere
- 1 Stück Filz in Schwarz
- 1 Stück Filz in Grün
- Textil- oder Heißkleber

Abkürzungen

abn – unsichtbar abnehmen, d. h. 2 feste Maschen zusammen abmaschen, dabei nur in das vordere Maschenglied einstechen

fM – feste Masche(n)

Nd – Nadel

Rd – Runde(n)

zun – zunehmen, d. h. 2 feste Maschen in dieselbe Masche der Vorrunde/ -reihe häkeln

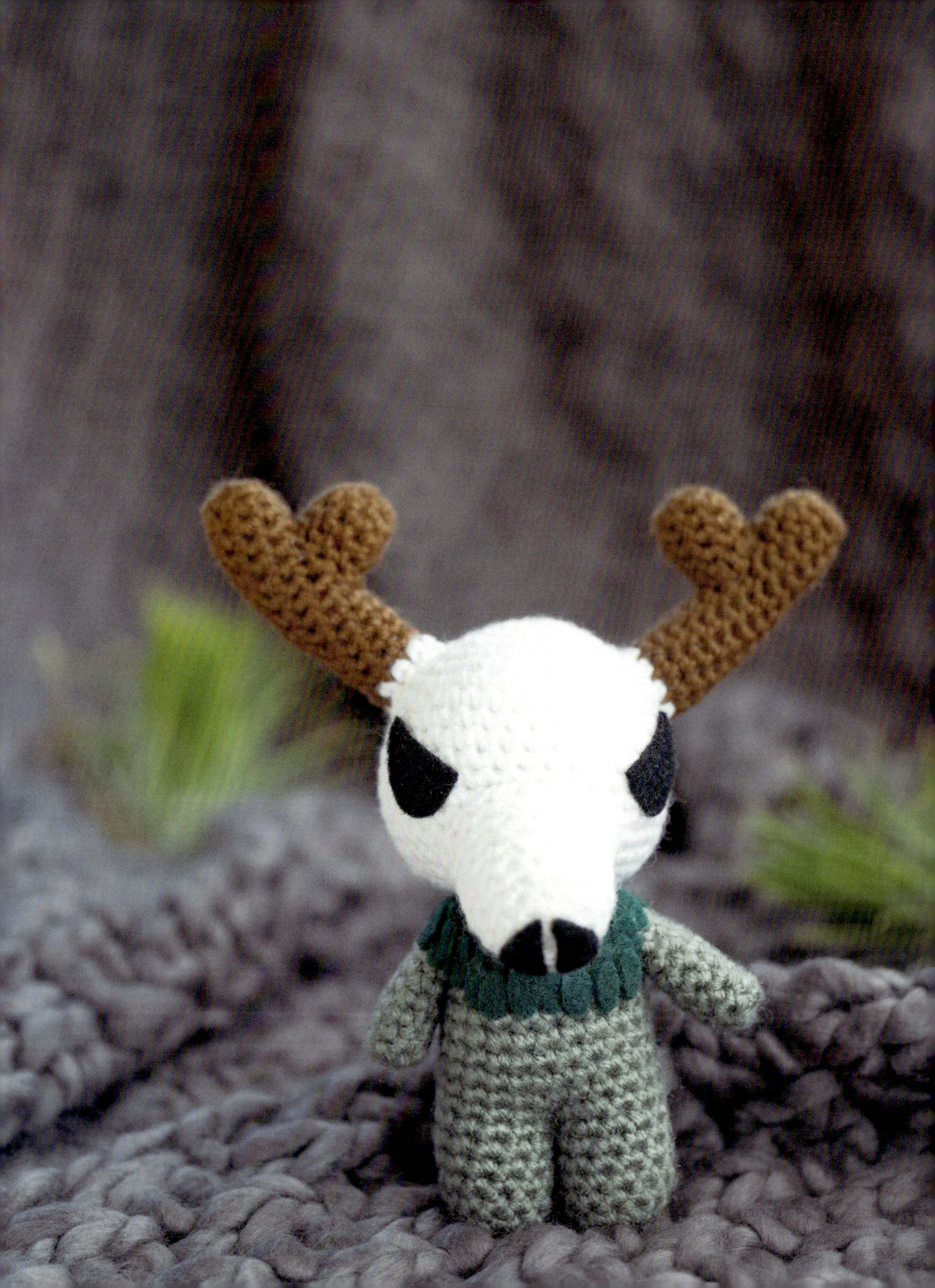

Leshy (Fortsetzung)

Zweites Bein, in Hellgrün

1. Rd: 6 fM in einen Magic-Ring. (6)

2. Rd: (1 fM zun) 6x. (12)

3.-7. Rd: fM häkeln. (12)

Den Faden nicht abschneiden. In die nächste Masche am ersten Bein einstechen. Dies wird die 1. Masche der 8. Rd.

8. Rd: fM häkeln. (24)

9.-15. Rd: fM häkeln. (24)

16. Rd: (2 fM, 1 fM abn) 6x. (18)

17. Rd: fM häkeln. (18)

18. Rd: (1 fM, 1 fM abn) 6x. (12)

Den Faden abschneiden und durchziehen, dabei ein langes Ende zum Zusammennähen hängen lassen.

Arme (2x)

In Hellgrün

1. Rd: 6 fM in einen Magic-Ring. (6)

2. Rd: (1 fM, 1 fM zun) 3x. (9)

3.-9. Rd: fM häkeln. (9)

Den Faden abschneiden und durchziehen, dabei ein langes Ende zum Zusammennähen hängen lassen.

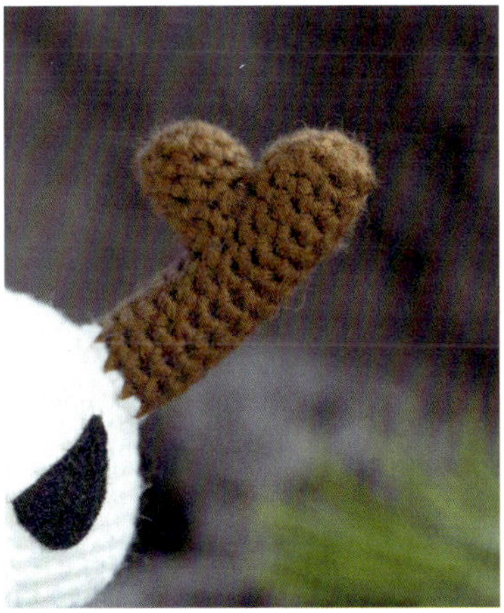

Großes Geweih (2x)

In Braun

1. Rd: 6 fM in einen Magic-Ring. (6)

2. Rd: (1 fM, 1 fM zun) 3x. (9)

3.-14. Rd: fM häkeln. (9)

Mit Weiß fortfahren

15. Rd: fM häkeln. (9)

Den Faden abschneiden und durchziehen, dabei ein langes Ende zum Zusammennähen hängen lassen.

Kleines Geweih (2x)

In Braun

1. Rd: 6 fM in einen Magic-Ring. (6)

2. Rd: (1 fM, 1 fM zun) 3x. (9)

3.-5. Rd: fM häkeln. (9)

Den Faden abschneiden und durchziehen, dabei ein langes Ende zum Zusammennähen hängen lassen.

Fertigstellen

Den Kopf mit überwendlichen Stichen schließen, dann den Körper fest ausstopfen und an die Unterseite des Kopfs nähen. Die großen Geweihteile ausstopfen und an den Oberkopf nähen, dann die kleinen Geweihteile ausstopfen und an die großen nähen. Die Schnauze mittig so ans Gesicht nähen, dass sie etwas nach unten zeigt. Übrige Fadenenden abschneiden.

Schwarze Augen aus Filz ausschneiden und beiderseits der Schnauze aufkleben. Meine Augen sind 2,5 cm lang und 1,3 cm hoch (für die Form siehe Abbildung). Dann zwei kleine Halbkreise aus schwarzem Filz zuschneiden und auf die Spitze der Schnauze kleben. Sie sind 1,3 cm lang und 6 mm hoch. Diese Maße orientieren sich an den Abmessungen meiner fertigen Figur. Wenn deine Figur größer oder kleiner ausfällt, musst du die Maße der Filzteile eventuell anpassen, damit die Proportionen stimmen.

Für den Blätterkragen etwa 40 kleine Blätter (1,3 cm lang und 6 mm breit) aus grünem Filz zuschneiden und ringsherum um den Hals und die Schultern der Figur kleben. Dabei sollen die Blätter einander leicht überlappen. Mein Blätterkragen reicht nur bis zur halben Brusthöhe, aber du kannst ihn auch größer gestalten. Wenn der Kleber trocken ist, kann der Leshy in den Wald aufbrechen.

Jersey Devil

In den Kiefernwäldern im Süden New Jerseys haust der berüchtigtste Kryptid der amerikanischen Ostküste: der Jersey Devil. Er treibt seit über 250 Jahren sein Unwesen, allerdings sind Augenzeugenberichte und die Nachwirkungen seiner Amokläufe die einzigen „Beweise" für seine Existenz. Er vernichtet Ernten, frisst Nutztiere und versetzt die Menschen in Angst und Schrecken. Einmal war sogar ein Kopfgeld von 100 000 Dollar auf ihn ausgesetzt! Wer sich einen Jersey Devil häkelt, sollte also genau überlegen, wer ihn zu sehen bekommt. Dieses Exemplar ist allerdings von den Hufen bis zu den Flügeln einfach nur zauberhaft.

Kopf

In Dunkelgrau

1\. Rd: 6 fM in einen Magic-Ring. (6)

2\. Rd: (1 fM zun) 6x. (12)

3\. Rd: (1 fM, 1 fM zun) 6x. (18)

4\. Rd: (2 fM, 1 fM zun) 6x. (24)

5.-9. Rd: fM häkeln. (24)

10\. Rd: (3 fM, 1 fM zun) 6x. (30)

11.-16. Rd: fM häkeln. (30)

17\. Rd: (3 fM, 1 fM abn) 6x. (24)

18\. Rd: fM häkeln. (24)

19\. Rd: (2 fM, 1 fM abn) 6x. (18)

Die Augen zwischen der 10. und 11. Rd anbringen, der Abstand beträgt 11 Maschen. Beim weiteren Abnehmen den Kopf fest ausstopfen.

20\. Rd: (1 fM, 1 fM abn) 6x. (12)

21\. Rd: (1 fM abn) 6x. (6)

Den Faden abschneiden und durchziehen.

Körper

In Dunkelgrau

1\. Rd: 6 fM in einen Magic-Ring. (6)

2\. Rd: (1 fM zun) 6x. (12)

3\. Rd: (1 fM, 1 fM zun) 6x. (18)

4\. Rd: (2 fM, 1 fM zun) 6x. (24)

5\. Rd: (3 fM, 1 fM zun) 6x. (30)

6.-9. Rd: fM häkeln. (30)

10\. Rd: (3 fM, 1 fM abn) 6x. (24)

11\. Rd: (2 fM, 1 fM abn) 6x. (18)

12.-17. Rd: fM häkeln. (18)

18\. Rd: (1 fM, 1 fM abn) 6x. (12)

Den Faden abschneiden und durchziehen, dabei ein langes Ende zum Zusammennähen hängen lassen.

Weiter geht's auf Seite 104.

Material

- Häkelnadel 4,0 mm
- Garn der Stärke 4 (Medium) in Dunkelgrau, 1 Knäuel
- Garn der Stärke 4 (Medium) in Schwarz, 1 Knäuel
- 1 Paar Sicherheitsaugen, ø 9 mm
- Füllwatte
- Sticknadel ohne Spitze
- Stecknadeln zum Fixieren der Körperteile beim Annähen
- Schere

Abkürzungen

abn – unsichtbar abnehmen, d. h. 2 feste Maschen zusammen abmaschen, dabei nur in das vordere Maschenglied einstechen

fM – feste Masche(n)

hMG – nur in das hintere Maschenglied einstechen

hStb – halbes Stäbchen

Km – Kettmasche

Lm – Luftmasche(n)

Nd – Nadel

R – Reihe(n)

Rd – Runde(n)

zun – zunehmen, d. h. 2 feste Maschen in dieselbe Masche der Vorrunde/-reihe häkeln

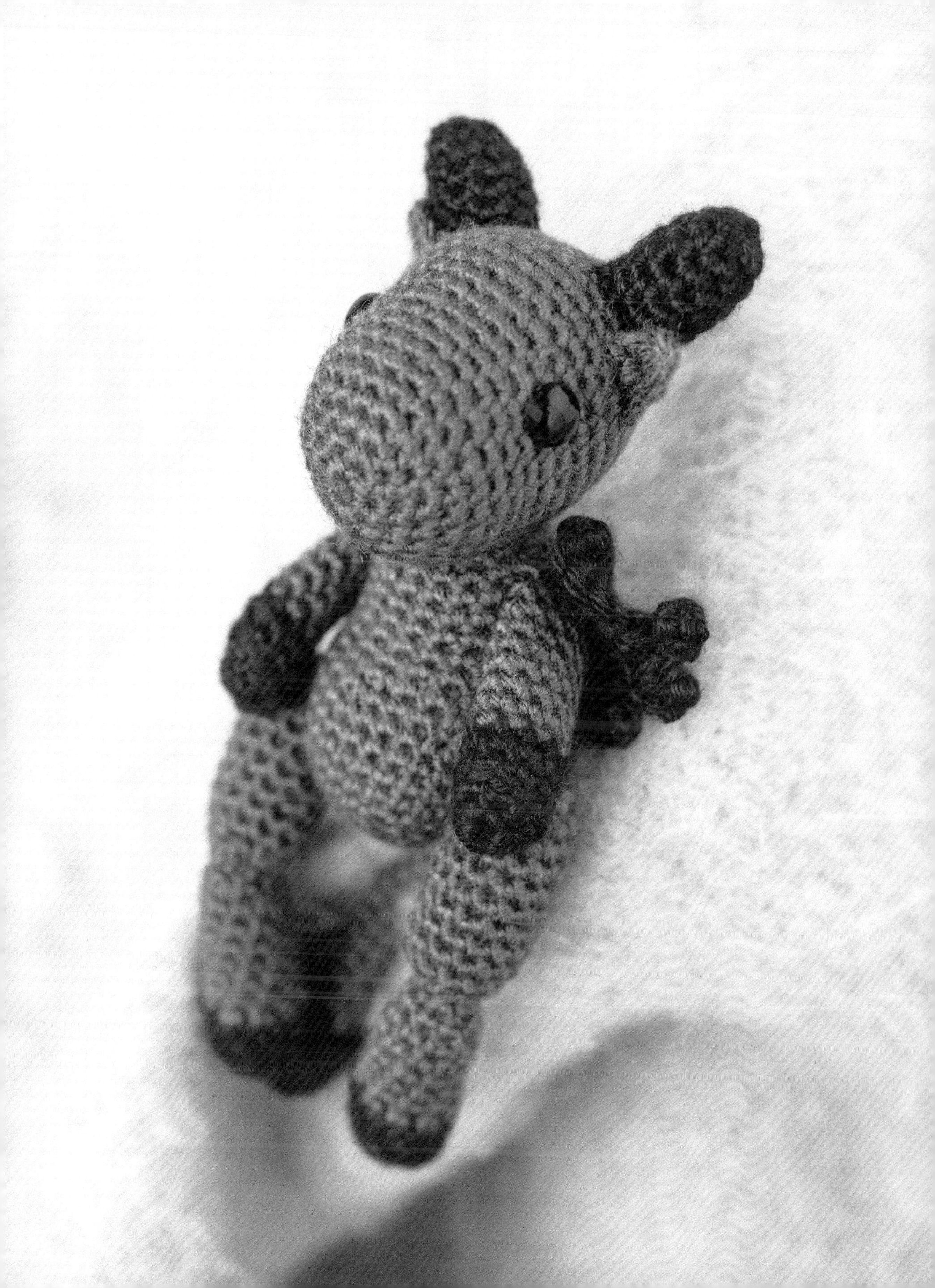

Jersey Devil (Fortsetzung)

Oberschenkel (2x)

In Dunkelgrau

1. Rd: 6 fM in einen Magic-Ring. (6)

2. Rd: (1 fM zun) 6x. (12)

3.-10. Rd: fM häkeln. (12)

11. Rd: (1 fM abn) 6x. (6)

Den Faden abschneiden und durchziehen, dabei ein langes Ende zum Zusammennähen hängen lassen.

Unterschenkel (2x)

In Schwarz

1. Rd: 6 fM in einen Magic-Ring. (6)

2. Rd: (1 fM, 1 fM zun) 3x. (9)

3. Rd: hMG, fM häkeln. (9)

4. Rd: fM häkeln. (9)

Mit Dunkelgrau fortfahren

5.-11. Rd: fM häkeln. (9)

12. Rd: (1 fM, 1 fM abn) 3x. (6)

Den Faden abschneiden und durchziehen, dabei ein langes Ende zum Zusammennähen hängen lassen.

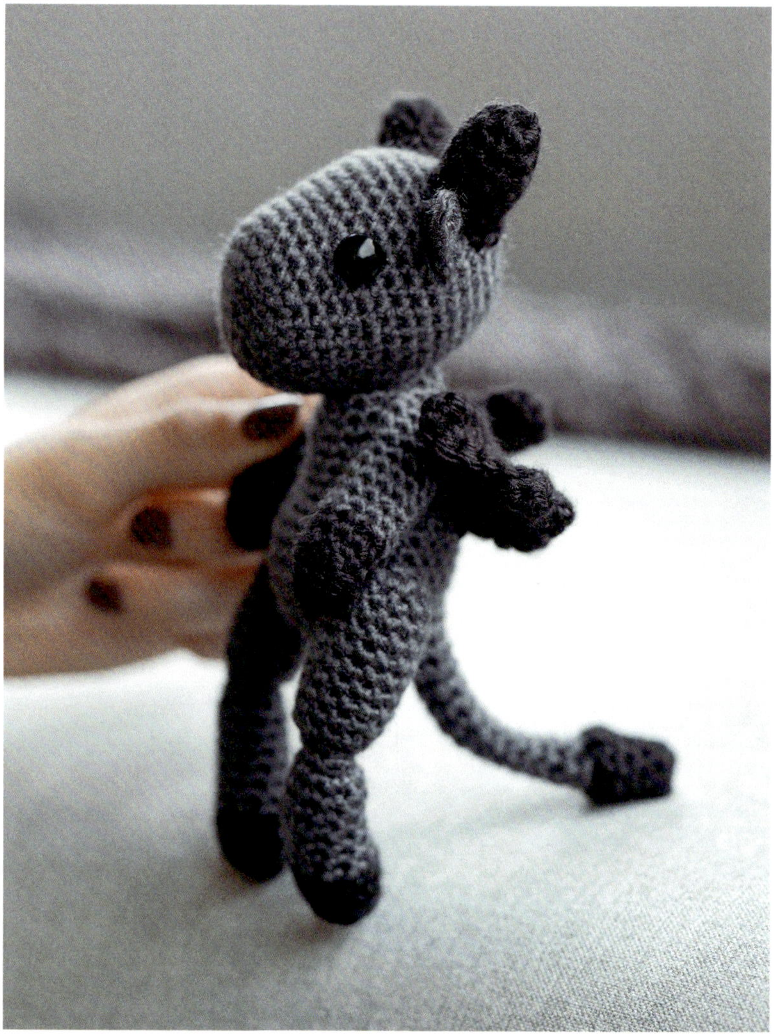

Arme (2x)

In Schwarz

1. Rd: 6 fM in einen Magic-Ring. (6)

2. Rd: (1 fM, 1 fM zun) 3x. (9)

3. Rd: hMG, fM häkeln. (9)

4. Rd: fM häkeln. (9)

Mit Dunkelgrau fortfahren

5.-13. Rd: fM häkeln. (9)

Den Faden abschneiden und durchziehen, dabei ein langes Ende zum Zusammennähen hängen lassen.

Schwanz

In Dunkelgrau

1. Rd: 6 fM in einen Magic-Ring. (6)

2.-15. Rd: fM häkeln. (6)

Den Faden abschneiden und durchziehen, dabei ein langes Ende zum Zusammennähen hängen lassen.

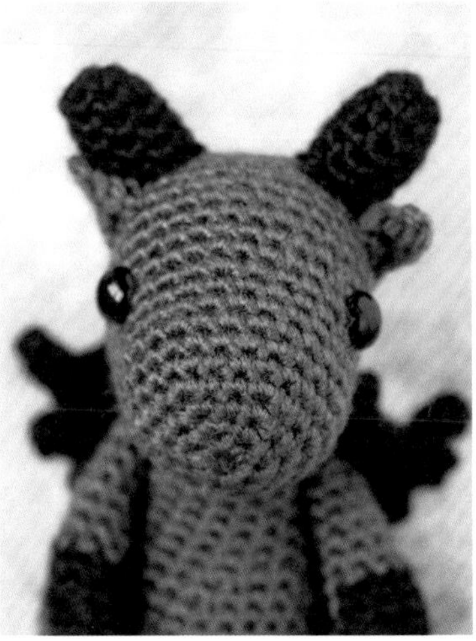

Schwanzspitze

In Schwarz

1. Rd: 5 fM in einen Magic-Ring. (5)

2. Rd: 1 fM zun, 4 fM. (6)

3. Rd: 1 fM zun, 5 fM. (7)

4. Rd: 1 fM zun, 6 fM. (8)

5. Rd: 1 fM zun, 7 fM. (9)

Den Faden abschneiden und durchziehen, dabei ein langes Ende zum Zusammennähen hängen lassen.

Hörner (2x)

In Schwarz

1. Rd: 6 fM in einen Magic-Ring. (6)

2. Rd: (2 fM, 1 fM zun) 2x. (8)

3.–6. Rd: fM häkeln. (8)

Den Faden abschneiden und durchziehen, dabei ein langes Ende zum Zusammennähen hängen lassen.

Ohren (2x)

In Dunkelgrau

1. Rd: 4 Lm und wenden. 1 Km in die 2. Lm ab Nd, 1 fM in die nächste Masche, 1 hStb in die letzte Masche.

Den Faden abschneiden und durchziehen, dabei ein langes Ende zum Zusammennähen hängen lassen.

Flügel (2x)

Die Flügel werden in R gehäkelt, nicht in Rd. Bitte die Anleitung sorgfältig lesen.

In Schwarz

1. R: 5 Lm, wenden.

2. R: In der 2. Lm ab Nd beginnen, 4 fM, 4 Lm und wenden.

3. R: In der 2. Lm ab Nd beginnen, 7 fM, 1 Lm und wenden.

4. R: In der 2. Lm ab Nd beginnen, 4 fM, 4 Lm und wenden.

5. R: In der 2. Lm ab Nd beginnen, 7 fM, 3 Lm und wenden.

6. R: In der 2. Lm ab Nd beginnen, 6 fM, 4 Lm und wenden.

7. R: In der 2. Lm ab Nd beginnen, 9 fM, keine Lm häkeln, nicht wenden.

8. R: fM entlang der Flügeloberkante häkeln (dabei auf gleichmäßige Abstände achten).

Den Faden abschneiden und durchziehen, dabei ein langes Ende zum Zusammennähen hängen lassen.

Fertigstellen

Den Kopf mit überwendlichen Stichen schließen, dann den Körper ausstopfen und an den unteren Kopf nähen. Die Oberschenkel fest ausstopfen und an den unteren Körper nähen. Dann die Unterschenkel leicht ausstopfen und an die Oberschenkel nähen. Die Arme zu beiden Seiten des Oberkörpers befestigen (sie werden nicht ausgestopft). Die Flügel am Rücken anbringen, die Hörner (leicht ausgestopft) und die Ohren am Oberkopf. Zuletzt den Schwanz am Hinterteil befestigen und die Schwanzspitze ans Ende nähen. Alle herausstehenden Fadenenden mit einer Schere abschneiden. Dann kann der Jersey Devil zu neuen Teufeleien aufbrechen.

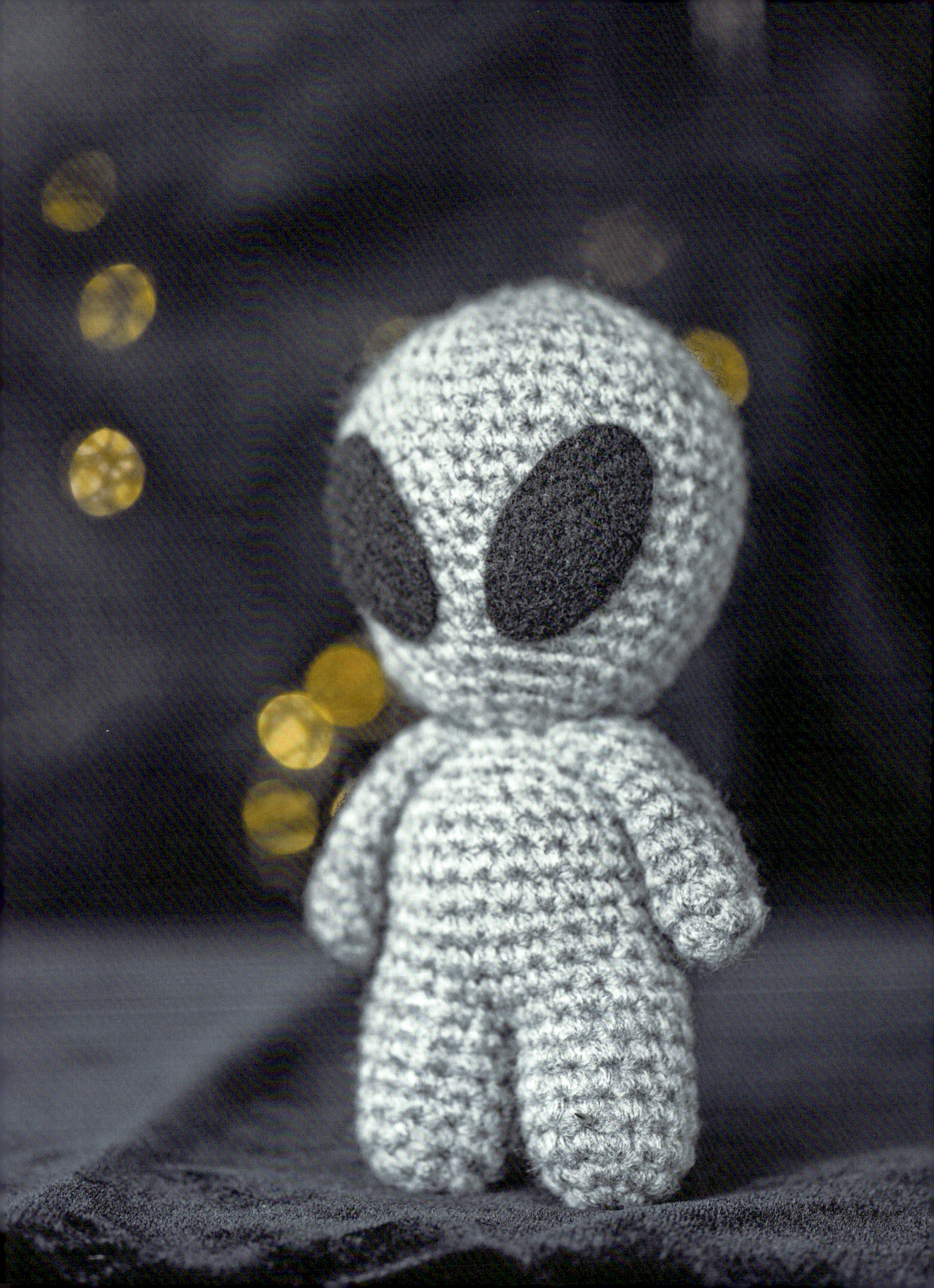

Kapitel 5

UNHEILSTIFTER

Eine boshafte Fee (Seite 113), hinterlistige Kobolde (Seite 121) und ein wissenschaftliches Experiment, das sehr, sehr schiefgegangen ist (Seite 127) … Das alles kommt in diesem Kapitel in niedlicher Gestalt daher. Wir werden historische und mythologische Gauner erschaffen, aber auch Gestalten der Nacht und Kreaturen aus den Tiefen des Weltalls. Nimm deine Häkelnadel zur Hand und mach dich bereit. Mit diesen schnellen und einfachen Anleitungen kannst du dir und anderen wohliges Gruseln bereiten.

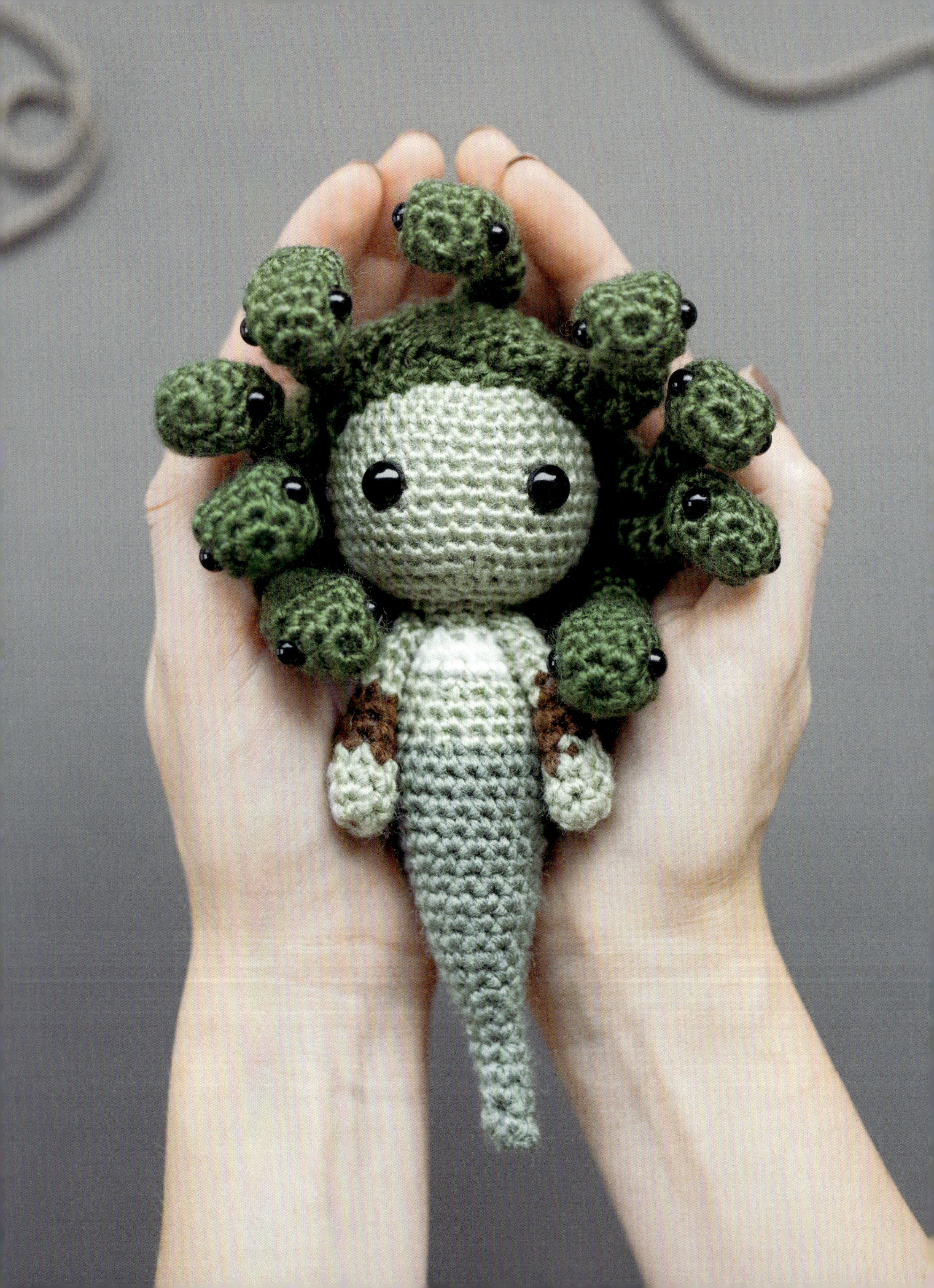

Medusa

Eine schöne Frau, die durch tragische Umstände zu einem schrecklichen Ungeheuer mit Schlangenhaar und Schlangenkörper wurde und deren Blick selbst die tapfersten Männer zu Stein erstarren lässt … Kommt dir das bekannt vor? Die Rede ist von Medusa! Als ich dieses Muster entwarf, habe ich mir vorgestellt, dass das furchtbare Ungeheuer aus der griechischen Mythologie doch auch eine weiche Seite haben muss! Ich hoffe, du findest die Figur mit den gekringelten Haarschlangen genauso niedlich wie ich. Trotzdem solltest du vorsichtig sein, wenn du ihr in die Augen schaust – nicht, dass du am Ende zu Stein erstarrst!

Material

- Häkelnadel 4,0 mm
- Garn der Stärke 4 (Medium) in Hellgrün, 1 Knäuel
- Garn der Stärke 4 (Medium) in Dunkelgrün, 1 Knäuel
- Garn der Stärke 4 (Medium) in Mittelgrün, 1 Knäuel
- Garn der Stärke 4 (Medium) in Weiß, 1 Knäuel
- Garn der Stärke 4 (Medium) in Braun, 1 Knäuel
- 1 Paar Sicherheitsaugen, ø 9 mm
- 9 Paar Sicherheitsaugen, ø 6 mm
- Füllwatte
- Sticknadel ohne Spitze
- Stecknadeln zum Fixieren der Körperteile beim Annähen
- Schere
- 3 Pfeifenreiniger, 30 cm lang

Abkürzungen

abn – unsichtbar abnehmen, d. h. 2 feste Maschen zusammen abmaschen, dabei nur in das vordere Maschenglied einstechen

fM – feste Masche(n)

Nd – Nadel

Rd – Runde(n)

zun – zunehmen, d. h. 2 feste Maschen in dieselbe Masche der Vorrunde/ -reihe häkeln

Kopf

In Hellgrün

1. Rd: 6 fM in einen Magic-Ring. (6)

2. Rd: (1 fM zun) 6x. (12)

3. Rd: (1 fM, 1 fM zun) 6x. (18)

4. Rd: (2 fM, 1 fM zun) 6x. (24)

5. Rd: (3 fM, 1 fM zun) 6x. (30)

6. Rd: (4 fM, 1 fM zun) 6x. (36)

7.-15. Rd: fM häkeln. (36)

Die 9-mm-Sicherheitsaugen zwischen der 11. und 12. Rd anbringen, der Abstand beträgt 6 Maschen. Beim weiteren Abnehmen den Kopf ausstopfen.

16. Rd: (4 fM, 1 fM abn) 6x. (30)

17. Rd: (3 fM, 1 fM abn) 6x. (24)

18. Rd: (2 fM, 1 fM abn) 6x. (18)

19. Rd: (1 fM, 1 fM abn) 6x. (12)

20. Rd: (1 fM abn) 6x. (6)

Den Faden abschneiden und durchziehen.

Weiter geht's auf Seite 110.

Medusa
(Fortsetzung)

Haarkappe

In Dunkelgrün

1\. Rd: 6 fM in einen Magic-Ring. (6)

2\. Rd: (1 fM zun) 6x. (12)

3\. Rd: (1 fM, 1 fM zun) 6x. (18)

4\. Rd: (2 fM, 1 fM zun) 6x. (24)

5\. Rd: (3 fM, 1 fM zun) 6x. (30)

6\. Rd: (4 fM, 1 fM zun) 6x. (36)

7.-11. Rd: fM häkeln. (36)

Den Faden abschneiden und durchziehen, dabei ein langes Ende zum Zusammennähen hängen lassen.

Schlangen (9x)

In Dunkelgrün

1\. Rd: 6 fM in einen Magic-Ring. (6)

2\. Rd: (1 fM zun) 6x. (12)

3.-5. Rd: fM häkeln. (12)

Ein Paar 6-mm-Sicherheitsaugen zwischen der 3. und 4. Rd anbringen, der Abstand beträgt 5 Maschen.

6\. Rd: (2 fM, 1 fM abn) 3x. (9)

7\. Rd: (1 fM, 1 fM abn) 3x. (6)

Die Schlangen werden nicht ausgestopft. Die Pfeifenreiniger in Stücke von je 10 cm schneiden. Einen Pfeifenreiniger in den Schlangenkopf stecken und weitere Rd häkeln, bis er bedeckt ist. Ich habe 20 bis 22 Rd gebraucht. Wer fester oder lockerer häkelt, braucht vielleicht einige Rd mehr oder weniger. Den Faden abschneiden und durchziehen, dabei ein langes Ende zum Festnähen hängen lassen.

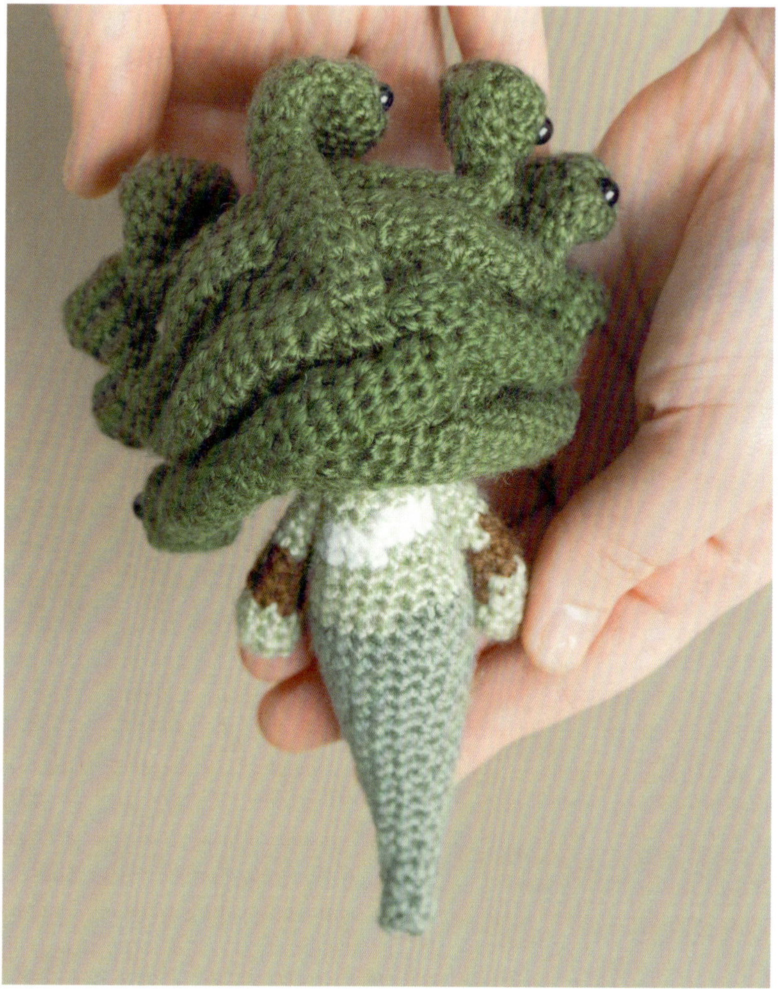

Körper

In Mittelgrün

1\. Rd: 4 fM in einen Magic-Ring. (4)

2\. Rd: fM häkeln. (4)

3\. Rd: (1 fM, 1 fM zun) 2x. (6)

4.+5. Rd: fM häkeln. (6)

6\. Rd: (2 fM, 1 fM zun) 2x. (8)

7\. Rd: fM häkeln. (8)

8\. Rd: (3 fM, 1 fM zun) 2x. (10)

9\. Rd: fM häkeln. (10)

10\. Rd: (4 fM, 1 fM zun) 2x. (12)

11\. Rd: fM häkeln. (12)

12\. Rd: (3 fM, 1 fM zun) 3x. (15)

13.+14. Rd: fM häkeln. (15)

15\. Rd: (4 fM, 1 fM zun) 3x. (18)

16.+17. Rd: fM häkeln. (18)

18\. Rd: (5 fM, 1 fM zun) 3x. (21)

19.+20. Rd: fM häkeln. (21)

Mit Hellgrün fortfahren

21\. Rd: (5 fM, 1 fM abn) 3x. (18)

22.+23. Rd: fM häkeln. (18)

24\. Rd: (4 fM, 1 fM abn) 3x. (15)

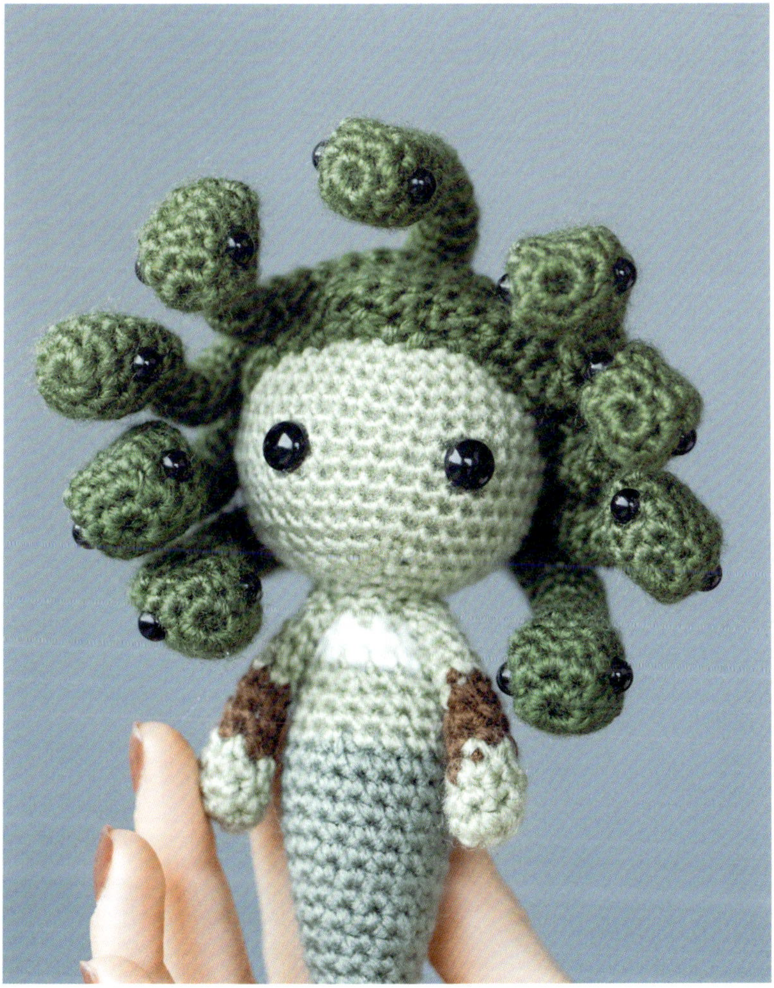

Mit Weiß fortfahren

25.+26. Rd: fM häkeln. (15)

Mit Hellgrün fortfahren

27. Rd: (3 fM, 1 fM abn) 3x. (12)

28. Rd: fM häkeln. (12)

Den Faden abschneiden und durchziehen, dabei ein langes Ende zum Zusammennähen hängen lassen.

Arme (2x)

In Hellgrün

1. Rd: 6 fM in einen Magic-Ring. (6)

2. Rd: (1 fM, 1 fM zun) 3x. (9)

3. Rd: fM häkeln. (9)

Mit Braun fortfahren

4. Rd: (1 fM, 1 fM abn) 3x. (6)

5.+6. Rd: fM häkeln. (6)

Mit Hellgrün fortfahren

7.-10. Rd: fM häkeln. (6)

Den Faden abschneiden und durchziehen, dabei ein langes Ende zum Zusammennähen hängen lassen.

Fertigstellen

Zuerst den Kopf mit überwendlichen Stichen schließen. Die Haarkappe aufsetzen und sehr sorgfältig festnähen, weil der Kopf viel Gewicht zu tragen hat.

Nun die Schlangen an den Kopf stecken, um ihre Anordnung auszuprobieren. Dann in die gewünschte Form biegen, was durch die Pfeifenreiniger im Inneren ganz einfach ist. Vorsichtig vom Kopf nehmen und in der richtigen Reihenfolge zur Seite legen. Du kannst dich bei der Anordnung der Schlangen an den Fotos orientieren oder eine eigene „Schlangenfrisur" gestalten. Die Schlangen sorgfältig in der richtigen Anordnung an den Kopf nähen. Am Ende kannst du sie nochmals in ihre endgültige Form biegen.

Nun den dicksten Teil des Körpers ausstopfen. Die Schwanzspitze darf ruhig ungefüllt bleiben, damit sie sich leichter biegen lässt. Den Körper an den Kopf nähen, dann an beiden Seiten die Arme an der Naht zwischen Kopf und Körper (dem Hals der Figur) festnähen. Herausstehende Fadenenden mit einer Schere abschneiden. Fertig ist Medusa.

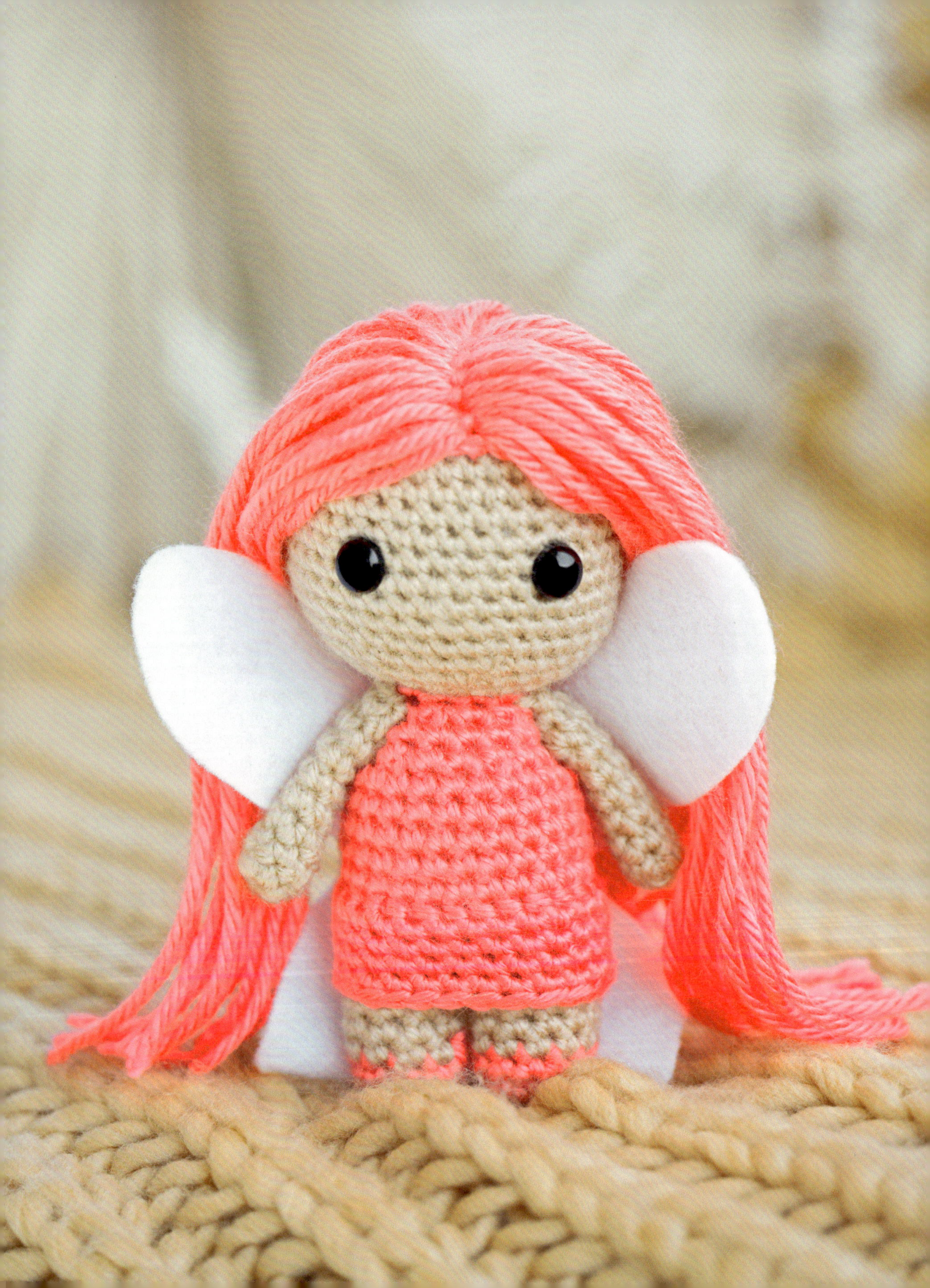

Fee

Feen können, genau wie Menschen, ganz unterschiedliche Charaktere haben. Manche sind wohlwollend und freundlich, andere sind boshaft. Aber die meisten treiben einfach nur gern Schabernack. Es macht ihnen Spaß, sich mit uns Sterblichen anzulegen! Wer sich eine Fee häkelt, muss damit rechnen, dass Sachen verschwinden, die Haare verknotet werden und vieles mehr.

Kopf

In Hautfarbe

1. Rd: 6 fM in einen Magic-Ring. (6)

2. Rd: (1 fM zun) 6x. (12)

3. Rd: (1 fM, 1 fM zun) 6x. (18)

4. Rd: (2 fM, 1 fM zun) 6x. (24)

5. Rd: (3 fM, 1 fM zun) 6x. (30)

6. Rd: (4 fM, 1 fM zun) 6x. (36)

7.-15. Rd: fM häkeln. (36)

Die Augen zwischen der 11. und 12. Rd anbringen, der Abstand beträgt 6 Maschen. Beim weiteren Abnehmen den Kopf ausstopfen.

16. Rd: (4 fM, 1 fM abn) 6x. (30)

17. Rd: (3 fM, 1 fM abn) 6x. (24)

18. Rd: (2 fM, 1 fM abn) 6x. (18)

19. Rd: (1 fM, 1 fM abn) 6x. (12)

20. Rd: (1 fM abn) 6x. (6)

Den Faden abschneiden und durchziehen.

Haarkappe

In Rosa

1. Rd: 6 fM in einen Magic-Ring. (6)

2. Rd: (1 fM zun) 6x. (12)

3. Rd: (1 fM, 1 fM zun) 6x. (18)

4. Rd: (2 fM, 1 fM zun) 6x. (24)

5. Rd: (3 fM, 1 fM zun) 6x. (30)

6. Rd: (4 fM, 1 fM zun) 6x. (36)

7.-11. Rd: fM häkeln. (36)

Den Faden abschneiden und durchziehen, dabei ein langes Ende zum Festnähen hängen lassen.

Haare

Die Haarkappe aufsetzen und festnähen. Das Garnende nicht abschneiden, es wird zum Festnähen der Haare gebraucht und sollte ca. 25 cm lang sein. Wenn es nicht reicht, nimm einen neuen Faden und stich in der vorderen Mitte der Haarkappe aus

Weiter geht's auf Seite 114.

Material

- Häkelnadel 4,0 mm
- Häkelnadel 2,75 mm
- Garn der Stärke 4 (Medium) in Hautfarbe, 1 Knäuel
- Garn der Stärke 4 (Medium) in Rosa, 1 Knäuel
- 1 Paar Sicherheitsaugen, ø 9 mm
- Füllwatte
- Sticknadel ohne Spitze
- Stecknadeln zum Fixieren der Körperteile beim Annähen
- Schere
- Textil- oder Heißkleber
- 1 Stück Filz in Weiß

Abkürzungen

abn – unsichtbar abnehmen, d. h. 2 feste Maschen zusammen abmaschen, dabei nur in das vordere Maschenglied einstechen

fM – feste Masche(n)

Nd – Nadel

Rd – Runde(n)

zun – zunehmen, d. h. 2 feste Maschen in dieselbe Masche der Vorrunde/-reihe häkeln

Fee (Fortsetzung)

Aus rosa Garn etwa 40 Fäden von 20 cm Länge zuschneiden. Bündel von 4 Fäden mit festen Stichen auf dem Kopf festnähen und mit Kleber sichern, wie bei der Harpyie auf Seite 150 beschrieben. Den Kopf an einen sicheren Platz legen, bis der Kleber trocken ist. Die Haare vorerst lang lassen.

Körper

Mit dem ersten Bein beginnen, in Rosa

1. Rd: 6 fM in einen Magic-Ring. (6)

2. Rd: (1 fM zun) 6x. (12)

3. Rd: fM häkeln. (12)

Mit Hautfarbe fortfahren

4.-6. Rd: fM häkeln. (12)

Mit Rosa fortfahren

7. Rd: fM häkeln. (12)

Den Faden abschneiden und durchziehen.

Zweites Bein, in Rosa

1. Rd: 6 fM in einen Magic-Ring. (6)

2. Rd: (1 fM zun) 6x. (12)

3. Rd: fM häkeln. (12)

Mit Hautfarbe fortfahren

4.-6. Rd: fM häkeln. (12)

Mit Rosa fortfahren

7. Rd: fM häkeln. (12)

Den Faden nicht abschneiden. In die nächste Masche am ersten Bein einstechen. Dies wird die 1. Masche der 8. Rd.

8. Rd: fM häkeln. (24)

9.-15. Rd: fM häkeln. (24)

16. Rd: (2 fM, 1 fM abn) 6x. (18)

17. Rd: fM häkeln. (18)

18. Rd: (1 fM, 1 fM abn) 6x. (12)

Den Faden abschneiden und durchziehen, dabei ein langes Ende zum Zusammennähen hängen lassen.

Arme (2x)

In Hautfarbe

1. Rd: 6 fM in einen Magic-Ring. (6)

2.-8. Rd: fM häkeln. (6)

Den Faden abschneiden und durchziehen, dabei ein langes Ende zum Zusammennähen hängen lassen.

Wenn der Kleber getrocknet ist, die Unterseite des Kopfs mit überwendlichen Stichen zunähen. Den Körper fest ausstopfen und an die Unterseite des Kopfs nähen.

Rock

In Rosa

Jetzt wird der Rock gehäkelt.

1. Rd: Die Figur umdrehen und auf den Kopf stellen. Mit der dünneren Häkelnadel in der Mitte des Rückens zwischen der 10. und 11. Rd mit dem rosa Garn neu anschlingen und fM rings um den Körper häkeln. Da die Figur in Rd gehäkelt wurde, verlaufen die Maschen dort spiralförmig. Beim Umhäkeln würde die letzte Masche also nicht auf gleicher Höhe mit der ersten liegen, deshalb musst du eine Masche überspringen, um wieder auf gleiche Höhe zu kommen. Ich empfehle, das am

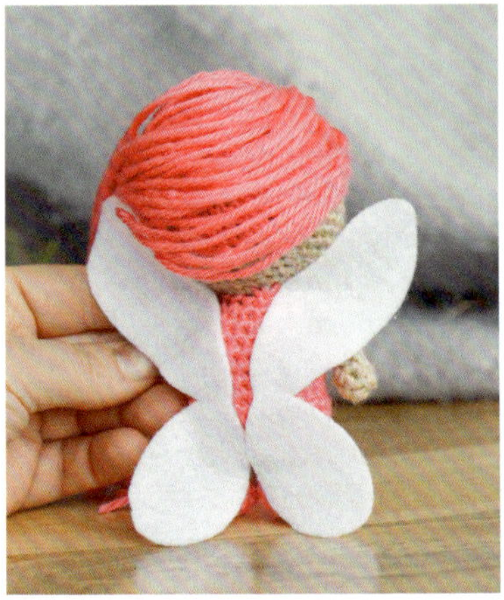

Rücken der Figur vor der letzten Masche zu tun. Dort fällt das kaum auf. Insgesamt sollte deine Rd etwa 24 Maschen haben.

2.-5. Rd: fM häkeln. (ca. 24)

Den Faden abschneiden, durchziehen und das Ende vernähen.

Fertigstellen

Die Arme an die Seiten des Körpers nähen (sie werden nicht ausgestopft). Übrige Fadenenden mit einer Schere abschneiden. Aus dem Filz ein Paar Feenflügel zuschneiden. Du kannst die Form und Größe selbst bestimmen und auch eine andere Farbe wählen. Die Flügel an den Rücken der Figur kleben. Zuletzt kann die Fee noch einen Haarschnitt bekommen.

Krampus

In vielen Ländern wird Kindern in der Adventszeit empfohlen, sich besonders gut zu benehmen, weil der Nikolaus zuschaut und aufgrund des Benehmens entscheidet, welche Wünsche erfüllt werden. Im mitteleuropäischen Alpenraum hat der Nikolaus einen Begleiter, den Krampus – halb Dämon und halb Ziegenbock. Während der Nikolaus die braven Kinder belohnt, kümmert sich der Krampus um die ungezogenen. Er verhaut sie mit einer Rute aus Zweigen und kann sie im schlimmsten Fall sogar entführen. Häkle dir einen Krampus als lustige Adventsdekoration – oder als Gedächtnisstütze für die Kinder. Fürchten werden sie diese Figur aber kaum, denn wer könnte schon diesen kleinen Hufen widerstehen?

Kopf

In Schwarz

1. Rd: 6 fM in einen Magic-Ring. (6)

2. Rd: (1 fM zun) 6x. (12)

3. Rd: (1 fM, 1 fM zun) 6x. (18)

4. Rd: (2 fM, 1 fM zun) 6x. (24)

5. Rd: (3 fM, 1 fM zun) 6x. (30)

6.-10. Rd: fM häkeln. (30)

11. Rd: (4 fM, 1 fM zun) 6x. (36)

12.-14. Rd: fM häkeln. (36)

Die Augen zwischen der 11. und 12. Rd anbringen, der Abstand beträgt 6 Maschen. Beim weiteren Abnehmen den Kopf fest ausstopfen.

15. Rd: (4 fM, 1 fM abn) 6x. (30)

16. Rd: (3 fM, 1 fM abn) 6x. (24)

17. Rd: (2 fM, 1 fM abn) 6x. (18)

18. Rd: (1 fM, 1 fM abn) 6x. (12)

19. Rd: (1 fM abn) 6x. (6)

Den Faden abschneiden und durchziehen.

Schnauze

In Schwarz

1. Rd: 6 fM in einen Magic-Ring. (6)

2. Rd: (1 fM zun) 6x. (12)

3. Rd: (3 fM, 1 fM zun) 3x. (15)

4.+5. Rd: fM häkeln. (15)

Den Faden abschneiden und durchziehen, dabei ein langes Ende zum Zusammennähen hängen lassen.

Körper

In Schwarz

1. Rd: 6 fM in einen Magic-Ring. (6)

2. Rd: (1 fM zun) 6x. (12)

3. Rd: (1 fM, 1 fM zun) 6x. (18)

4. Rd: (2 fM, 1 fM zun) 6x. (24)

5. Rd: (3 fM, 1 fM zun) 6x. (30)

6.-9. Rd: fM häkeln. (30)

10. Rd: (3 fM, 1 fM abn) 6x. (24)

11. Rd: (2 fM, 1 fM abn) 6x. (18)

Weiter geht's auf Seite 116.

Material

- Häkelnadel 4,0 mm
- Garn der Stärke 4 (Medium) in Schwarz, 1 Knäuel
- Garn der Stärke 4 (Medium) in Grau, 1 Knäuel
- Garn der Stärke 4 (Medium) in Rot, 1 Knäuel
- 1 Paar Sicherheitsaugen, ø 9 mm
- Füllwatte
- Sticknadel ohne Spitze
- Stecknadeln zum Fixieren der Körperteile beim Annähen
- Schere

Abkürzungen

abn – unsichtbar abnehmen, d. h. 2 feste Maschen zusammen abmaschen, dabei nur in das vordere Maschenglied einstechen

fM – feste Masche(n)

hMG – nur in das hintere Maschenglied einstechen

hStb – halbes Stäbchen

Km – Kettmasche

Lm – Luftmasche(n)

Nd – Nadel

Rd – Runde(n)

zun – zunehmen, d. h. 2 feste Maschen in dieselbe Masche der Vorrunde/-reihe häkeln

Krampus
(Fortsetzung)

12.–17. Rd: fM häkeln. (18)

18. Rd: (1 fM, 1 fM abn) 6x. (12)

Den Faden abschneiden und durchziehen, dabei ein langes Ende zum Zusammennähen hängen lassen.

Oberschenkel (2x)

In Schwarz

1. Rd: 6 fM in einen Magic-Ring. (6)

2. Rd: (1 fM zun) 6x. (12)

3.–10. Rd: fM häkeln. (12)

11. Rd: (1 fM abn) 6x. (6)

Den Faden abschneiden und durchziehen, dabei ein langes Ende zum Zusammennähen hängen lassen.

Unterschenkel (2x)

In Schwarz

1. Rd: 6 fM in einen Magic-Ring. (6)

2. Rd: (1 fM, 1 fM zun) 3x. (9)

3. Rd: hMG, fM häkeln. (9)

4.–11. Rd: fM häkeln. (9)

12. Rd: (1 fM, 1 fM abn) 3x. (6)

Den Faden abschneiden und durchziehen, dabei ein langes Ende zum Zusammennähen hängen lassen.

Arme (2x)

In Schwarz

1. Rd: 6 fM in einen Magic-Ring. (6)

2. Rd: (1 fM, 1 fM zun) 3x. (9)

3. Rd: hMG, fM häkeln. (9)

4.–13. Rd: fM häkeln. (9)

Den Faden abschneiden und durchziehen, dabei ein langes Ende zum Zusammennähen hängen lassen.

Schwanz

In Schwarz

1. Rd: 6 fM in einen Magic-Ring. (6)

2.–11. Rd: fM häkeln. (6)

Den Faden abschneiden und durchziehen, dabei ein langes Ende zum Zusammennähen hängen lassen.

Hörner (2x)

In Grau

1. Rd: 6 fM in einen Magic-Ring. (6)

2. Rd: (2 fM, 1 fM zun) 2x. (8)

3.–6. Rd: fM häkeln. (8)

Den Faden abschneiden und durchziehen, dabei ein langes Ende zum Zusammennähen hängen lassen.

Ohren (2x)

In Schwarz

1. Rd: 4 Lm und wenden. 1 Km in die 2. Lm ab Nd, in fM in die nächste Lm, 1 hStb in die letzte Lm.

Den Faden abschneiden und durchziehen, dabei ein langes Ende zum Zusammennähen hängen lassen.

Zunge

In Rot

1. Rd: 14 Lm und wenden, 1 Km in jede Lm, beginnend mit der 2. Lm ab Nd. (13)

Den Faden abschneiden und durchziehen, dabei ein langes Ende zum Zusammennähen hängen lassen.

Fertigstellen

Den Kopf mit überwendlichen Stichen schließen, den Körper fest ausstopfen und an die Unterseite des Kopfs nähen. Die Oberschenkel fest ausstopfen und an den unteren Körper nähen. Dann die Unterschenkel leicht ausstopfen und an die Oberschenkel nähen. Die Arme zu beiden Seiten des Oberkörpers befestigen (sie werden nicht ausgestopft).

Die Schnauze zwischen den Augen ans Gesicht stecken. Teilweise festnähen, dann ausstopfen und fertig festnähen. Die Hörner auf dem Oberkopf befestigen, die Ohren seitlich davon und leicht vor den Hörnern.

Den Schwanz am Hinterteil festnähen. Für die Quaste am Ende 3 Fäden graues Garn von 15 cm Länge zuschneiden und wie Fransen einknüpfen.

Zuletzt mit grauem Garn die Nase auf die Schnauze sticken und die Zunge unter der Schnauze festnähen. Herabhängende Fadenenden mit einer Schere abschneiden. Dann kann die Adventszeit kommen.

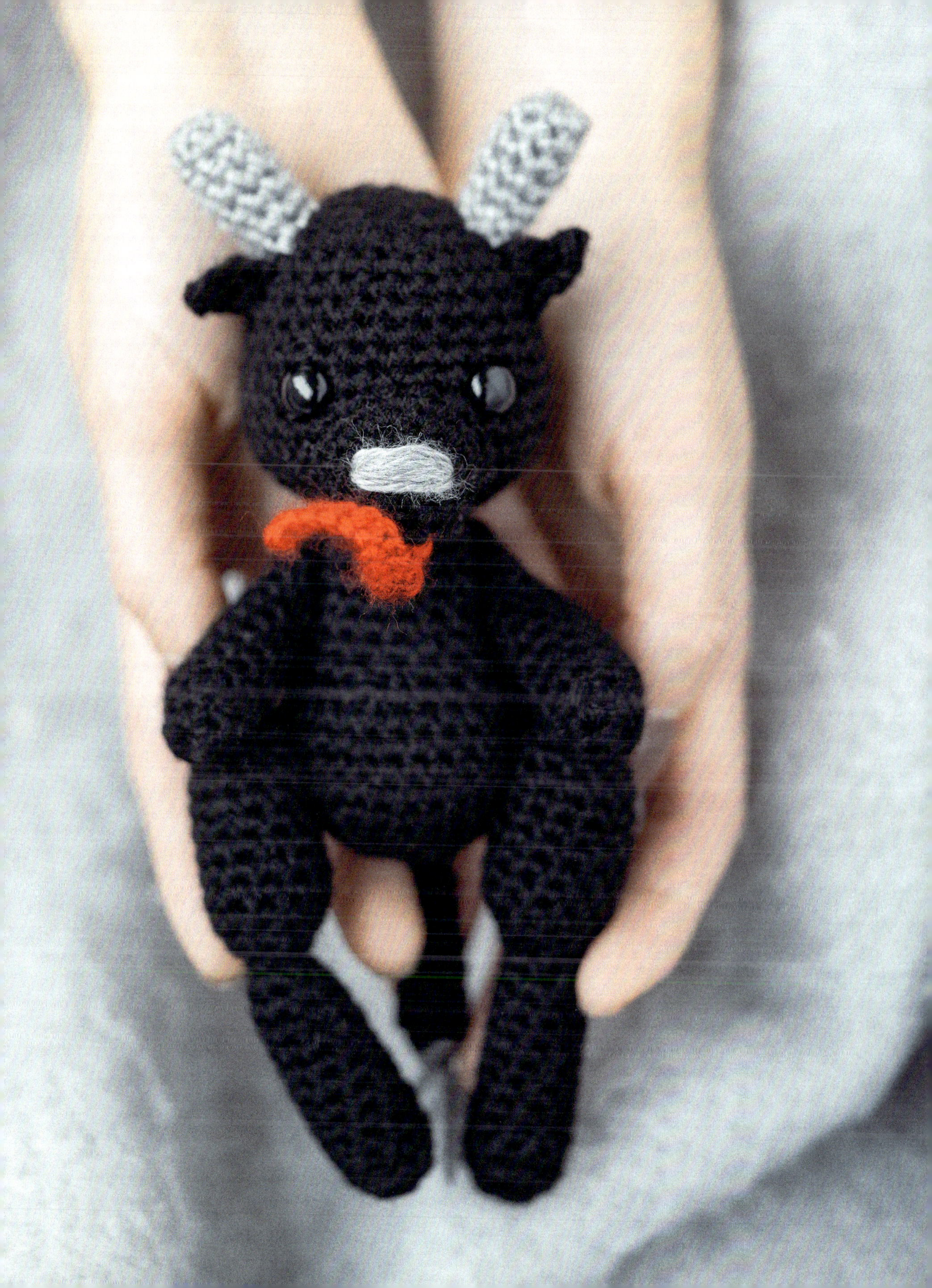

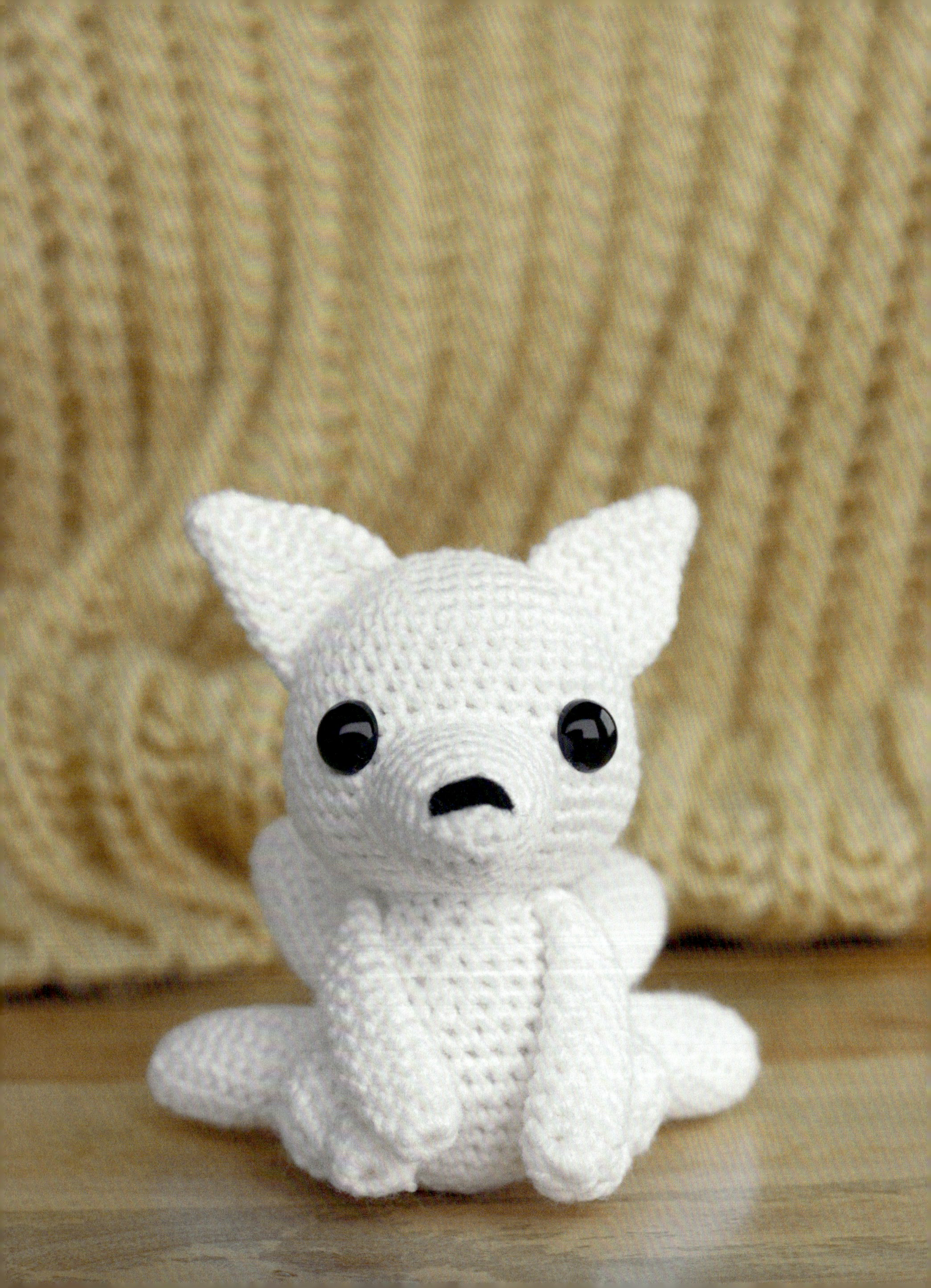

Kitsune

Kitsune stammen aus der japanischen Mythologie. Sie sind schlaue und trickreiche Füchse, die über besondere Fähigkeiten verfügen. Die Anzahl der Schwänze, die ein Kitsune hat, kann viel über ihn aussagen. Wenn sie älter und schlauer werden, werden sie nicht nur stärker, sondern es wachsen ihnen auch weitere Schwänze – bis zu neun! Bis ein einziger Schwanz gewachsen ist, kann es wiederum 100 Jahre dauern. Wenn du also jemals einem Fuchs mit neun Schwänzen begegnest, ist es vielleicht das Beste, ihm aus dem Weg zu gehen. Behalte das im Hinterkopf, wenn du überlegst, wie viele Schwänze dein Kitsune haben soll. Natürlich gibt es freundliche und bösartige Kitsune. Deinen wirst du sicher gut erziehen, aber sei gewarnt: Auch ein netter Kitsune spielt uns Menschen gelegentlich einen Streich.

Kopf

1\. Rd: 6 fM in einen Magic-Ring. (6)

2\. Rd: (1 fM zun) 6x. (12)

3\. Rd: (1 fM, 1 fM zun) 6x. (18)

4\. Rd: (2 fM, 1 fM zun) 6x. (24)

5\. Rd: (3 fM, 1 fM zun) 6x. (30)

6\. Rd: (4 fM, 1 fM zun) 6x. (36)

7.-12. Rd: fM häkeln. (36)

13\. Rd: (5 fM, 1 fM zun) 6x. (42)

14.-16. Rd: fM häkeln. (42)

Die Augen zwischen der 12. und 13. Rd anbringen, der Abstand beträgt 7 Maschen. Beim weiteren Abnehmen den Kopf fest ausstopfen.

17\. Rd: (5 fM, 1 fM abn) 6x. (36)

18\. Rd: (4 fM, 1 fM abn) 6x. (30)

19\. Rd: (3 fM, 1 fM abn) 6x. (24)

20\. Rd: (2 fM, 1 fM abn) 6x. (18)

21\. Rd: (1 fM, 1 fM abn) 6x. (12)

22\. Rd: (1 fM abn) 6x. (6)

Den Faden abschneiden und durchziehen.

Körper

1\. Rd: 6 fM in einen Magic-Ring. (6)

2\. Rd: (1 fM zun) 6x. (12)

3\. Rd: (1 fM, 1 fM zun) 6x. (18)

4\. Rd: (2 fM, 1 fM zun) 6x. (24)

5\. Rd: (3 fM, 1 fM zun) 6x. (30)

6\. Rd: (4 fM, 1 fM zun) 6x. (36)

7.-9. Rd: fM häkeln. (36)

10\. Rd: (4 fM, 1 fM abn) 6x. (30)

11\. Rd: fM häkeln. (30)

12\. Rd: (3 fM, 1 fM abn) 6x. (24)

13.-15. Rd: fM häkeln. (24)

16\. Rd: (2 fM, 1 fM abn) 6x. (18)

17\. Rd: fM häkeln. (18)

Den Faden abschneiden und durchziehen, dabei ein langes Ende zum Zusammennähen hängen lassen.

Weiter geht's auf Seite 120.

Material

- Häkelnadel 4,0 mm
- Garn der Stärke 4 (Medium) in Weiß, 1 Knäuel
- 1 Paar Sicherheitsaugen, ø 12 mm
- Füllwatte
- Sticknadel ohne Spitze
- Stecknadeln zum Fixieren der Körperteile beim Annähen
- Schere
- Stickgarn in Schwarz, Rest

Abkürzungen

abn – unsichtbar abnehmen, d. h. 2 feste Maschen zusammen abmaschen, dabei nur in das vordere Maschenglied einstechen

fM – feste Masche(n)

Nd – Nadel

Rd – Runde(n)

zun – zunehmen, d. h. 2 feste Maschen in dieselbe Masche der Vorrunde/-reihe häkeln

Kitsune
(Fortsetzung)

Hinterläufe (2x)

1. Rd: 6 fM in einen Magic-Ring. (6)

2. Rd: (1 fM zun) 6x. (12)

3. Rd: (3 fM, 1 fM zun) 3x. (15)

4. Rd: fM häkeln. (15)

Den Faden abschneiden und durchziehen, dabei ein langes Ende zum Zusammennähen hängen lassen.

Hinterpfoten (2x)

1. Rd: 6 fM in einen Magic-Ring. (6)

2. Rd: (2 fM, 1 fM zun) 2x. (8)

3. Rd: fM häkeln. (8)

Den Faden abschneiden und durchziehen, dabei ein langes Ende zum Zusammennähen hängen lassen.

Vorderbeine (2x)

1. Rd: 6 fM in einen Magic-Ring. (6)

2. Rd: (2 fM, 1 fM zun) 2x. (8)

3.-13. Rd: fM häkeln. (8)

Den Faden abschneiden und durchziehen, dabei ein langes Ende zum Zusammennähen hängen lassen.

Schnauze

1. Rd: 6 fM in einen Magic-Ring. (6)

2. Rd: (1 fM, 1 fM zun) 3x. (9)

3. Rd: (2 fM, 1 fM zun) 3x. (12)

4. Rd: (3 fM, 1 fM zun) 3x. (15)

5. Rd: fM häkeln. (15)

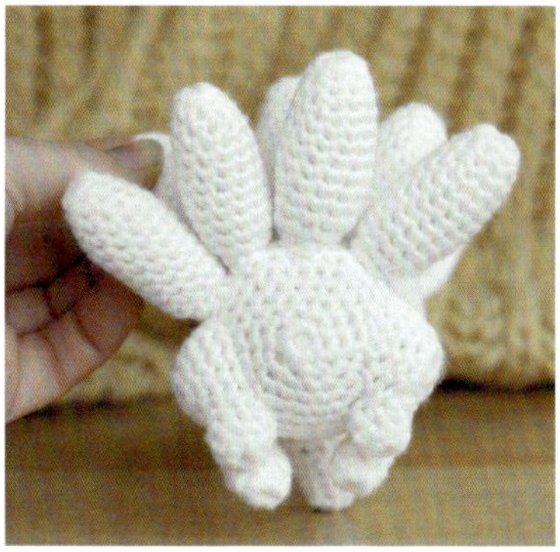

6. Rd: (4 fM, 1 fM zun) 3x. (18)

7.+8. Rd: fM häkeln. (18)

Den Faden abschneiden und durchziehen, dabei ein langes Ende zum Zusammennähen hängen lassen.

Ohren (2x)

1. Rd: 4 fM in einen Magic-Ring. (4)

2. Rd: (1 fM, 1 fM zun) 2x. (6)

3. Rd: (2 fM, 1 fM zun) 2x. (8)

4. Rd: (3 fM, 1 fM zun) 2x. (10)

5. Rd: (4 fM, 1 fM zun) 2x. (12)

6.-9. Rd: fM häkeln. (12)

Den Faden abschneiden und durchziehen, dabei ein langes Ende zum Zusammennähen hängen lassen.

Schwänze

Die Anzahl kannst du selbst bestimmen. Mein Kitsune hat sieben Schwänze.

1. Rd: 6 fM in einen Magic-Ring. (6)

2. Rd: (2 fM, 1 fM zun) 2x. (8)

3. Rd: (3 fM, 1 fM zun) 2x. (10)

4. Rd: (4 fM, 1 fM zun) 2x. (12)

5.-12. Rd: fM häkeln. (12)

13. Rd: (1 fM abn) 6x. (6)

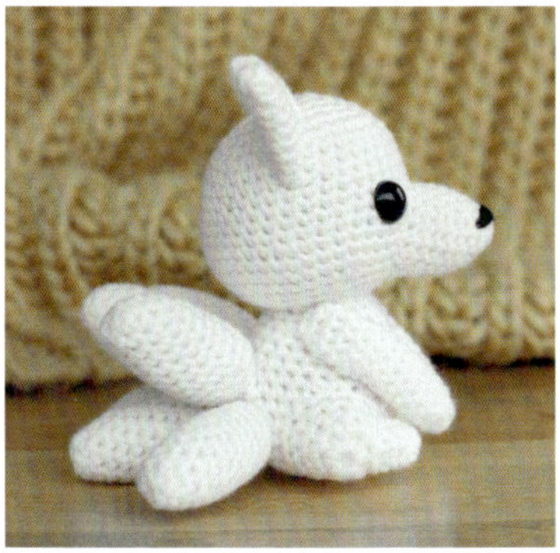

Den Faden abschneiden und durchziehen, dabei ein langes Ende zum Zusammennähen hängen lassen.

Fertigstellen

Den Kopf mit überwendlichen Stichen schließen, dann den Körper fest ausstopfen und an die Unterseite des Kopfs nähen. Die Hinterläufe teilweise an den hinteren Körper nähen, dann ausstopfen und ganz festnähen. Die Hinterpfoten seitlich so an den Hinterläufen befestigen, dass sie nach vorn zeigen. Wichtig ist, dass die Figur stabil sitzen kann. Dann die Vorderbeine an den Seiten des Körpers festnähen (sie werden nicht ausgestopft).

Die Ohren an den Oberkopf nähen und die Schnauze mittig im Gesicht zwischen den Augen platzieren. Mit schwarzem Stickgarn die Nase auf die Schnauze sticken.

Die Schwänze ausstopfen und ans Hinterteil stecken, um ihre Anordnung zuerst auszuprobieren. Danach werden sie festgenäht. Zuletzt alle herabhängenden Fadenenden mit einer Schere abschneiden.

Goblin

Goblins sind kleine, schelmische Kreaturen, die als raffgierig gelten. Sie stehlen gern Gold und Silber und haben auch einige magische Fähigkeiten in petto. Überlege also lieber zweimal, bevor du dir so einen kleinen Kerl ins Haus holst. Aber vielleicht ist dieses kleine Goblin-Baby mit den großen Augen und Ohren harmlos? Wir werden sehen … Ich übernehme keine Garantie.

Material

- Häkelnadel 4,0 mm
- Garn der Stärke 4 (Medium) in Dunkelgrün, 1 Knäuel
- 1 Paar Sicherheitsaugen, ø 12 mm
- Füllwatte
- Sticknadel ohne Spitze
- Stecknadeln zum Fixieren der Körperteile beim Annähen
- Schere
- 1 Stück Filz in Weiß

Abkürzungen

abn – unsichtbar abnehmen, d. h. 2 feste Maschen zusammen abmaschen, dabei nur in das vordere Maschenglied einstechen

fM – feste Masche(n)

Nd – Nadel

Rd – Runde(n)

zun – zunehmen, d. h. 2 feste Maschen in dieselbe Masche der Vorrunde/-reihe häkeln

Kopf

1. Rd: 6 fM in einen Magic-Ring. (6)

2. Rd: (1 fM zun) 6x. (12)

3. Rd: (1 fM, 1 fM zun) 6x. (18)

4. Rd: (2 fM, 1 fM zun) 6x. (24)

5. Rd: (3 fM, 1 fM zun) 6x. (30)

6. Rd: (4 fM, 1 fM zun) 6x. (36)

7.-12. Rd: fM häkeln. (36)

13. Rd: (5 fM, 1 fM zun) 6x. (42)

14.-17. Rd: fM häkeln. (42)

Aus Filz zwei Kreise von 1,3 cm Durchmesser zuschneiden. In die Mitte jeweils einen Schlitz schneiden und den Befestigungsdorn eines Sicherheitsauges durchstecken. Dadurch wird das Auge von einem weißen Kreis umrahmt. Den Kreis so zuschneiden, dass er oben dün ner als unten ist. So bekommt die Figur einen niedlichen „Dackelblick“.

Die Augen zwischen der 13. und 14. Rd anbringen, der Abstand beträgt 7 Maschen. Beim weiteren Abnehmen den Kopf fest ausstopfen.

18. Rd: (5 fM, 1 fM abn) 6x. (36)

19. Rd: (4 fM, 1 fM abn) 6x. (30)

20. Rd: (3 fM, 1 fM abn) 6x. (24)

21. Rd: (2 fM, 1 fM abn) 6x. (18)

22. Rd: (1 fM, 1 fM abn) 6x. (12)

23. Rd: (1 fM abn) 6x. (6)

Den Faden abschneiden und durchziehen.

Weiter geht's auf Seite 122.

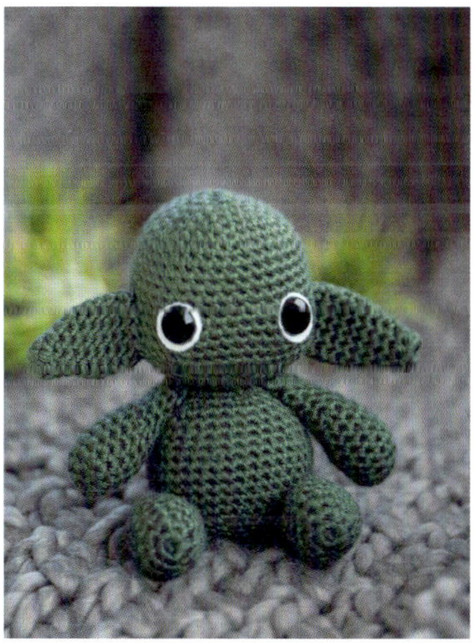

Goblin
(Fortsetzung)

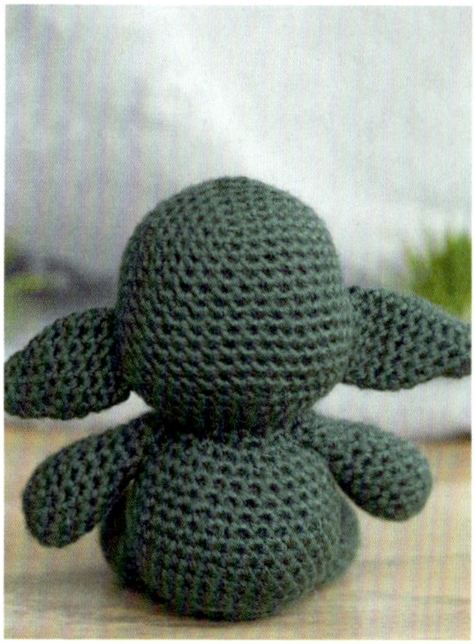

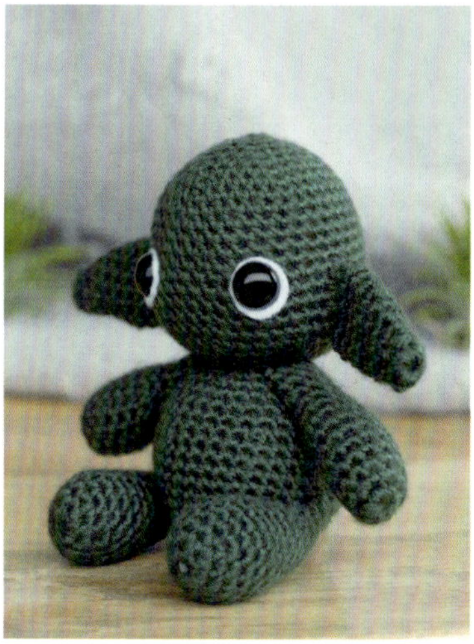

Körper

1. Rd: 6 fM in einen Magic-Ring. (6)

2. Rd: (1 fM zun) 6x. (12)

3. Rd: (1 fM, 1 fM zun) 6x. (18)

4. Rd: (2 fM, 1 fM zun) 6x. (24)

5. Rd: (3 fM, 1 fM zun) 6x. (30)

6. Rd: (4 fM, 1 fM zun) 6x. (36)

7.-10. Rd: fM häkeln. (36)

11. Rd: (4 fM, 1 fM abn) 6x. (30)

12.-15. Rd: fM häkeln. (30)

16. Rd: (3 fM, 1 fM abn) 6x. (24)

17. Rd: (2 fM, 1 fM abn) 6x. (18)

18. Rd: (1 fM, 1 fM abn) 6x. (12)

Den Faden abschneiden und durchziehen, dabei ein langes Ende zum Zusammennähen hängen lassen.

Beine (2x)

1. Rd: 6 fM in einen Magic-Ring. (6)

2. Rd: (1 fM zun) 6x. (12)

3. Rd: (3 fM, 1 fM zun) 3x. (15)

4.-6. Rd: fM häkeln. (15)

7. Rd: (3 fM, 1 fM abn) 3x. (12)

8.-10. Rd: fM häkeln. (12)

11. Rd: (2 fM, 1 fM abn) 3x. (9)

12.-14. Rd: fM häkeln. (9)

Den Faden abschneiden und durchziehen, dabei ein langes Ende zum Zusammennähen hängen lassen.

Arme (2x)

1. Rd: 6 fM in einen Magic-Ring. (6)

2. Rd: (1 fM zun) 6x. (12)

3.-7. Rd: fM häkeln. (12)

8. Rd: (2 fM, 1 fM abn) 3x. (9)

9.-13. Rd: fM häkeln. (9)

Den Faden abschneiden und durchziehen, dabei ein langes Ende zum Zusammennähen hängen lassen.

Ohren (2x)

1. Rd: 6 fM in einen Magic-Ring. (6)

2. Rd: fM häkeln. (6)

3. Rd: (2 fM, 1 fM zun) 2x. (8)

4. Rd: (3 fM, 1 fM zun) 2x. (10)

5. Rd: (4 fM, 1 fM zun) 2x. (12)

6.-9. Rd: fM häkeln. (12)

10. Rd: (4 fM, 1 fM abn) 2x. (10)

Den Faden abschneiden und durchziehen, dabei ein langes Ende zum Zusammennähen hängen lassen.

Fertigstellen

Den Kopf mit überwendlichen Stichen schließen, dann den Körper fest ausstopfen und an die Unterseite des Kopfs nähen. Die Beine ausstopfen und unten an den Körper nähen. Ich habe mich für eine sitzende Haltung entschieden, aber du kannst auch eine andere Position wählen. Die Arme leicht ausstopfen und an den Körperseiten festnähen. Die Ohren an den Kopf stecken, eventuell die Position korrigieren (sie sollten auf gleicher Höhe sein) und festnähen. Zuletzt alle herabhängenden Fadenenden mit einer Schere abschneiden. Dann ist der Goblin zu allen Schandtaten bereit.

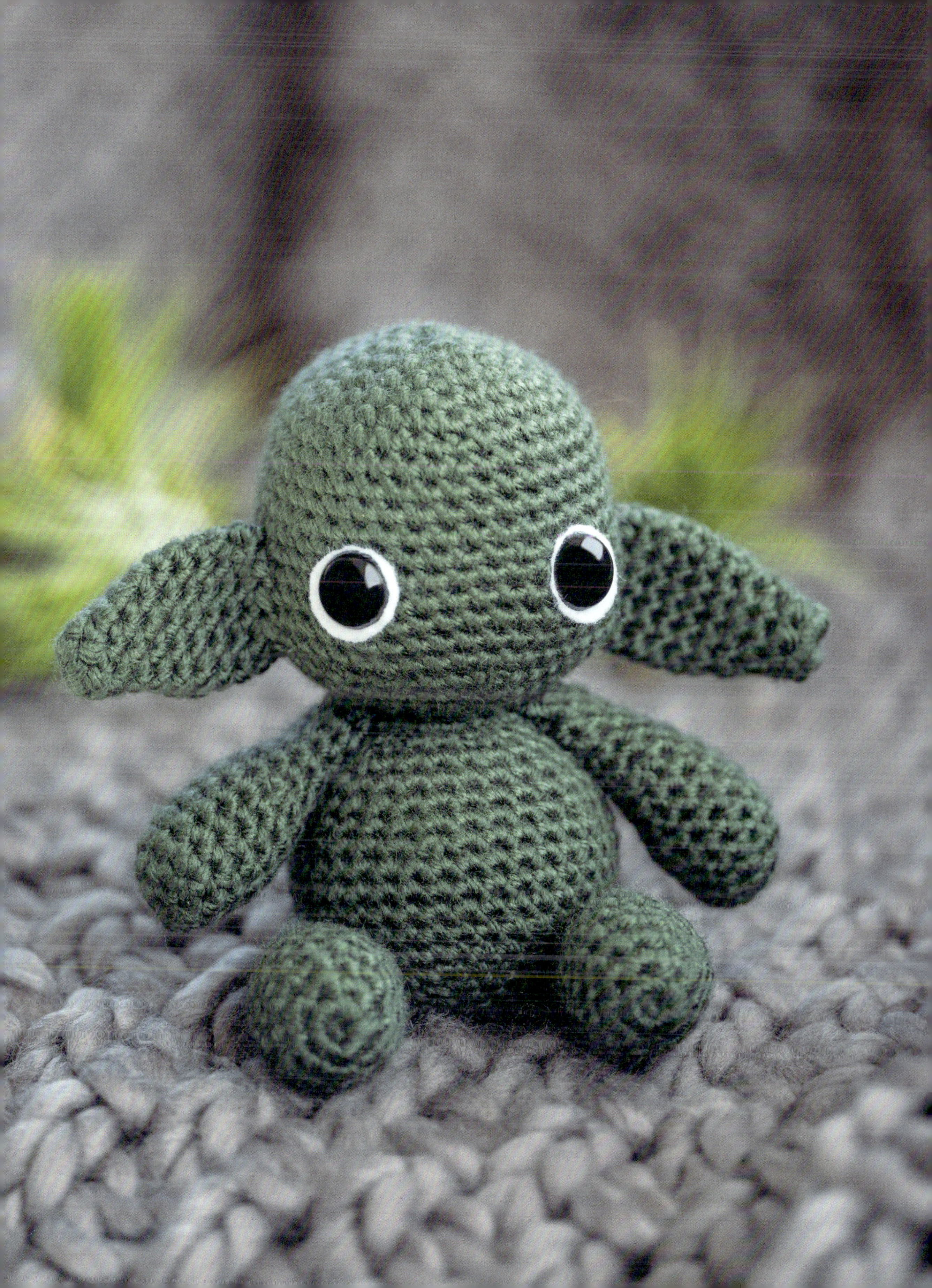

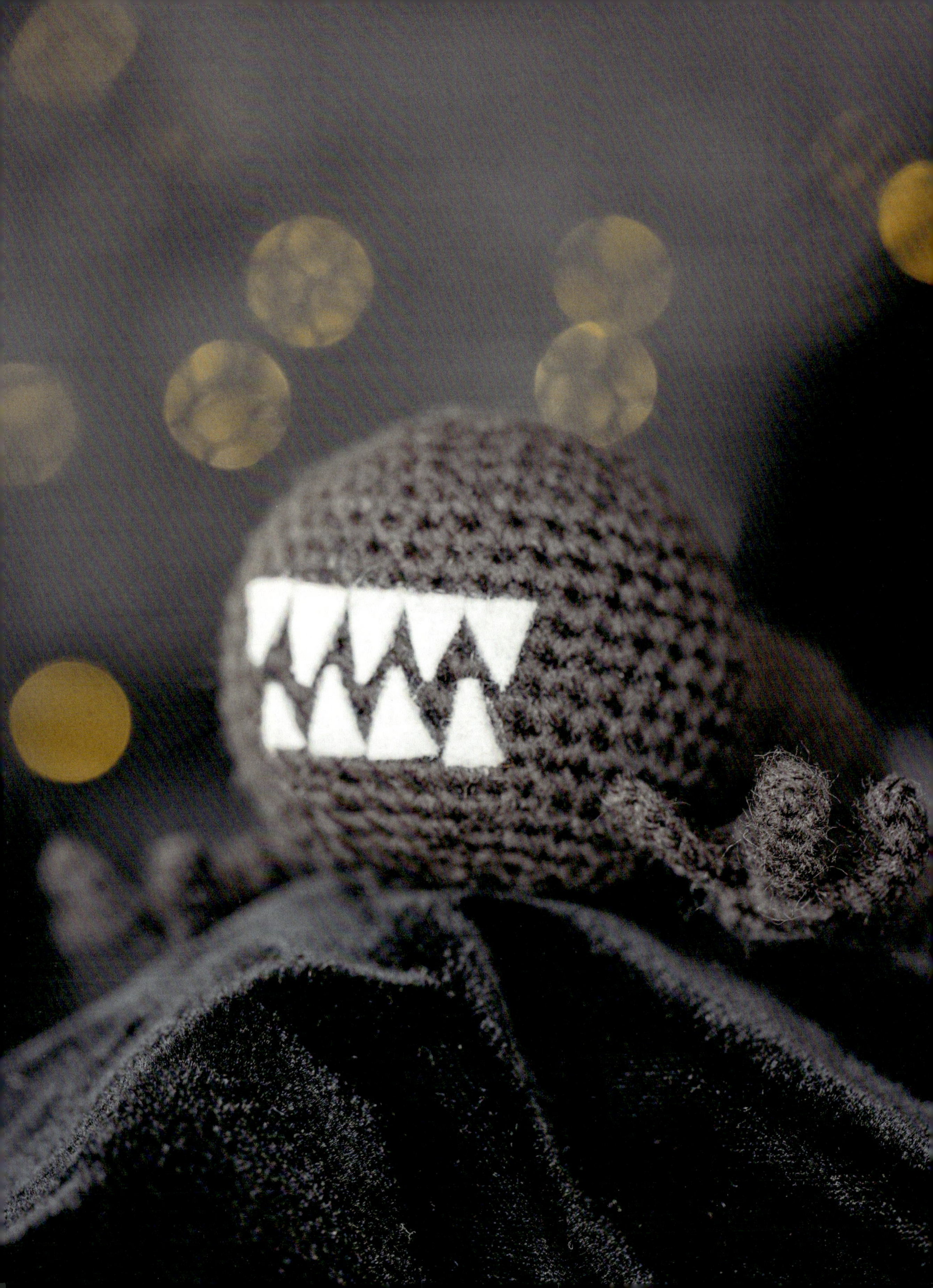

Bogeyman

Der Bogeyman ist eine furchterregende Kreatur, die seit Generationen Kindern Albträume bereitet. Er lauert in den Schatten, versteckt sich unter Betten und kann auf magische Weise verschwinden, wenn besorgte Eltern kommen, um ihn zu vertreiben. Sobald sie die Tür hinter sich schließen, taucht er wieder auf. Wer sich einen Bogeyman häkelt, sollte ihn nie aus den Augen lassen, sonst ist er schwer wiederzufinden. Diese Figur hat die langen, gruseligen Finger, die Kinder angeblich unter ihrem Bett hervorlugen sehen, und ein bedrohliches Lächeln mit spitzen Zähnen.

Material

- Häkelnadel 4,0 mm
- Garn der Stärke 4 (Medium) in Schwarz, 1 Knäuel
- Füllwatte
- Sticknadel ohne Spitze
- Stecknadeln zum Fixieren der Körperteile beim Annähen
- Schere
- 1 Stück Filz in Weiß
- Textil- oder Heißkleber

Abkürzungen

abn – unsichtbar abnehmen, d. h. 2 feste Maschen zusammen abmaschen, dabei nur in das vordere Maschenglied einstechen

fM – feste Masche(n)

Km – Kettmasche

Lm – Luftmasche(n)

Nd – Nadel

Rd – Runde(n)

zun – zunehmen, d. h. 2 feste Maschen in dieselbe Masche der Vorrunde/-reihe häkeln

Kopf

1. Rd: 6 fM in einen Magic-Ring. (6)

2. Rd: (1 fM zun) 6x. (12)

3. Rd: (1 fM, 1 fM zun) 6x. (18)

4. Rd: (2 fM, 1 fM zun) 6x. (24)

5. Rd: (3 fM, 1 fM zun) 6x. (30)

6. Rd: (4 fM, 1 fM zun) 6x. (36)

7.-15. Rd: fM häkeln. (36)

16. Rd: (4 fM, 1 fM abn) 6x. (30)

17. Rd: (3 fM, 1 fM abn) 6x. (24) S

Den Kopf beim weiteren Abnehmen fest ausstopfen.

18. Rd: (2 fM, 1 fM abn) 6x. (18)

19. Rd: (1 fM, 1 fM abn) 6x. (12)

20. Rd: (1 fM abn) 6x. (6)

Den Faden abschneiden und durchziehen.

Körper

1. Rd: 6 fM in einen Magic Ring. (6)

2. Rd: (1 fM zun) 6x. (12)

3. Rd: (1 fM, 1 fM zun) 6x. (18)

4. Rd: (2 fM, 1 fM zun) 6x. (24)

5. Rd: (3 fM, 1 fM zun) 6x. (30)

6.-8. Rd: fM häkeln. (30)

9. Rd: (3 fM, 1 fM abn) 6x. (24)

10.-12. Rd: fM häkeln. (24)

13. Rd: (2 fM, 1 fM abn) 6x. (18)

14.-16. Rd: fM häkeln. (18)

Den Faden abschneiden und durchziehen dabei ein langes Ende zum Zusammennähen hängen lassen

Oberschenkel (2x)

1. Rd: 6 fM in einen Magic-Ring. (6)

2. Rd: (1 fM, 1 fM zun) 3x. (9)

3.-7. Rd: fM häkeln. (9)

Den Faden abschneiden und durchziehen, dabei ein langes Ende zum Zusammennähen hängen lassen.

Weiter geht's auf Seite 126.

Bogeyman (Fortsetzung)

Unterschenkel (2x)

1. Rd: 6 fM in einen Magic-Ring. (6)

2.-8. Rd: fM häkeln. (6)

Den Faden abschneiden und durchziehen, dabei ein langes Ende zum Zusammennähen hängen lassen.

Arme (2x)

1. Rd: 6 fM in einen Magic-Ring. (6)

2.-9. Rd: fM häkeln. (6)

Den Faden abschneiden und durchziehen, dabei ein langes Ende zum Zusammennähen hängen lassen.

Finger (6x)

6 Lm und wenden. 1 Km in jede Lm, beginnend mit der 2. Lm ab Nd. (5)

Den Faden abschneiden und durchziehen, dabei ein langes Ende zum Zusammennähen hängen lassen.

Fertigstellen

Den Kopf mit überwendlichen Stichen schließen, dann den Körper fest ausstopfen und an die untere Rückseite des Kopfs nähen. (Der Kopf hat noch keine Merkmale, aber die Seite, die nicht an den Körper genäht wurde, ist jetzt die Vorderseite des Kopfs.) Die Oberschenkel ausstopfen und so an die Seiten des hinteren Körpers nähen, dass die Figur eine kauernde Position bekommt. Sie müssen also leicht nach vorn gerichtet sein (wie deine Beine, wenn du in die Hocke gehst).

Dann die Unterschenkel an die Oberschenkel nähen (sie werden nicht ausgestopft). Die Arme an die Verbindungsnaht zwischen Kopf und Körper nähen (sie werden nicht ausgestopft). Auch hier auf die Position achten: Sie sollen den Körper leicht stützen, denn der Bogeyman kauert ja unter dem Bett. An jeder Hand drei Finger befestigen. Alle heraustehenden Fadenenden mit einer Schere abschneiden.

Zuletzt aus weißem Filz kleine dreieckige Zähne ausschneiden und auf die Vorderseite des Kopfs kleben. Ich habe neun Zähne ausgeschnitten und versetzt angebracht, aber du kannst die Anzahl der Zähne und ihre Stellung selbst bestimmen. Wenn der Klebstoff trocken ist, kann der Bogeyman sein finsteres Werk beginnen.

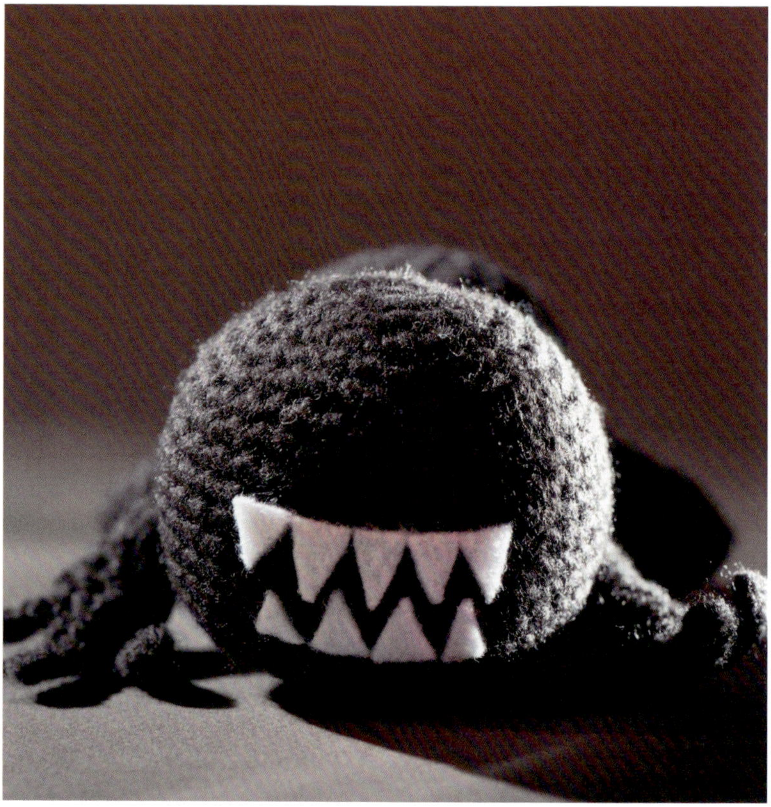

Frankensteins Monster

Jeder kennt die Geschichte von Dr. Frankenstein, dem verrückten Wissenschaftler, der ein skurriles Lebewesen erschafft und dann aus Angst vor ihm flieht. Dabei lässt er eine verwirrte und verlorene Kreatur zurück, die Gefühle hat. Das Monster würde so gern dazugehören, stößt aber wegen seines grotesken Aussehens und seiner Herkunft überall auf Ablehnung – bis es schließlich ausrastet. Aber das ist doch eigentlich ganz verständlich! Darf ich euch meine niedliche Version dieses Monsters vorstellen? Er ist gutmütig und friedfertig, und mit etwas Zuwendung wird er sich sicher gut in unserer Welt zurechtfinden. Aber Vorsicht, er neigt zu Überreaktionen.

Kopf

In Grün

1. Rd: 6 fM in einen Magic-Ring. (6)

2. Rd: (1 fM zun) 6x. (12)

3. Rd: (1 fM, 1 fM zun) 6x. (18)

4. Rd: (2 fM, 1 fM zun) 6x. (24)

5. Rd: (3 fM, 1 fM zun) 6x. (30)

6. Rd: (4 fM, 1 fM zun) 6x. (36)

7.-15. Rd: fM häkeln. (36)

16. Rd: (4 fM, 1 fM abn) 6x. (30)

17. Rd: (3 fM, 1 fM abn) 6x. (24)

Die Augen zwischen der 11. und 12. Rd anbringen, der Abstand beträgt 6 Maschen. Beim Weiteren Abnehmen den Kopf fest ausstopfen.

18. Rd: (2 fM, 1 fM abn) 6x. (18)

19. Rd: (1 fM, 1 fM abn) 6x. (12)

20. Rd: (1 fM abn) 6x. (6)

Den Faden abschneiden und durchziehen.

Haarkappe

In Schwarz

1. Rd: 6 fM in einen Magic-Ring. (6)

2. Rd: (1 fM zun) 6x. (12)

3. Rd: (1 fM, 1 fM zun) 6x. (18)

4. Rd: (2 fM, 1 fM zun) 6x. (24)

5. Rd: (3 fM, 1 fM zun) 6x. (30)

6. Rd: (4 fM, 1 fM zun) 6x. (36)

7.-11. Rd: fM häkeln. (36)

Den Faden abschneiden und durchziehen, dabei ein langes Ende zum Zusammennähen hängen lassen.

Weiter geht's auf Seite 128.

Material

- Häkelnadel 4,0 mm
- Garn der Stärke 4 (Medium) in Grün, 1 Knäuel
- Garn der Stärke 4 (Medium) in Schwarz, 1 Knäuel
- Garn der Stärke 4 (Medium) in Braun, 1 Knäuel
- Garn der Stärke 4 (Medium) in Grau, 1 Knäuel
- 1 Paar Sicherheitsaugen, ø 9 mm
- Füllwatte
- Sticknadel ohne Spitze
- Stecknadeln zum Fixieren der Körperteile beim Annähen
- Schere
- Stickgarn in Schwarz, 25 cm

Abkürzungen

abn – unsichtbar abnehmen, d. h. 2 feste Maschen zusammen abmaschen, dabei nur in das vordere Maschenglied einstechen

fM – feste Masche(n)

Nd – Nadel

Rd – Runde(n)

zun – zunehmen, d. h. 2 feste Maschen in dieselbe Masche der Vorrunde/-reihe häkeln

Frankensteins Monster (Fortsetzung)

Ohren (2x)

In Grün

1. Rd: 5 fM in einen Magic-Ring. (5)

Alle Maschen auf eine Seite schieben, sodass ein Halbkreis entsteht.

Den Faden abschneiden und durchziehen, dabei ein langes Ende zum Zusammennähen hängen lassen.

Arme (2x)

In Grün

1. Rd: 6 fM in einen Magic-Ring. (6)

2. Rd: (1 fM, 1 fM zun) 3x. (9)

3.+4. Rd: fM häkeln. (9)

Mit Braun fortfahren

5.-9. Rd: fM häkeln. (9)

Den Faden abschneiden und durchziehen, dabei ein langes Ende zum Zusammennähen hängen lassen.

Körper

Mit dem ersten Bein beginnen, in Grün

1. Rd: 6 fM in einen Magic-Ring. (6)

2. Rd: (1 fM zun) 6x. (12)

3.+4. Rd: fM häkeln. (12)

Mit Schwarz fortfahren

5.-7. Rd: fM häkeln. (12)

Den Faden abschneiden und durchziehen.

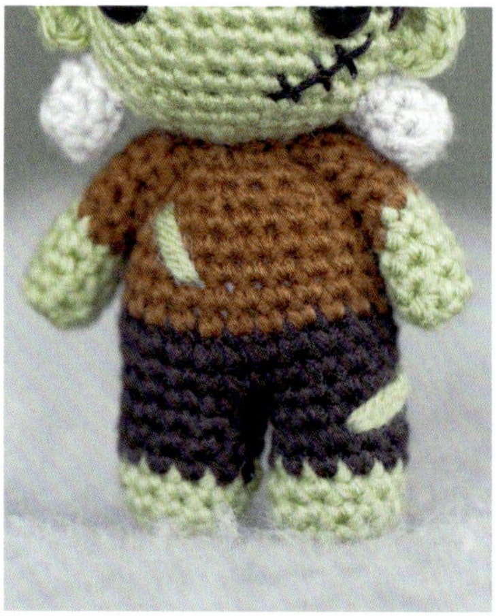

Zweites Bein, in Grün

1. Rd: 6 fM in einen Magic-Ring. (6)

2. Rd: (1 fM zun) 6x. (12)

3.+4. Rd: fM häkeln. (12)

Mit Schwarz fortfahren

5.-7. Rd: fM häkeln. (12)

Den Faden nicht abschneiden. In die nächste Masche am ersten Bein einstechen. Dies wird die 1. Masche der 8. Rd.

8.-10. Rd: fM häkeln. (24)

Mit Braun fortfahren

11.-15. Rd: fM häkeln. (24)

16. Rd: (2 fM, 1 fM abn) 6x. (18)

17. Rd: fM häkeln. (18)

18. Rd: (1 fM, 1 fM abn) 6x. (12)

Den Faden abschneiden und durchziehen, dabei ein langes Ende zum Zusammennähen hängen lassen.

Schrauben (2x)

In Grau

1. Rd: 6 fM in einen Magic-Ring. (6)

2.+3. Rd: fM häkeln. (6)

Den Faden abschneiden und durchziehen, dabei ein langes Ende zum Zusammennähen hängen lassen.

Fertigstellen

Zuerst den Kopf mit überwendlichen Stichen schließen und die Haarkappe darauf festnähen. Ich habe den Kopf so platziert, dass etwa 4 Rd zwischen Augen und Haaransatz frei bleiben. Mit demselben Faden die Ponyfransen auf der Stirn sticken. Falls der Faden nicht ausreicht, einfach einen neuen Faden hinzunehmen. Das Foto der fertigen Figur dient beim Sticken als Orientierung.

Tipp: Es spart Zeit und Ärger, wenn du dir die Positionen der Ponyfransen mit Stecknadeln markierst.

Die Ohren beiderseits des Kopfs annähen, dann mit schwarzem Garn die Koteletten sticken. Die Sticktechnik braucht etwas Übung, sieht aber toll aus.

Den Körper fest ausstopfen und an die Unterseite des Kopfs nähen. Die Arme an die Ansatznaht zwischen Kopf und Körper nähen (sie werden nicht ausgestopft). Die Schrauben schräg am unteren Kopf festnähen (sie werden nicht ausgestopft). Übrige Fadenenden mit einer Schere abschneiden.

Mit schwarzem Stickgarn die Augenbrauen und die Narbe im Gesicht sticken. Zuletzt mit grünem Garn einige Striche auf die Kleidung sticken, sodass es aussieht, als würde die Haut durch Risse schauen. Fertig ist das Werk des verrückten Wissenschaftlers.

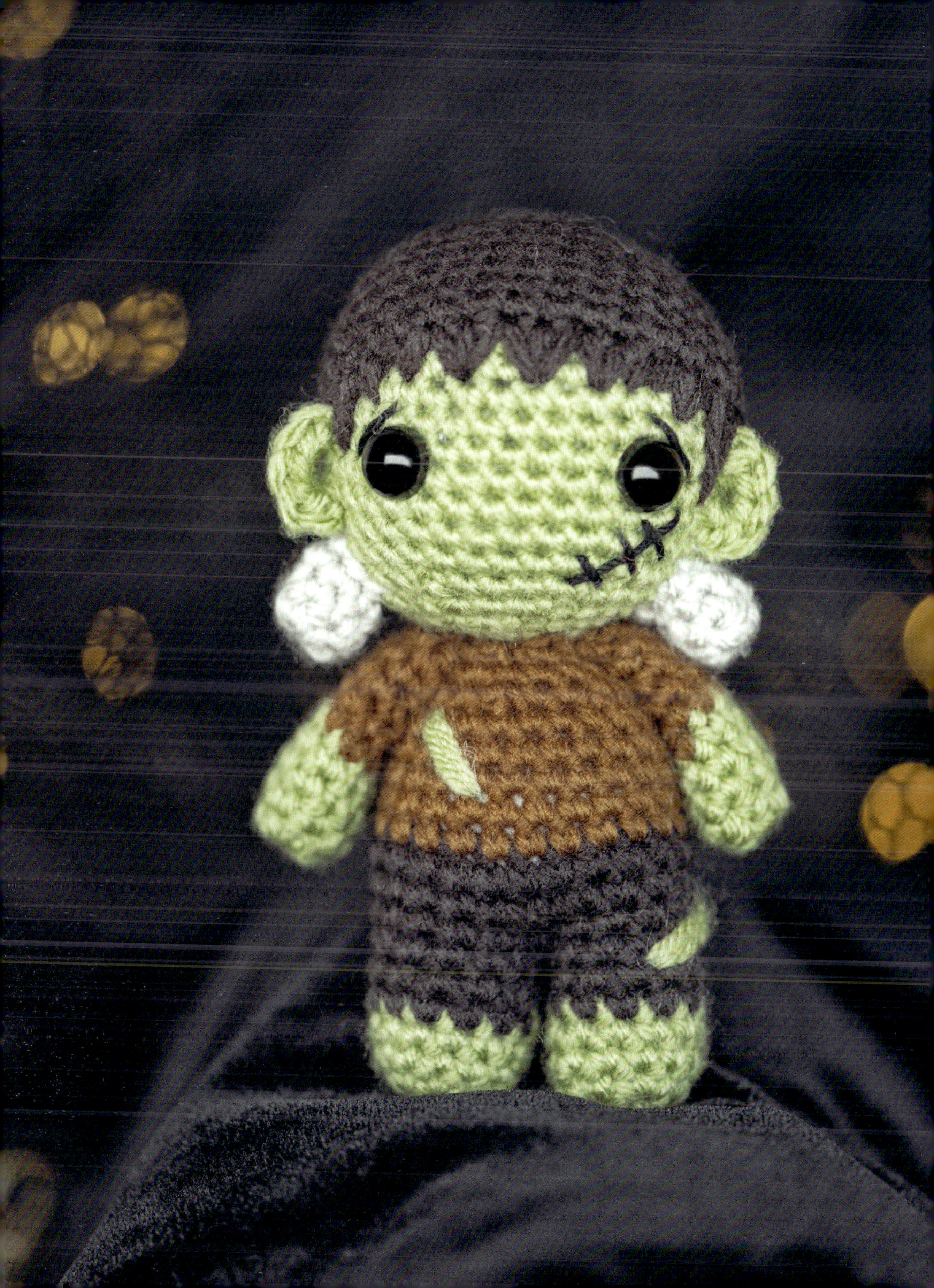

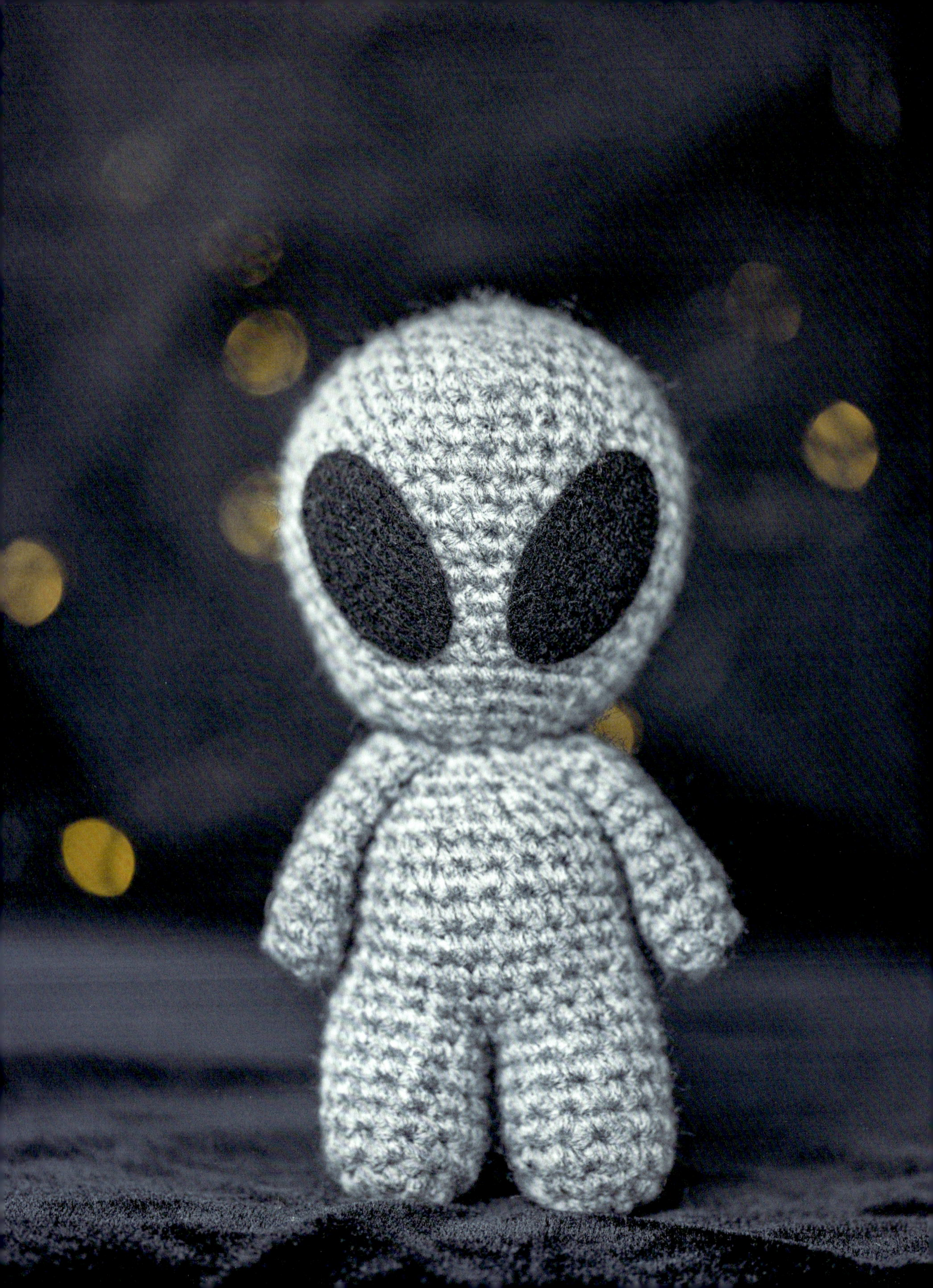

Alien

Hast du jemals zu den Sternen hochgeschaut und dich gefragt, ob es dort draußen noch andere Lebensformen gibt? Viele Menschen finden Außerirdische gruselig und beunruhigend, aber wenn sie so niedlich aussehen wie dieser, braucht man sie gewiss nicht zu fürchten. Dieses Projekt eignet sich ausgezeichnet, um Reste zu verwerten, weil man nicht viel Garn benötigt. Du kannst also statt des grauen Aliens auch ein kleines grünes Männchen häkeln – oder vielleicht eine außerirdische Dame in Rosa.

Kopf

1\. Rd: 6 fM in einen Magic-Ring. (6)

2\. Rd: (1 fM zun) 6x. (12)

3\. Rd: (1 fM, 1 fM zun) 6x. (18)

4\. Rd: (2 fM, 1 fM zun) 6x. (24)

5\. Rd: (3 fM, 1 fM zun) 6x. (30)

6\. Rd: (4 fM, 1 fM zun) 6x. (36)

7.-13. Rd: fM häkeln. (36)

14\. Rd: (4 fM, 1 fM abn) 6x. (30)

15\. Rd: fM häkeln. (30)

16\. Rd: (3 fM, 1 fM abn) 6x. (24)

17\. Rd: fM häkeln. (24)

Den Kopf beim weiteren Abnehmen fest ausstopfen.

18\. Rd: (2 fM, 1 fM abn) 6x. (18)

19\. Rd: fM häkeln. (18)

20\. Rd: (1 fM, 1 fM abn) 6x. (12)

21\. Rd: (1 fM abn) 6x. (6)

Den Faden abschneiden und durchziehen.

Arme (2x)

1\. Rd: 6 fM in einen Magic-Ring. (6)

2\. Rd: (1 fM, 1 fM zun) 3x. (9)

3.-9. Rd: fM häkeln. (9)

Den Faden abschneiden und durchziehen.

Weiter geht's auf Seite 132.

Material

- Häkelnadel 4,0 mm
- Garn der Stärke 4 (Medium) in Grau, 1 Knäuel
- Füllwatte
- Sticknadel ohne Spitze
- Stecknadeln zum Fixieren der Körperteile beim Annähen
- Schere
- 1 Stück Filz in Schwarz
- Textil- oder Heißkleber

Abkürzungen

abn – unsichtbar abnehmen, d. h. 2 feste Maschen zusammen abmaschen, dabei nur in das vordere Maschenglied einstechen

fM – feste Masche(n)

Nd – Nadel

Rd – Runde(n)

zun – zunehmen, d. h. 2 feste Maschen in dieselbe Masche der Vorrunde/-reihe häkeln

Alien
(Fortsetzung)

Körper

Mit dem ersten Bein beginnen

1. Rd: 6 fM in einen Magic-Ring. (6)

2. Rd: (1 fM zun) 6x. (12)

3.-7. Rd: fM häkeln. (12)

Den Faden abschneiden und durchziehen.

Zweites Bein

1. Rd: 6 fM in einen Magic-Ring. (6)

2. Rd: (1 fM zun) 6x. (12)

3.-7. Rd: fM häkeln. (12)

Den Faden nicht abschneiden. In die nächste Masche am ersten Bein einstechen. Dies wird die 1. Masche der 8. Rd.

8. Rd: fM häkeln. (24)

9.-15. Rd: fM häkeln. (24)

16. Rd: (2 fM, 1 fM abn) 6x. (18)

17. Rd: fM häkeln. (18)

18. Rd: (1 fM, 1 fM abn) 6x. (12)

Den Faden abschneiden und durchziehen, dabei ein langes Ende zum Zusammennähen hängen lassen.

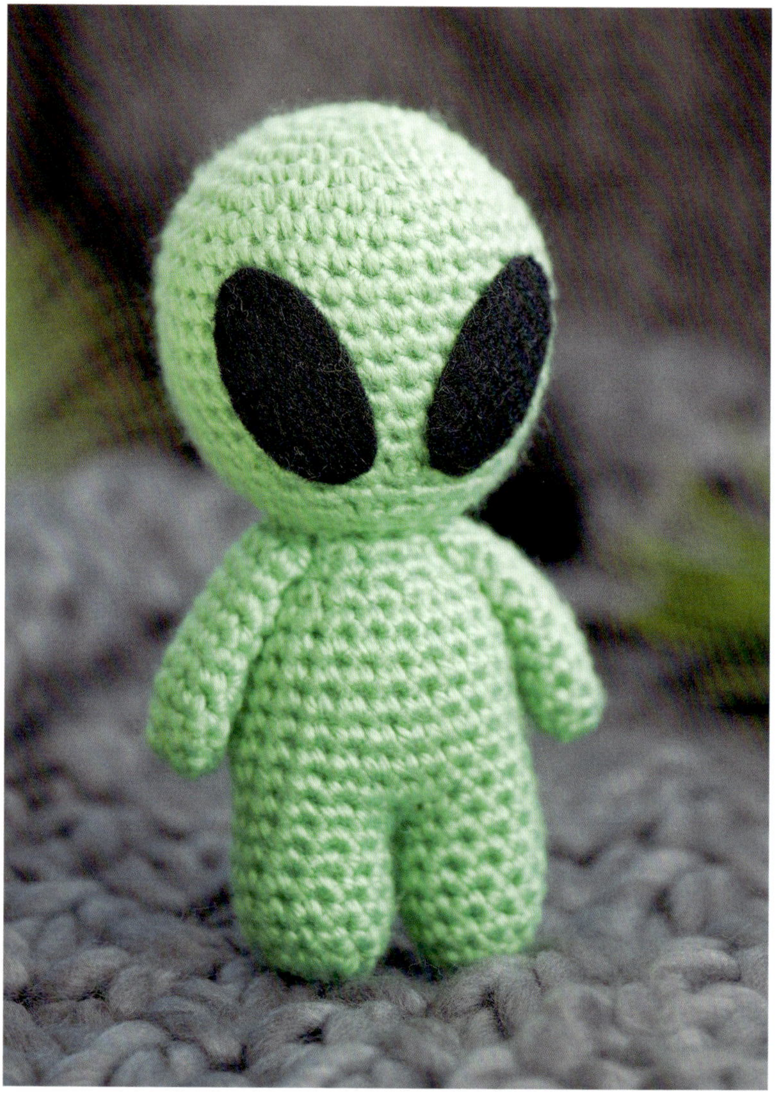

Grünes Männchen

Augen

Aus schwarzem Filz zwei ovale Augen zuschneiden. Meine Augen sind 3 cm lang und 2 cm breit. Da aber jeder unterschiedlich fest häkelt, wird deine Figur möglicherweise größer oder kleiner ausfallen, darum solltest du die Größe deiner Augen auf die Proportionen deiner Figur abstimmen.

Fertigstellen

Den Kopf mit überwendlichen Stichen schließen. Den Körper fest ausstopfen und an der Unterseite des Kopfs festnähen. Die Arme an der Verbindungsnaht zwischen Kopf und Körper befestigen. Dann die Augen aufkleben. Verwende den Kleber sparsam! Ich habe die Augen meiner Figur leicht schräg zwischen der 8. und 16. Rd aufgeklebt. Und zu welchem Stern soll die Reise gehen?

Roboter

Roboter sind eigentlich dafür gedacht, uns Menschen das Leben zu erleichtern. Aber in vielen Science-Fiction-Geschichten geht etwas schief und die Roboter entwickeln ihren eigenen Kopf. Keine Sorge, das wird hier nicht der Fall sein. Diese gehäkelten Roboter sind so programmiert, dass sie jedem, der sie in die Hand nimmt, Freude bereiten. Egal, ob sie als Schreibtischkumpel neben dem Bildschirm bei der Arbeit Gesellschaft leisten oder in den Händen eines kleinen Kindes Abenteuer erleben, sie machen einfach Spaß. Mit dieser Anleitung kannst du gleich eine ganze Schar freundlicher Androiden gestalten. Was mir an diesem Projekt am besten gefällt, ist die Tatsache, dass die Kleinen so individuell gestaltet werden können. Du kannst jede beliebige Farbkombination wählen, und wenn du die Sicherheitsaugen anmalst, sehen sie noch toller aus.

Kopf

In Grau

1\. Rd: 6 fM in einen Magic-Ring. (6)

2\. Rd: (1 fM zun) 6x. (12)

3\. Rd: (1 fM, 1 fM zun) 6x. (18)

4\. Rd: (2 fM, 1 fM zun) 6x. (24)

5\. Rd: (3 fM, 1 fM zun) 6x. (30)

6\. Rd: (4 fM, 1 fM zun) 6x. (36)

7.-15. Rd: fM häkeln. (36)

Die Augen zwischen der 11. und 12. Rd anbringen, der Abstand beträgt 6 Maschen. Beim weiteren Abnehmen den Kopf fest ausstopfen.

16\. Rd: (4 fM, 1 fM abn) 6x. (30)

17\. Rd: (3 fM, 1 fM abn) 6x. (24)

18\. Rd: (2 fM, 1 fM abn) 6x. (18)

19\. Rd: (1 fM, 1 fM abn) 6x. (12)

20\. Rd: (1 fM abn) 6x. (6)

Den Faden abschneiden und durchziehen.

Körper

Mit dem ersten Bein beginnen, in Grau

1\. Rd: 6 fM in einen Magic-Ring. (6)

2\. Rd: (1 fM zun) 6x. (12)

3\. Rd: (1 fM, 1 fM zun) 6x. (18)

4\. Rd: hMG, fM häkeln. (18)

5.-7. Rd: fM häkeln. (18)

8\. Rd: (1 fM, 1 fM abn) 6x. (12)

Mit Schwarz fortfahren

9\. Rd: hMG, fM häkeln. (12)

10.+11. Rd: fM häkeln. (12)

Den Faden abschneiden und durchziehen.

Weiter geht's auf Seite 134.

Material

- Häkelnadel 4,0 mm
- Garn der Stärke 4 (Medium) in Grau, 1 Knäuel
- Garn der Stärke 4 (Medium) in Schwarz, 1 Knäuel
- 1 Paar Sicherheitsaugen, ø 9 mm (evtl. angesprüht, siehe Seite 13)
- Füllwatte
- Sticknadel ohne Spitze
- Stecknadeln zum Fixieren der Körperteile beim Annähen
- Schere
- 1 Stück Filz in Weiß
- Textil- oder Heißkleber

Abkürzungen

abn – unsichtbar abnehmen, d. h. 2 feste Maschen zusammen abmaschen, dabei nur in das vordere Maschenglied einstechen

fM – feste Masche(n)

hMG – nur in das hintere Maschenglied einstechen

Nd – Nadel

Rd – Runde(n)

zun – zunehmen, d. h. 2 feste Maschen in dieselbe Masche der Vorrunde/-reihe häkeln

Roboter
(Fortsetzung)

Zweites Bein, in Grau

1. Rd: 6 fM in einen Magic-Ring. (6)

2. Rd: (1 fM zun) 6x. (12)

3. Rd: (1 fM, 1 fM zun) 6x. (18)

4. Rd: hMG, fM häkeln. (18)

5.-7. Rd: fM häkeln. (18)

8. Rd: (1 fM, 1 fM abn) 6x. (12)

Mit Schwarz fortfahren

9. Rd: hMG, fM häkeln. (12)

10.+11. Rd: fM häkeln. (12)

Mit Grau fortfahren

Den Faden nicht abschneiden. In die nächste Masche am ersten Bein einstechen. Dies ist die 1. Masche der 12. Rd.

12. Rd: fM häkeln. (24)

13. Rd: (2 fM, 1 fM abn) 6x. (18)

14. Rd: fM häkeln. (18)

Mit Schwarz fortfahren

15. Rd: hMG, fM häkeln. (18)

16. Rd: fM häkeln. (18)

Mit Grau fortfahren

17.+18. Rd: fM häkeln. (18)

19. Rd: (1 fM, 1 fM abn) 6x. (12)

20. Rd: fM häkeln. (12)

Den Faden abschneiden und durchziehen, dabei ein langes Ende zum Zusammennähen hängen lassen.

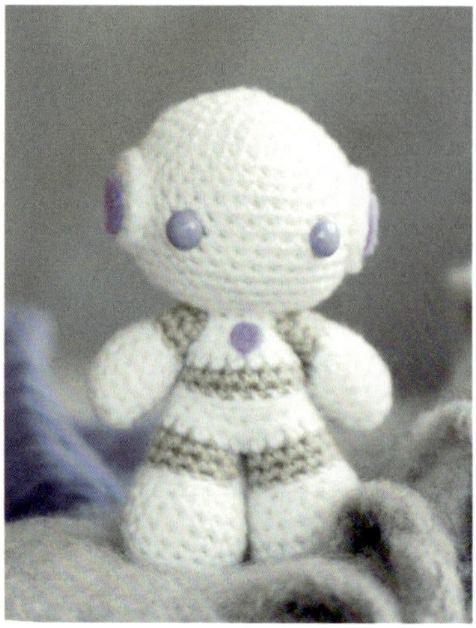

Roboter mit „weißer Weste“

Arme (2x)

In Grau

1. Rd: 6 fM in einen Magic-Ring. (6)

2. Rd: (1 fM zun) 6x. (12)

3. Rd: hMG, fM häkeln. (12)

4.+5. Rd: fM häkeln. (12)

6. Rd: (2 fM, 1 fM abn) 3x. (9)

Mit Schwarz fortfahren

7. Rd: hMG, fM häkeln. (9)

8.+9. Rd: fM häkeln. (9)

Den Faden abschneiden und durchziehen, dabei ein langes Ende zum Zusammennähen hängen lassen.

Schrauben (2x)

In Grau

1. Rd: 6 fM in einen Magic-Ring. (6)

2. Rd: (1 fM zun) 6x. (12)

Den Faden abschneiden und durchziehen, dabei ein langes Ende zum Zusammennähen hängen lassen.

Fertigstellen

Zuerst den Kopf mit überwendlichen Stichen schließen. Den Körper fest ausstopfen und an die Unterseite des Kopfs nähen. Die Arme ausstopfen und seitlich am Körper befestigen. Dann die Schrauben seitlich an den Kopf stecken und festnähen. Zwei Kreise aus Filz ausschneiden (mit ca. 1,3 cm Durchmesser) und auf die Schrauben kleben. Einen kleineren Filzkreis ausschneiden (mit ca. 8 mm Durchmesser) und mittig auf die Brust kleben. Du kannst dich am Foto der fertigen Figur orientieren oder deinen Roboter ganz anders verzieren.

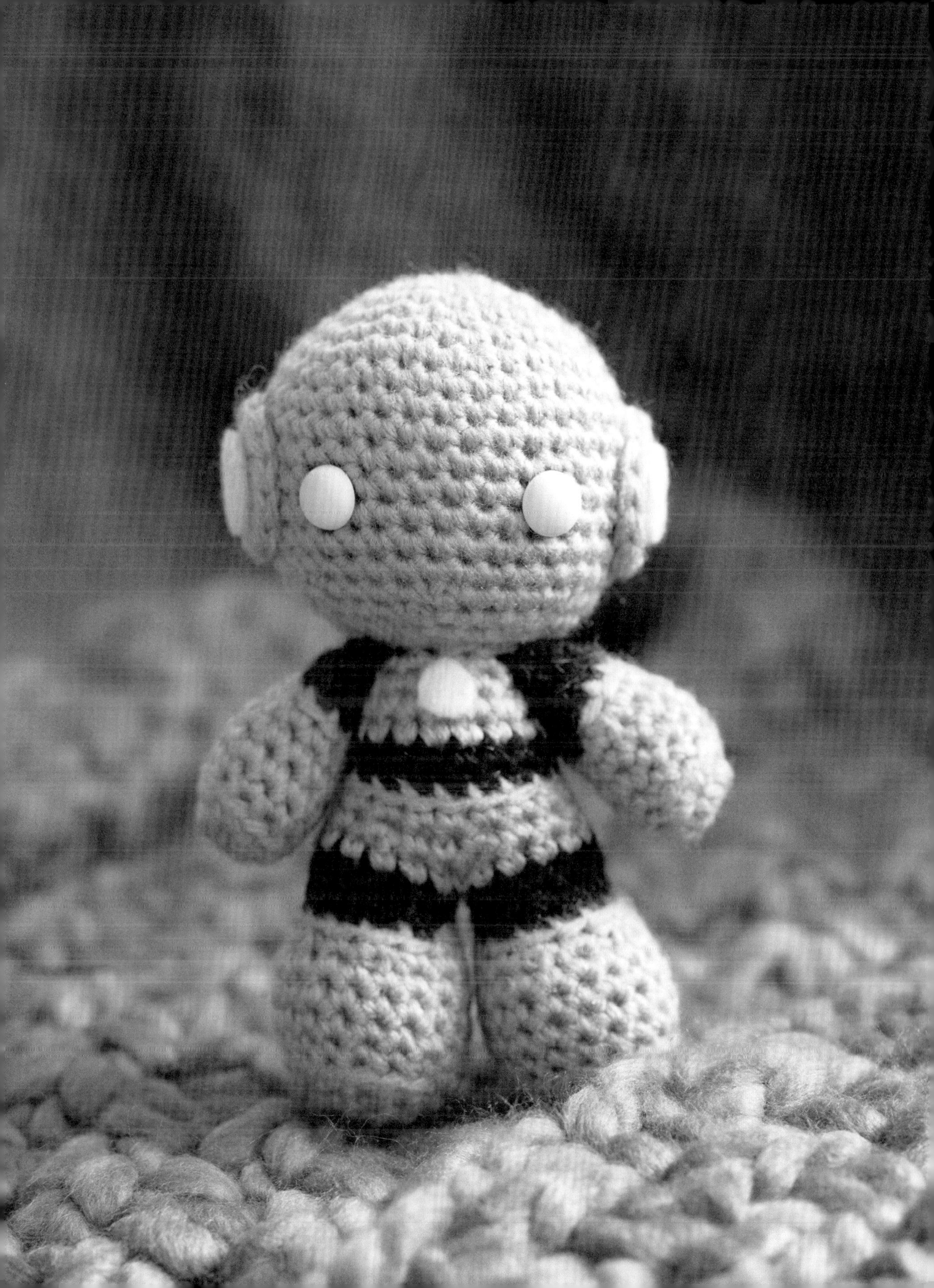

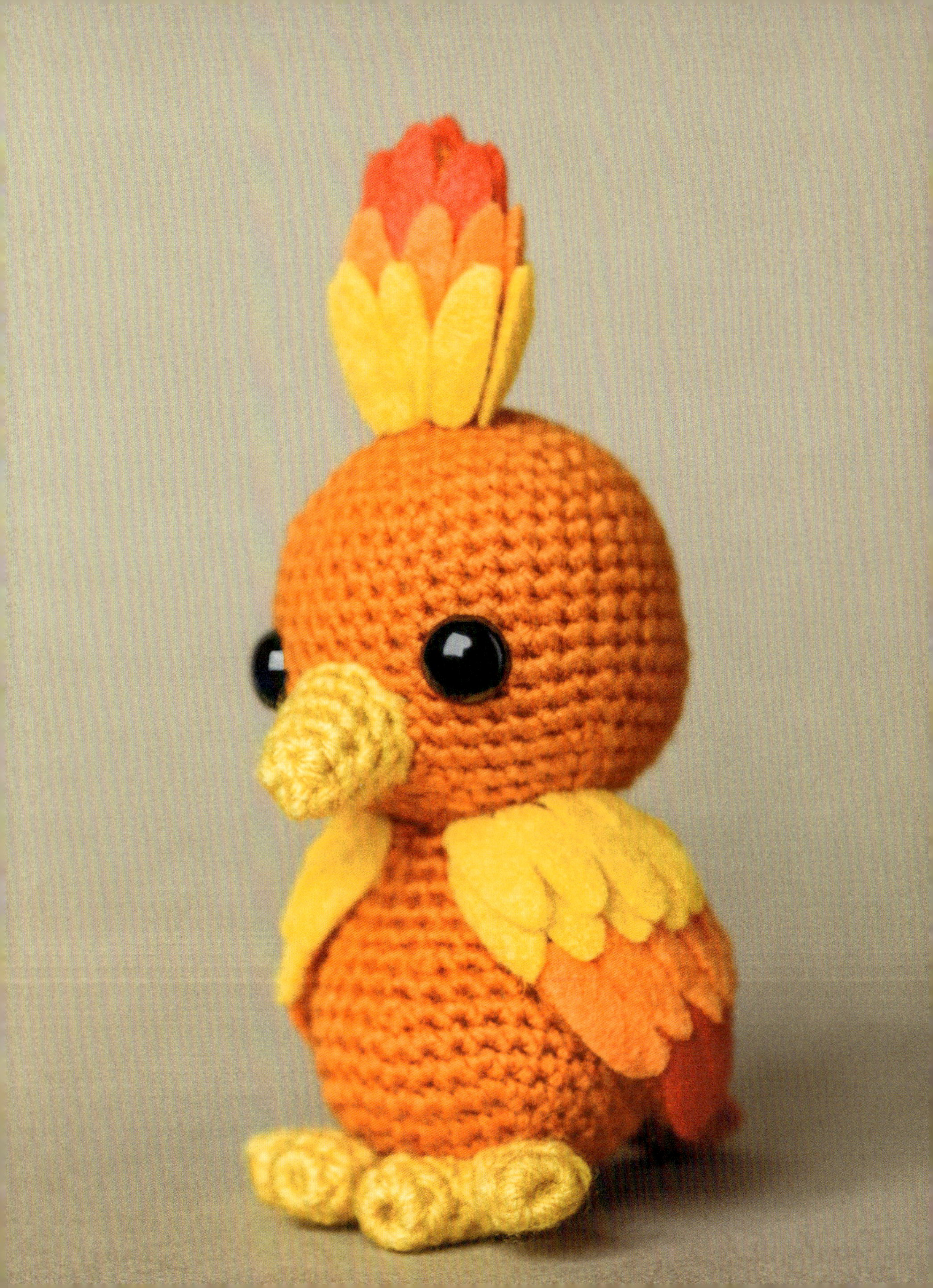

Kapitel 6

FLIEGENDE WESEN

Ist es ein Vogel? Ein Flugzeug? Nein, warte … Das ist ein Drache (Seite 139)! Und da oben schaut ein Gargoyle herab (Seite 157)! Behalte den Himmel im Auge, wenn wir uns ins nächste Kapitel vorwagen, damit dir keins der sechs fliegenden Wesen entgeht, die ich für dieses Buch entworfen habe. In diesem Kapitel werden wir verschiedene Arten von Flügeln herstellen. Wenn du einen Flügel-Stil magst, zum Beispiel für den Drachen, aber den Phönix-Stil (Seite 145) nicht so toll findest, kannst die Flügel einfach austauschen. Die Filzfedern, die ich für den Phönix verwendet habe, würden auch dem Greifen (Seite 143) gut stehen. Betrachte die Anleitungen einfach als Vorschläge und fühle dich frei, die Figuren so umzugestalten, wie es dir gefällt.

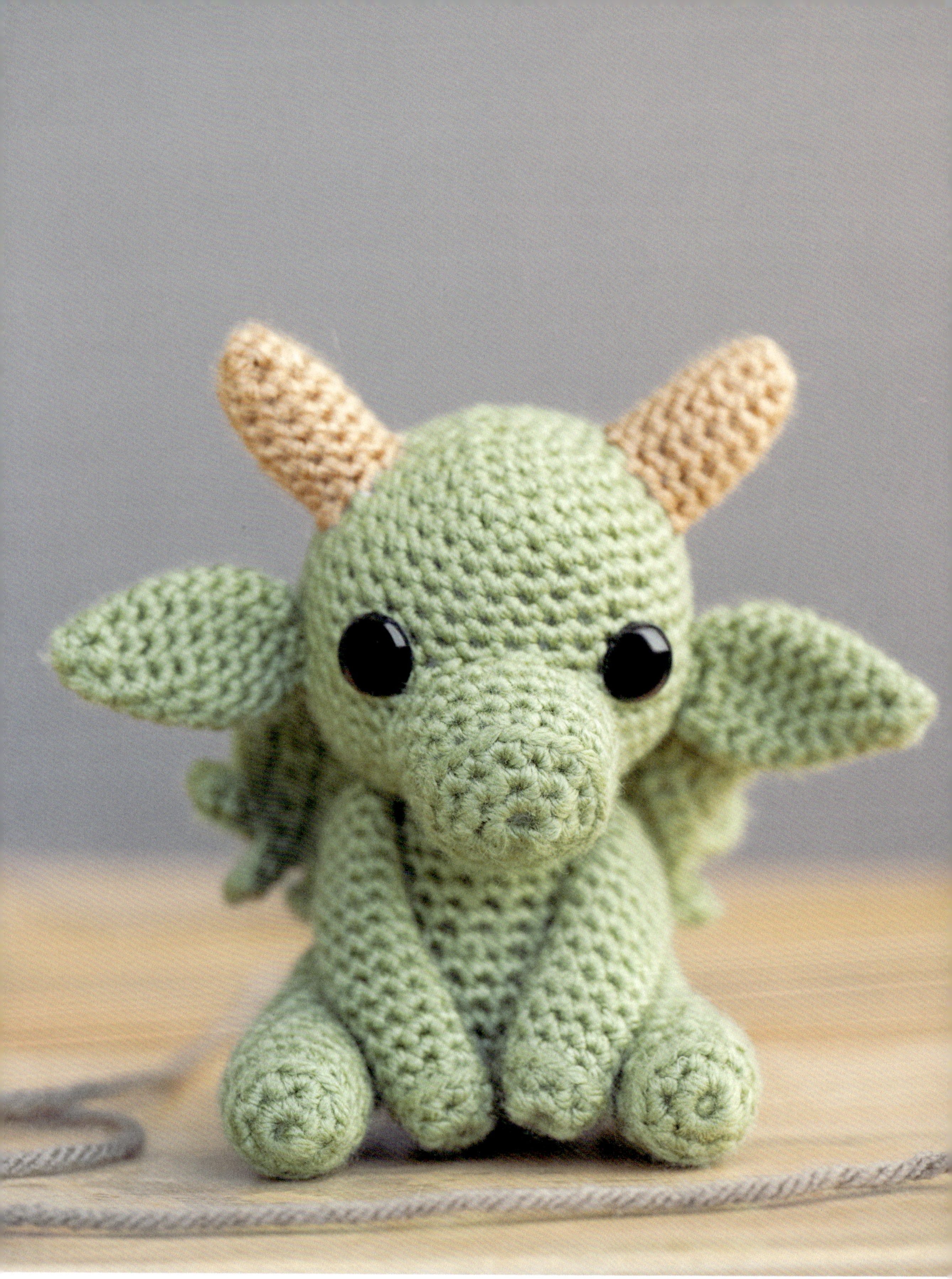

Drache

Drachen faszinieren mich immer wieder – in Bücher, Serien und Kinofilmen. Sie sind fantastisch! Sie sehen großartig aus, können beeindruckend gut fliegen, sind unerschütterlich treu und haben einen starken Beschützerinstinkt. Ich mag besonders gern die Drachen, die etwas oder jemanden beschützen, sei es einen Schatz, eine Person oder ein Dorf. Und genau zu diesem Zweck habe ich diesen niedlichen Kuscheldrachen entworfen. Ich hoffe, dass dein Drache geliebt wird und eine Aufgabe bekommt, die ihn ausfüllt und zufrieden macht. Er könnte zum Beispiel auf jemanden aufpassen, der dir wichtig ist.

Kopf

In Hellgrün

1\. Rd: 6 fM in einen Magic-Ring. (6)

2\. Rd: (1 fM zun) 6x. (12)

3\. Rd: (1 fM, 1 fM zun) 6x. (18)

4\. Rd: (2 fM, 1 fM zun) 6x. (24)

5\. Rd: (3 fM, 1 fM zun) 6x. (30)

6\. Rd: (4 fM, 1 fM zun) 6x. (36)

7.-12. Rd: fM häkeln. (36)

13\. Rd: (5 fM, 1 fM zun) 6x. (42)

14.-16. Rd: fM häkeln. (42)

Die Augen zwischen der 12. und 13. Rd anbringen, der Abstand beträgt 7 Maschen. Beim weiteren Abnehmen den Kopf fest ausstopfen.

17\. Rd: (5 fM, 1 fM abn) 6x. (36)

18\. Rd: (4 fM, 1 fM abn) 6x. (30)

19\. Rd: (3 fM, 1 fM abn) 6x. (24)

20\. Rd: (2 fM, 1 fM abn) 6x. (18)

21\. Rd: (1 fM, 1 fM abn) 6x. (12)

22\. Rd: (1 fM abn) 6x. (6)

Den Faden abschneiden und durchziehen.

Körper

In Hellgrün

1\. Rd: 6 fM in einen Magic-Ring. (6)

2\. Rd: (1 fM zun) 6x. (12)

3\. Rd: (1 fM, 1 fM zun) 6x. (18)

4\. Rd: (2 fM, 1 fM zun) 6x. (24)

5\. Rd: (3 fM, 1 fM zun) 6x. (30)

6\. Rd: (4 fM, 1 fM zun) 6x. (36)

7.-9. Rd: fM häkeln. (36)

10\. Rd: (4 fM, 1 fM abn) 6x. (30)

11\. Rd: fM häkeln. (30)

12\. Rd: (3 fM, 1 fM abn) 6x. (24)

13.-15. Rd: fM häkeln. (24)

16\. Rd: (2 fM, 1 fM abn) 6x. (18)

17\. Rd: fM häkeln. (18)

Den Faden abschneiden und durchziehen, dabei ein langes Ende zum Zusammennähen hängen lassen.

Weiter geht's auf Seite 140.

Material

- Häkelnadel 4,0 mm
- Garn der Stärke 4 (Medium) in Hellgrün, 1 Knäuel
- Garn der Stärke 4 (Medium) in Braun, 1 Knäuel
- 1 Paar Sicherheitsaugen, ø 12 mm
- Füllwatte
- Sticknadel ohne Spitze
- Stecknadeln zum Fixieren der Körperteile beim Annähen
- Schere

Abkürzungen

abn – unsichtbar abnehmen, d. h. 2 feste Maschen zusammen abmaschen, dabei nur in das vordere Maschenglied einstechen

fM – feste Masche(n)

hMG – nur in das hintere Maschenglied einstechen

Lm – Luftmasche

Nd – Nadel

R – Reihe(n)

Rd – Runde(n)

zun – zunehmen, d. h. 2 feste Maschen in dieselbe Masche der Vorrunde/-reihe häkeln

Drache
(Fortsetzung)

Hinterbeine (2x)

In Hellgrün

1. Rd: 6 fM in einen Magic-Ring. (6)

2. Rd: (1 fM zun) 6x. (12)

3. Rd: hMG, fM häkeln. (12)

4.–15. Rd: fM häkeln. (12)

Den Faden abschneiden und durchziehen, dabei ein langes Ende zum Zusammennähen hängen lassen.

Vorderbeine (2x)

In Hellgrün

1. Rd: 6 fM in einen Magic-Ring. (6)

2. Rd: (1 fM, 1 fM zun) 3x. (9)

3. Rd: hMG, fM häkeln. (9)

4.–16. Rd: fM häkeln. (9)

Den Faden abschneiden und durchziehen, dabei ein langes Ende zum Zusammennähen hängen lassen.

Schnauze

In Hellgrün

1. Rd: 6 fM in einen Magic-Ring. (6)

2. Rd: (1 fM zun) 6x. (12)

3. Rd: (1 fM, 1 fM zun) 6x. (18)

4. Rd: hMG, fM häkeln. (18)

5.–7. Rd: fM häkeln. (18)

Den Faden abschneiden und durchziehen, dabei ein langes Ende zum Zusammennähen hängen lassen.

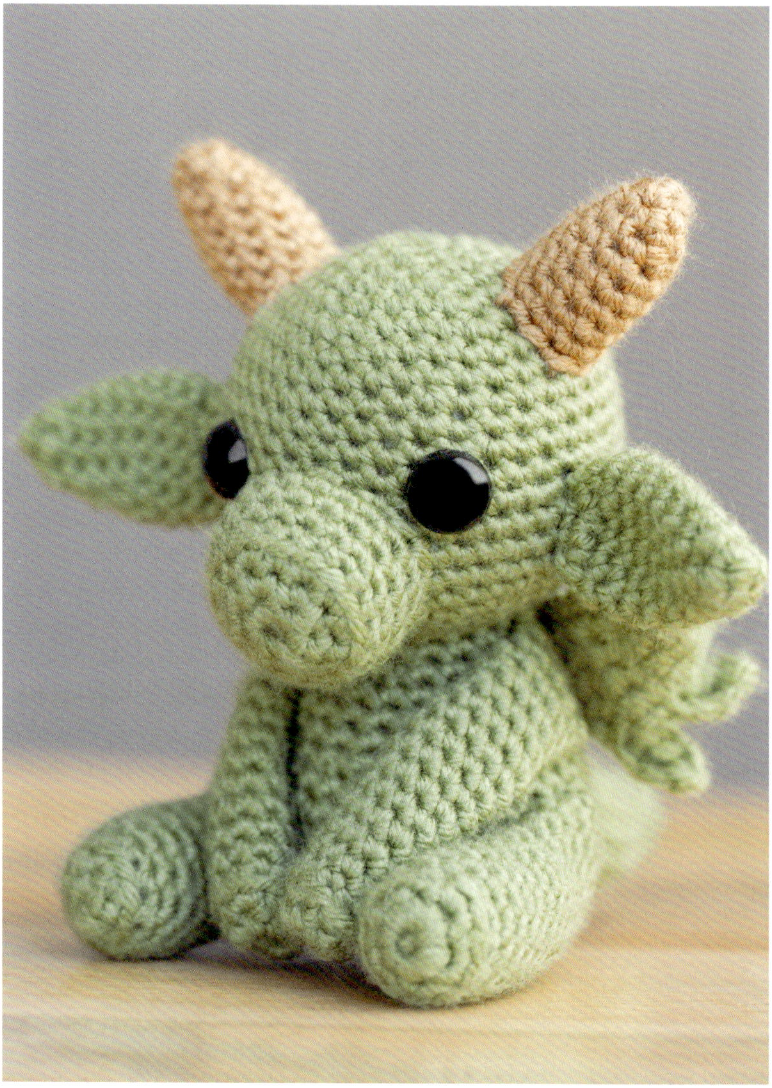

Ohren (2x)

In Hellgrün

1. Rd: 4 fM in einen Magic-Ring. (4)

2. Rd: (1 fM, 1 fM zun) 2x. (6)

3. Rd: (2 fM, 1 fM zun) 2x. (8)

4. Rd: (3 fM, 1 fM zun) 2x. (10)

5. Rd: (4 fM, 1 fM zun) 2x. (12)

6.–9. Rd: fM häkeln. (12)

10. Rd: (1 fM abn) 6x. (6)

Den Faden abschneiden und durchziehen, dabei ein langes Ende zum Zusammennähen hängen lassen.

Flügel (2x)

Die Flügel werden in R gehäkelt, nicht in Rd. Bitte die Anleitung sorgfältig lesen.

In Hellgrün

1. R: 5 Lm, wenden.

2. R: In der 2. Lm ab Nd beginnen, 4 fM, 4 Lm und wenden.

3. R: In der 2. Lm ab Nd beginnen, 7 fM, 1 Lm und wenden.

4. R: In der 2. Lm ab Nd beginnen, 4 fM, 4 Lm und wenden.

5. R: In der 2. Lm ab Nd beginnen, 7 fM, 3 Lm und wenden.

6. R: In der 2. Lm ab Nd beginnen, 6 fM, 4 Lm und wenden.

7. R: In der 2. Lm ab Nd beginnen, 9 fM, keine Lm, nicht wenden.

8. R: fM entlang der Flügeloberkante häkeln (dabei auf gleichmäßige Abstände achten).

Den Faden abschneiden und durchziehen, dabei ein langes Ende zum Zusammennähen hängen lassen.

Hörner (2x)

In Braun

1. Rd: 4 fM in einen Magic-Ring. (4)

2. Rd: (1 fM, 1 fM zun) 2x. (6)

3. Rd: (2 fM, 1 fM zun) 2x. (8)

4. Rd: (3 fM, 1 fM zun) 2x. (10)

5.-8. Rd: fM häkeln. (10)

Den Faden abschneiden und durchziehen, dabei ein langes Ende zum Zusammennähen hängen lassen.

Schwanz

In Hellgrün

1. Rd: 6 fM in einen Magic-Ring. (6)

2. Rd: fM häkeln. (6)

3. Rd: 1 fM zun, 5 fM. (7)

4. Rd: 1 fM zun, 6 fM. (8)

5. Rd: 1 fM zun, 7 fM. (9)

6. Rd: 1 fM zun, 8 fM. (10)

7. Rd: 1 fM zun, 9 fM. (11)

8. Rd: 1 fM zun, 10 fM. (12)

9. Rd: 1 fM zun, 11 fM. (13)

10. Rd: 1 fM zun, 12 fM. (14)

11.-13. Rd: fM häkeln. (14)

Den Faden abschneiden und durchziehen, dabei ein langes Ende zum Zusammennähen hängen lassen.

Fertigstellen

Den Kopf mit überwendlichen Stichen schließen. Den Körper fest ausstopfen und an die Unterseite des Kopfs nähen. Die Füße leicht ausstopfen, die Beine jedoch möglichst wenig. Die Beine so an die Unterseite des Körpers nähen, dass die Figur im Sitzen gut ausbalanciert ist. Dann die Vorderbeine seitlich an den Körper stecken (sie werden nicht ausgestopft) und festnähen, wenn ihre Position gut aussieht. Ich finde es niedlich, wenn die Vorderbeine zwischen den Hinterbeinen sitzen. Die Schnauze ausstopfen und zwischen den Augen an den Kopf nähen. Die Ohren beiderseits des Kopfs annähen, dann die Hörner ausstopfen und am Oberkopf befestigen. Die Flügel an den Rücken stecken und festnähen, wenn die Position stimmt. Zuletzt den Schwanz ausstopfen und an den unteren Rücken nähen. Herausstehende Fadenenden mit einer Schere abschneiden. Dann kann sich der Drache in die Lüfte erheben.

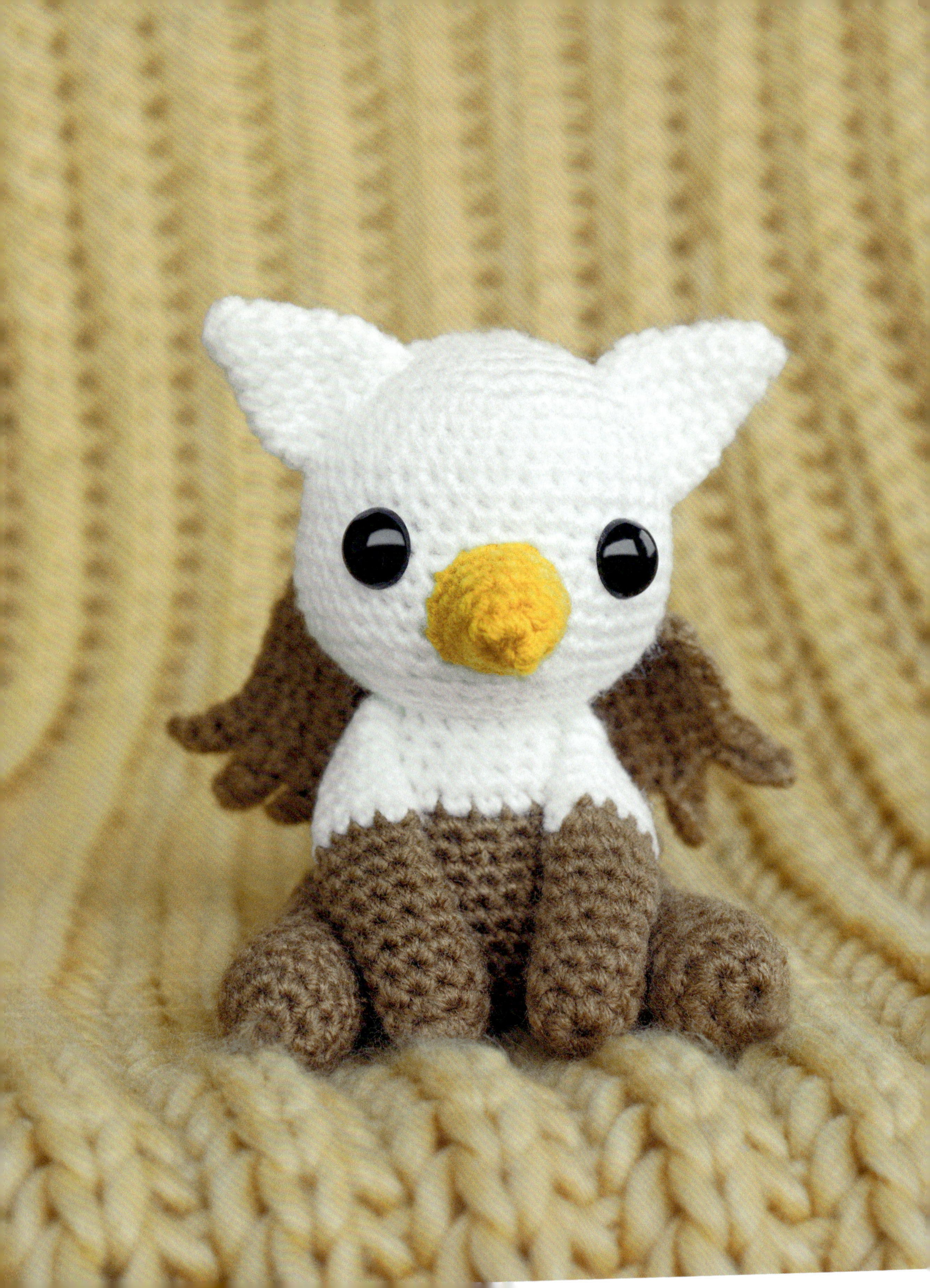

Greif

Greife sind majestätisch. Mit dem Kopf eines Adlers und dem Körper eines Löwen stehen sie für Mut, Stolz, Stärke und Eleganz. Sie haben einen starken Beschützerinstinkt und sind absolut treu. Legenden zufolge können Greifenfedern Blinden die Sehkraft wiedergeben. Faszinierend!

Kopf

In Weiß

1. Rd: 6 fM in einen Magic-Ring. (6)

2. Rd: (1 fM zun) 6x. (12)

3. Rd: (1 fM, 1 fM zun) 6x. (18)

4. Rd: (2 fM, 1 fM zun) 6x. (24)

5. Rd: (3 fM, 1 fM zun) 6x. (30)

6. Rd: (4 fM, 1 fM zun) 6x. (36)

7.-12. Rd: fM häkeln. (36)

13. Rd: (5 fM, 1 fM zun) 6x. (42)

14.-16. Rd: fM häkeln. (42)

Die Augen zwischen der 12. und 13. Rd anbringen, der Abstand beträgt 7 Maschen. Beim weiteren Abnehmen den Kopf fest ausstopfen.

17. Rd: (5 fM, 1 fM abn) 6x. (36)

18. Rd: (4 fM, 1 fM abn) 6x. (30)

19. Rd: (3 fM, 1 fM abn) 6x. (24)

20. Rd: (2 fM, 1 fM abn) 6x. (18)

21. Rd: (1 fM, 1 fM abn) 6x. (12)

22. Rd: (1 fM abn) 6x. (6)

Den Faden abschneiden und durchziehen.

Körper

In Braun

1. Rd: 6 fM in einen Magic-Ring. (6)

2. Rd: (1 fM zun) 6x. (12)

3. Rd: (1 fM, 1 fM zun) 6x. (18)

4. Rd: (2 fM, 1 fM zun) 6x. (24)

5. Rd: (3 fM, 1 fM zun) 6x. (30)

6. Rd: (4 fM, 1 fM zun) 6x. (36)

7.-9. Rd: fM häkeln. (36)

10. Rd: (4 fM, 1 fM abn) 6x. (30)

11. Rd: fM häkeln. (30)

12. Rd: (3 fM, 1 fM abn) 6x. (24)

13. Rd: fM häkeln. (24)

Mit Weiß fortfahren

14.+15. Rd: fM häkeln. (24)

16. Rd: (2 fM, 1 fM abn) 6x. (18)

17. Rd: fM häkeln. (18)

Den Faden abschneiden und durchziehen, dabei ein langes Ende zum Zusammennähen hängen lassen.

Hinterbeine (2x)

In Braun

1. Rd: 6 fM in einen Magic-Ring. (6)

2. Rd: (1 fM zun) 6x. (12)

3.-14. Rd: fM häkeln. (12)

Den Faden abschneiden und durchziehen, dabei ein langes Ende zum Zusammennähen hängen lassen.

Weiter geht's auf Seite 144.

Material

- Häkelnadel 4,0 mm
- Garn der Stärke 4 (Medium) in Weiß, 1 Knäuel
- Garn der Stärke 4 (Medium) in Braun, 1 Knäuel
- Garn der Stärke 4 (Medium) in Gelb, 1 Knäuel
- 1 Paar Sicherheitsaugen, ø 12 mm
- Füllwatte
- Sticknadel ohne Spitze
- Stecknadeln zum Fixieren der Körperteile beim Annähen
- Schere

Abkürzungen

abn – unsichtbar abnehmen, d. h. 2 feste Maschen zusammen abmaschen, dabei nur in das vordere Maschenglied einstechen

fM – feste Masche(n)

Lm – Luftmasche(n)

Nd – Nadel

R – Reihe(n)

Rd – Runde(n)

zun – zunehmen, d. h. 2 feste Maschen in dieselbe Masche der Vorrunde/-reihe häkeln

Greif
(Fortsetzung)

Vorderbeine (2x)

In Braun

1. Rd: 6 fM in einen Magic-Ring. (6)

2. Rd: (1 fM, 1 fM zun) 3x. (9)

3.-9. Rd: fM häkeln. (9)

Mit Weiß fortfahren

10-15. Rd: fM häkeln. (9)

Den Faden abschneiden und durchziehen, dabei ein langes Ende zum Zusammennähen hängen lassen.

Schnabel

In Gelb

1. Rd: 4 fM in einen Magic-Ring. (4)

2. Rd: (1 fM, 1 fM zun) 2x. (6)

3. Rd: (2 fM, 1 fM zun) 2x. (8)

4. Rd: (3 fM, 1 fM zun) 2x. (10)

5. Rd: fM häkeln. (10)

Den Faden abschneiden und durchziehen, dabei ein langes Ende zum Zusammennähen hängen lassen.

Schwanz

In Braun

1. Rd: 6 fM in einen Magic-Ring. (6)

2.-10. Rd: fM häkeln. (6)

Den Faden abschneiden und durchziehen, dabei ein langes Ende zum Zusammennähen hängen lassen.

Flügel (2x)

Die Flügel werden in R gehäkelt, nicht in Rd. Bitte die Anleitung sorgfältig lesen.

In Braun

1. R: 5 Lm, wenden.

2. R: In der 2. Lm ab Nd beginnen, 4 fM, 4 Lm und wenden.

3. R: In der 2. Lm ab Nd beginnen, 7 fM, 1 Lm und wenden.

4. R: In der 2. Lm ab Nd beginnen, 4 fM, 4 Lm und wenden.

5. R: In der 2. Lm ab Nd beginnen, 7 fM, 3 Lm und wenden.

6. R: In der 2. Lm ab Nd beginnen, 6 fM, 4 Lm und wenden.

7. R: In der 2. Lm ab Nd beginnen, 9 fM, keine Lm häkeln, nicht wenden.

8. R: fM entlang der Oberkante der Flügel häkeln, dabei auf gleiche Maschenabstände achten.

Den Faden abschneiden und durchziehen, dabei ein langes Ende zum Zusammennähen hängen lassen.

Ohren (2x)

In Weiß

1. Rd: 4 fM in einen Magic-Ring. (4)

2. Rd: (1 fM, 1 fM zun) 2x. (6)

3. Rd: (2 fM, 1 fM zun) 2x. (8)

4. Rd: (3 fM, 1 fM zun) 2x. (10)

5. Rd: (4 fM, 1 fM zun) 2x. (12)

6.+7. Rd: fM häkeln. (12)

Den Faden abschneiden und durchziehen, dabei ein langes Ende zum Zusammennähen hängen lassen.

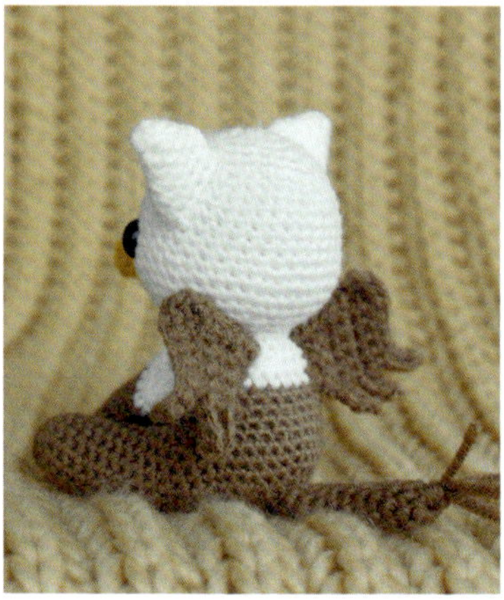

Fertigstellen

Die Unterseite des Kopfs mit überwendlichen Stichen zunähen. Den Körper fest ausstopfen und an die Unterseite des Kopfs nähen. Die Füße an den Hinterbeinen leicht ausstopfen, die Beine selbst möglichst wenig füllen. So an den Körper nähen, dass die Figur stabil sitzen kann.

Die Vorderbeine an den Greif stecken (sie werden nicht ausgestopft) und festnähen. Den Schnabel ausstopfen und zwischen den Augen annähen. Die Ohren an die Seiten des Kopfs nähen und die Flügel an den Rücken.

Den Schwanz am unteren Rücken befestigen (er wird nicht ausgestopft). Alle herausstehenden Fadenenden abschneiden. Zuletzt eine Quaste am Schwanzende befestigen. Dafür 3 Fäden aus braunem Garn von 10 cm Länge zuschneiden, wie Fransen an der Schwanzspitze einknüpfen und auf die gewünschte Länge schneiden.

Phönix

„… und aus der Asche erhob sich der Phönix." Jeder kennt die Legende des unsterblichen Vogels. Seine symbolische Reinkarnation könnte man auch als Analogie für persönliche Kämpfe verstehen, an denen man letztlich wächst. Phönixe sind wunderschön und stehen für Erneuerung und Wiedergeburt. Das ging mir durch den Kopf, als ich das majestätische Tier entworfen habe – und beim Anbringen der Federn hatte ich eine Menge Zeit zum Nachdenken. Aber gut Ding will Weile haben und ich hoffe, du liebst dein fertiges Projekt so sehr wie ich meines!

Kopf

In Orange

1. Rd: 6 fM in einen Magic-Ring. (6)

2. Rd: (1 fM zun) 6x. (12)

3. Rd: (1 fM, 1 fM zun) 6x. (18)

4. Rd: (2 fM, 1 fM zun) 6x. (24)

5. Rd: (3 fM, 1 fM zun) 6x. (30)

6. Rd: (4 fM, 1 fM zun) 6x. (36)

7.-12. Rd: fM häkeln. (36)

13. Rd: (5 fM, 1 fM zun) 6x. (42)

14.-16. Rd: fM häkeln. (42)

Die Augen zwischen der 12. und 13. Rd anbringen, der Abstand beträgt 7 Maschen. Beim weiteren Abnehmen den Kopf fest ausstopfen.

17. Rd: (5 fM, 1 fM abn) 6x. (36)

18. Rd: (4 fM, 1 fM abn) 6x. (30)

19. Rd: (3 fM, 1 fM abn) 6x. (24)

20. Rd: (2 fM, 1 fM abn) 6x. (18)

21. Rd: (1 fM, 1 fM abn) 6x. (12)

22. Rd: (1 fM abn) 6x. (6)

Den Faden abschneiden und durchziehen.

Weiter geht's auf Seite 146.

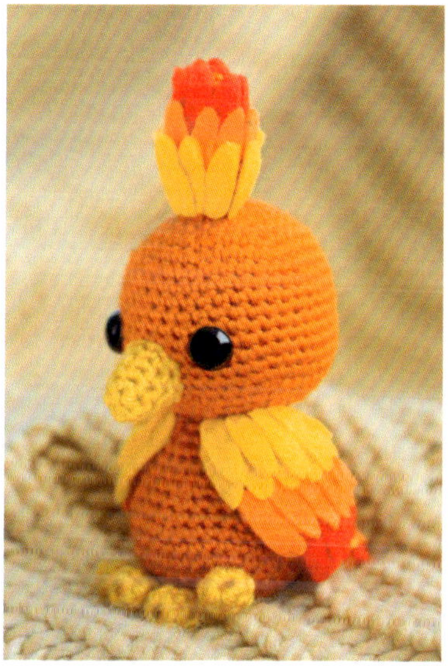

Material

- Häkelnadel 4,0 mm
- Garn der Stärke 4 (Medium) in Orange, 1 Knäuel
- Garn der Stärke 4 (Medium) in Gelb, 1 Knäuel
- 1 Paar Sicherheitsaugen, ø 12 mm
- Füllwatte
- Sticknadel ohne Spitze
- Stecknadeln zum Fixieren der Körperteile beim Annähen
- Schere
- 1 Stück Filz in Rot
- 1 Stück Filz in Orange
- 1 Stück Filz in Gelb
- Textil- oder Heißkleber

Abkürzungen

abn – unsichtbar abnehmen, d. h. 2 feste Maschen zusammen abmaschen, dabei nur in das vordere Maschenglied einstechen

fM – feste Masche(n)

Nd – Nadel

Rd – Runde(n)

zun – zunehmen, d. h. 2 feste Maschen in dieselbe Masche der Vorrunde/-reihe häkeln

Phönix (Fortsetzung)

Körper

In Orange

1. Rd: 6 fM in einen Magic-Ring. (6)

2. Rd: (1 fM zun) 6x. (12)

3. Rd: (1 fM, 1 fM zun) 6x. (18)

4. Rd: (2 fM, 1 fM zun) 6x. (24)

5. Rd: (3 fM, 1 fM zun) 6x. (30)

6. Rd: (4 fM, 1 fM zun) 6x. (36)

7.-9. Rd: fM häkeln. (36)

10. Rd: (4 fM, 1 fM abn) 6x. (30)

11. Rd: fM häkeln. (30)

12. Rd: (3 fM, 1 fM abn) 6x. (24)

13.-15. Rd: fM häkeln. (24)

16. Rd: (2 fM, 1 fM abn) 6x. (18)

17. Rd: fM häkeln. (18)

Den Faden abschneiden und durchziehen, dabei ein langes Ende zum Zusammennähen hängen lassen.

Flügel (2x)

In Orange

1. Rd: 6 fM in einen Magic-Ring. (6)

2. Rd: (1 fM zun) 6x. (12)

3. Rd: (1 fM, 1 fM zun) 6x. (18)

4. Rd: (2 fM, 1 fM zun) 6x. (24)

5. Rd: (3 fM, 1 fM zun) 6x. (30)

6. Rd: (4 fM, 1 fM zun) 6x. (36)

7. Rd: (5 fM, 1 fM zun) 6x. (42)

Zur Hälfte falten und die Flügel an der gerundeten Kante zusammenhäkeln. (21)

Den Faden abschneiden und durchziehen, dabei ein langes Ende zum Zusammennähen hängen lassen.

Schwanz

In Orange

1. Rd: 4 fM in einen Magic-Ring. (4)

2. Rd: (1 fM, 1 fM zun) 2x. (6)

3. Rd: (2 fM, 1 fM zun) 2x. (8)

4. Rd: (3 fM, 1 fM zun) 2x. (10)

5. Rd: (4 fM, 1 fM zun) 2x. (12)

6. Rd: (5 fM, 1 fM zun) 2x. (14)

7.-10. Rd: fM häkeln. (14)

Den Faden abschneiden und durchziehen, dabei ein langes Ende zum Zusammennähen hängen lassen.

Füße (2x)

In Gelb mit dem ersten Zeh beginnen

1. Rd: 6 fM in einen Magic-Ring. (6)

2.+3. Rd: fM häkeln. (6)

Den Faden abschneiden und durchziehen.

Zweiter Zeh

1. Rd: 6 fM in einen Magic-Ring. (6)

2.+3. Rd: fM häkeln. (6)

Den Faden nicht abschneiden, sondern in die nächste Masche des ersten Zehs einstechen. Dies ist die 1. Masche der 4. Rd.

4. Rd: fM häkeln. (12)

5. Rd: (1 fM abn) 6x. (6)

Den Faden abschneiden und durchziehen, dabei ein langes Ende zum Zusammennähen hängen lassen.

Schnabel

In Gelb

1. Rd: 4 fM in einen Magic-Ring. (4)

2. Rd: (1 fM, 1 fM zun) 2x. (6)

3. Rd: (2 fM, 1 fM zun) 2x. (8)

4. Rd: (3 fM, 1 fM zun) 2x. (10)

5. Rd: fM häkeln. (10)

Den Faden abschneiden und durchziehen, dabei ein langes Ende zum Zusammennähen hängen lassen.

Kopfschmuck

In Orange

1. Rd: 4 fM in einen Magic-Ring. (4)

2. Rd: (1 fM, 1 fM zun) 2x. (6)

3. Rd: (2 fM, 1 fM zun) 2x. (8)

4. Rd: (3 fM, 1 fM zun) 2x. (10)

5. Rd: (4 fM, 1 fM zun) 2x. (12)

6.-8. Rd: fM häkeln. (12)

9. Rd: (1 fM abn) 6x. (6)

Den Faden abschneiden und durchziehen, dabei ein langes Ende zum Zusammennähen hängen lassen.

Weiter geht's auf Seite 148.

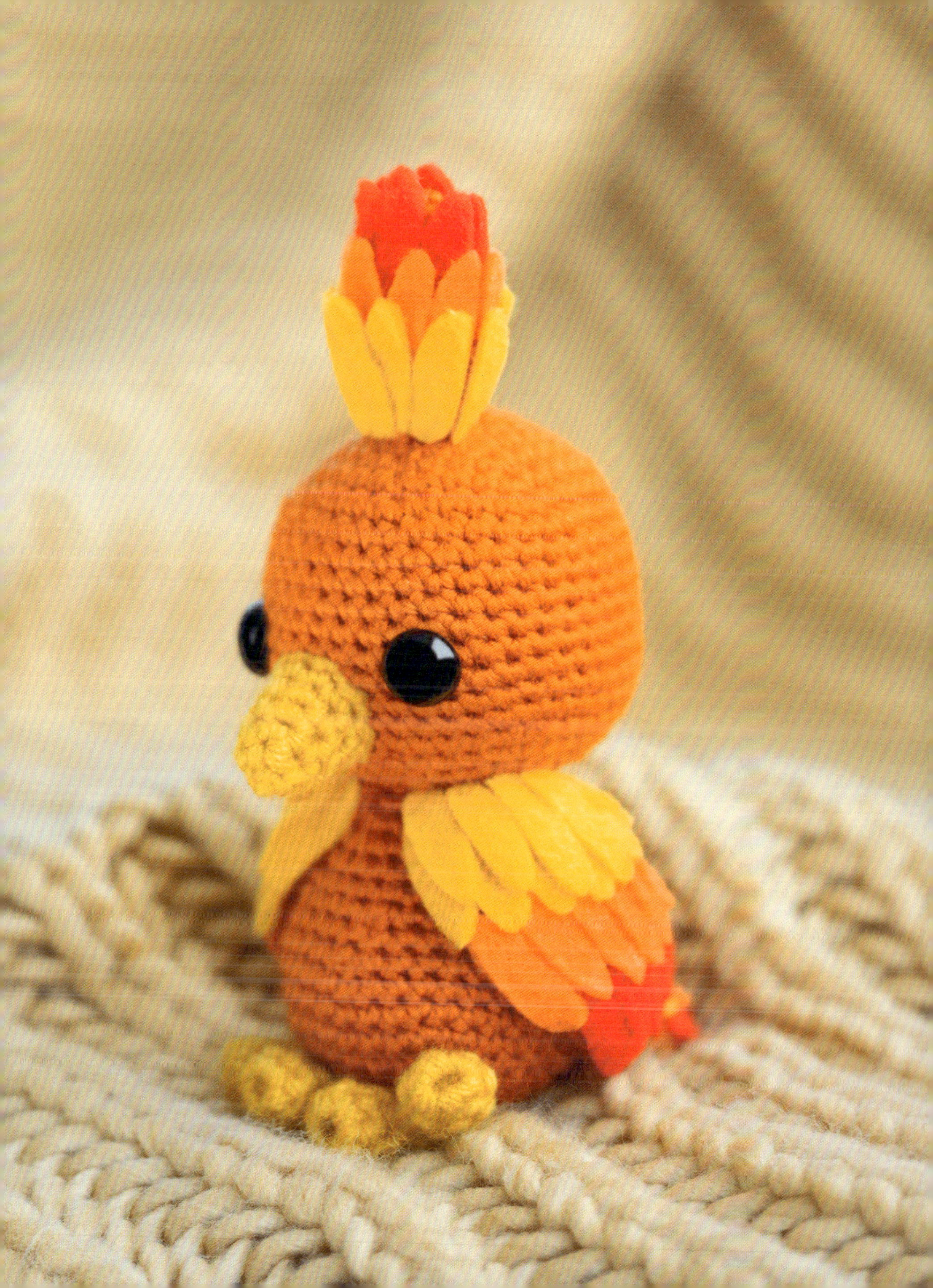

Phönix
(Fortsetzung)

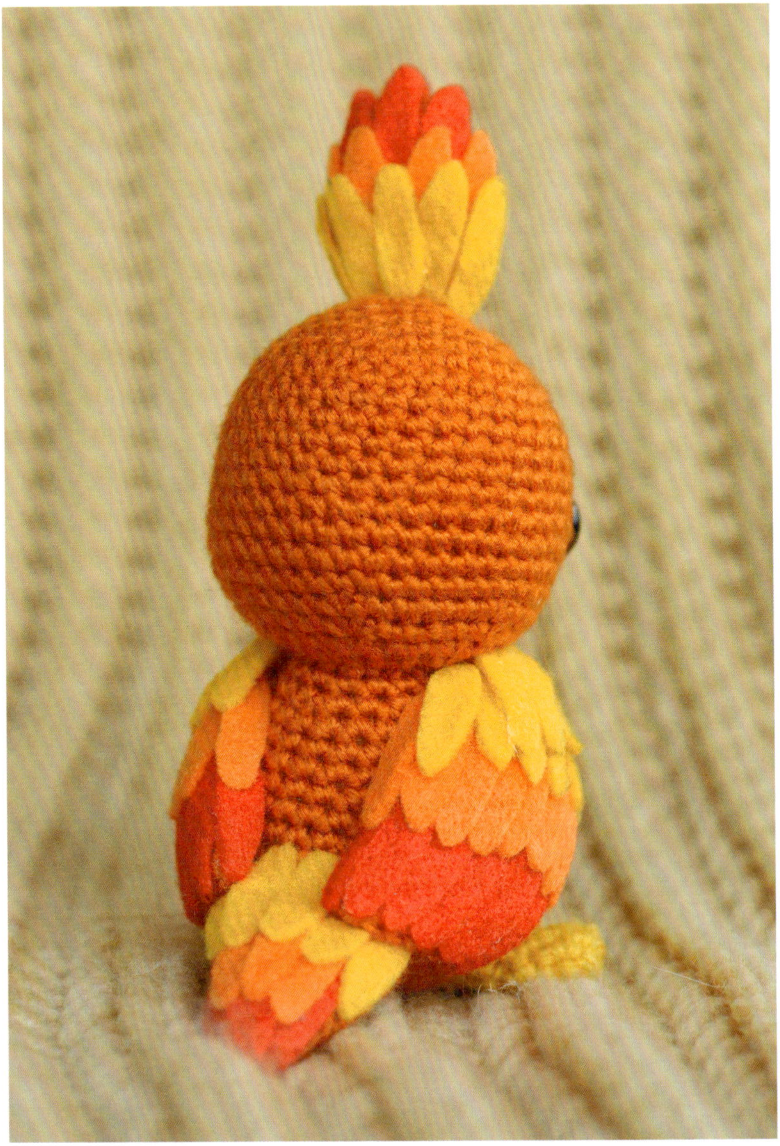

Fertigstellen

Die Unterseite des Kopfs mit überwendlichen Stichen schließen. Den Körper fest ausstopfen und an die Unterseite des Kopfs nähen. Die Füße mit überwendlichen Stichen zunähen (sie werden nicht ausgestopft) und so am unteren Körper festnähen, dass der Vogel im Gleichgewicht ist und nicht schief sitzt. Den Schwanz an den unteren Rücken stecken, sodass er den Vogel in der Balance hält, und dann festnähen. Den Schnabel ausstopfen und in der Mitte des Gesichts zwischen den Augen festnähen. Alle herausstehenden Fadenenden abschneiden.

Jetzt geht es ans Gefieder. Die Schwanzfedern sollten angebracht werden, bevor die Flügel befestigt werden. Zuerst alle Federn aus Filz zuschneiden. Meine Federn sind 2 cm lang und 8 mm breit. Benötigt werden 21 Federn in Rot, 26 Federn in Orange und 35 Federn in Gelb. Wenn alle zugeschnitten sind, wird zuerst der Schwanz beklebt. Mit drei Federn in Rot an der Spitze beginnen, dann folgen leicht überlappend drei Federn in Orange und schließlich, wieder überlappend, drei Federn in Gelb.

Danach die Flügel an die Seiten des Körpers kleben, das Fadenende abschneiden und die Federn auf die Flügel kleben. Mit der untersten Schicht in Rot an den Flügelspitzen beginnen, dann überlappend orangefarbene und danach gelbe Federn aufkleben. Ich habe sechs rote und sieben orangefarbene Federn gebraucht. Von den gelben Federn habe ich zehn benötigt, weil ich sie in zwei Schichten angebracht habe, um den Flügel vollständig zu bedecken. Den zweiten Flügel ebenso bekleben.

Jetzt folgt die Vorderseite des Kopfschmucks. Drei rote Federn an die Spitze kleben, dann folgen vier orangefarbene Federn und zuletzt fünf gelbe Federn. Dasselbe auf der Rückseite des Kopfschmucks wiederholen. Dann muss der Kleber nur noch gut trocknen.

Harpyie

Die Harpyien der griechischen Mythologie sind halb Frau, halb Vogel – und sie sind riesig! Sie werden ausgesandt, um Übeltäter zu packen und an einen Ort zu bringen, an dem sie für ihre Taten büßen müssen. Harpyien werden oft als hässlich beschrieben, aber das ist nicht mein Stil. Deshalb habe ich eine niedliche Version dieser Kreatur entworfen. Schnapp dir dein Garn und häkle dir so ein Geschöpf, das dich vor allen Bösewichtern beschützen wird. Diese Anleitung ist extrem vielseitig; die Farbkombinationen sind endlos und du kannst die Haare so stylen, wie es dir gefällt.

Kopf

In Hautfarbe

1. Rd: 6 fM in einen Magic-Ring. (6)

2. Rd: (1 fM zun) 6x. (12)

3. Rd: (1 fM, 1 fM zun) 6x. (18)

4. Rd: (2 fM, 1 fM zun) 6x. (24)

5. Rd: (3 fM, 1 fM zun) 6x. (30)

6. Rd: (4 fM, 1 fM zun) 6x. (36)

7.-15. Rd: fM häkeln. (36)

Die Augen zwischen der 11. und 12. Rd anbringen, der Abstand beträgt 6 Maschen. Beim weiteren Abnehmen den Kopf ausstopfen.

16. Rd: (4 fM, 1 fM abn) 6x. (30)

17. Rd: (3 fM, 1 fM abn) 6x. (24)

18. Rd: (2 fM, 1 fM abn) 6x. (18)

19. Rd: (1 fM, 1 fM abn) 6x. (12)

20. Rd: (1 fM abn) 6x. (6)

Den Faden abschneiden und durchziehen.

Körper

Mit dem ersten Bein beginnen, in Braun

1. Rd: 6 fM in einen Magic-Ring (6)

2. Rd: (1 fM zun) 6x. (12)

3.-7. Rd: fM häkeln. (12)

Den Faden abschneiden und durchziehen.

Weiter geht's auf Seite 150.

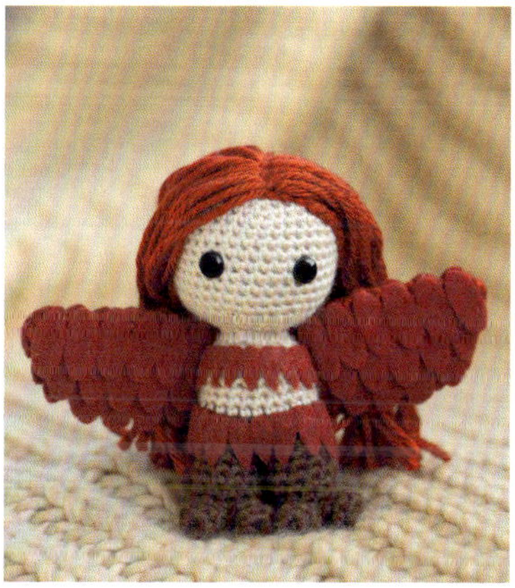

Material

- Häkelnadel 4,0 mm
- Garn der Stärke 4 (Medium) in Hautfarbe, 1 Knäuel
- Garn der Stärke 4 (Medium) in Braun, 1 Knäuel
- Garn der Stärke 4 (Medium) in Rot, 1 Knäuel
- 1 Paar Sicherheitsaugen, ø 9 mm
- Füllwatte
- Sticknadel ohne Spitze
- Stecknadeln zum Fixieren der Körperteile beim Annähen
- Schere
- Textil- oder Heißkleber
- 1 Stück Filz in Rot

Abkürzungen

abn – unsichtbar abnehmen, d. h. 2 feste Maschen zusammen abmaschen, dabei nur in das vordere Maschenglied einstechen

fM – feste Masche(n)

Nd – Nadel

Rd – Runde(n)

zun – zunehmen, d. h. 2 feste Maschen in dieselbe Masche der Vorrunde/-reihe häkeln

Harpyie (Fortsetzung)

Zweites Bein

1. Rd: 6 fM in einen Magic-Ring. (6)

2. Rd: (1 fM zun) 6x. (12)

3.-7. Rd: fM häkeln. (12)

Den Faden nicht abschneiden. In die nächste Masche am ersten Bein einstechen. Dies wird die 1. Masche der 8. Rd.

8.-10. Rd: fM häkeln. (24)

Mit Hautfarbe fortfahren

11.-15. Rd: fM häkeln. (24)

16. Rd: (2 fM, 1 fM abn) 6x. (18)

17. Rd: fM häkeln. (18)

18. Rd: (1 fM, 1 fM abn) 6x. (12)

Den Faden abschneiden und durchziehen, dabei ein langes Ende zum Zusammennähen hängen lassen.

Krallen (6x)

In Braun

1. Rd: 6 fM in einen Magic-Ring. (6)

2.+3. Rd: fM häkeln. (6)

Den Faden abschneiden und durchziehen, dabei ein langes Ende zum Zusammennähen hängen lassen.

Flügel (2x)

In Rot

1. Rd: 6 fM in einen Magic-Ring. (6)

2. Rd: (1 fM zun) 6x. (12)

3. Rd: (1 fM, 1 fM zun) 6x. (18)

4. Rd: (2 fM, 1 fM zun) 6x. (24)

5. Rd: (3 fM, 1 fM zun) 6x. (30)

6. Rd: (4 fM, 1 fM zun) 6x. (36)

7. Rd: (5 fM, 1 fM zun) 6x. (42)

8. Rd: (6 fM, 1 fM zun) 6x. (48)

Zur Hälfte falten und die gerundeten Oberkanten zusammenhäkeln. (24)

Den Faden abschneiden und durchziehen, dabei ein langes Ende zum Zusammennähen hängen lassen.

Schwanz

In Rot

1. Rd: 4 fM in einen Magic-Ring. (4)

2. Rd: (1 fM, 1 fM zun) 2x. (6)

3. Rd: (2 fM, 1 fM zun) 2x. (8)

4. Rd: (3 fM, 1 fM zun) 2x. (10)

5. Rd: (4 fM, 1 fM zun) 2x. (12)

6.+7. Rd: fM häkeln. (12)

Den Faden abschneiden und durchziehen, dabei ein langes Ende zum Zusammennähen hängen lassen.

Haarkappe

In Rot

1. Rd: 6 fM in einen Magic-Ring. (6)

2. Rd: (1 fM zun) 6x. (12)

3. Rd: (1 fM, 1 fM zun) 6x. (18)

4. Rd: (2 fM, 1 fM zun) 6x. (24)

5. Rd: (3 fM, 1 fM zun) 6x. (30)

6. Rd: (4 fM, 1 fM zun) 6x. (36)

7.-11. Rd: fM häkeln. (36)

Den Faden abschneiden und durchziehen, dabei ein langes Ende zum Zusammennähen hängen lassen.

Haare

Für Haare wie auf der Abbildung zuerst die Haarkappe auf den Oberkopf nähen. Das Fadenende hängen lassen. Es sollte ca. 25 cm lang sein und wird zum Befestigen der Haare gebraucht. Falls das Ende zu kurz ist, einen neuen Faden verwenden und in der vorderen Mitte der Haarkappe befestigen. Hier wird mit dem Anbringen der Haare begonnen.

Vom roten Garn 40 Fäden von 20 cm Länge abschneiden und in kleinen Bündeln von vorn nach hinten an den Oberkopf nähen. Bündel mit je 4 Fäden haben eine gute Größe. Die Nahtlinie muss schön gerade verlaufen, denn sie bildet den Scheitel. Wichtig ist, jeden Stich sehr gut festzuziehen und bei allen Stichen die gleiche Spannung einzuhalten. Ich höre normalerweise am Hinterkopf mit dem Festnähen der Haarbündel auf. Der letzte Schritt besteht darin, unter den Haaren eine sehr dünne Linie Kleber auf jeder Seite der „Scheitelnaht" aufzutragen, damit die Haare nicht unter den Stichen herausrutschen können. Unbedingt sparsam mit dem Kleber umgehen, damit er nicht auf der Oberseite der Haare sichtbar ist. Den Kopf an einen sicheren Platz legen, bis der Kleber trocken ist. Die Haare vorerst lang lassen. Die Frisur wird erst zum Schluss gestaltet.

Weiter geht's auf Seite 152.

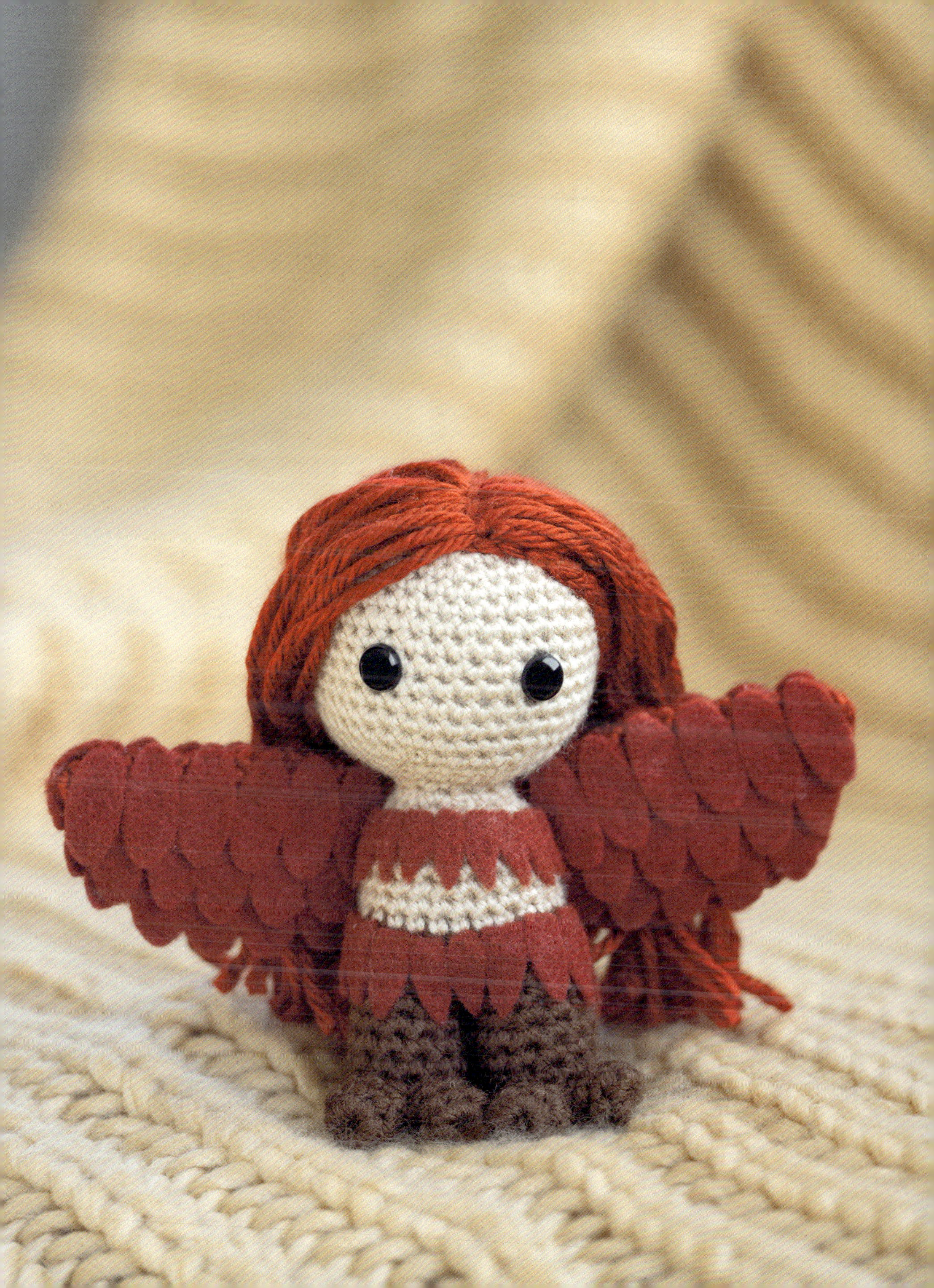

Harpyie (Fortsetzung)

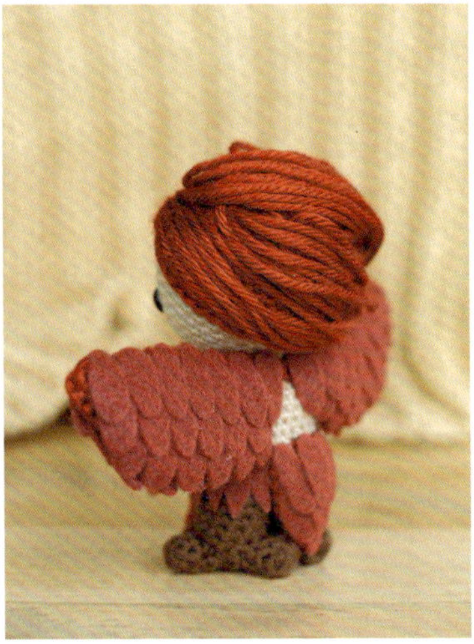

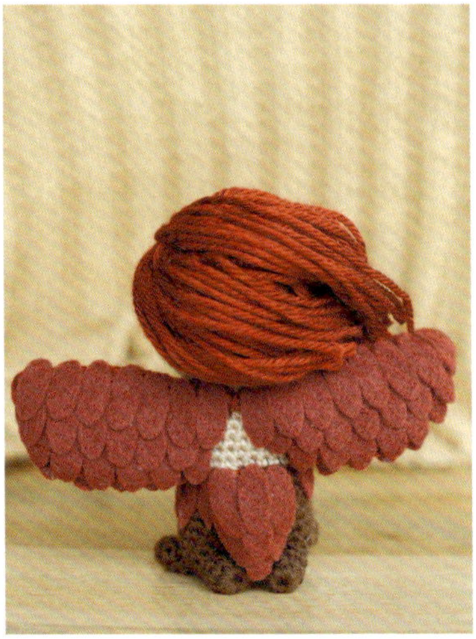

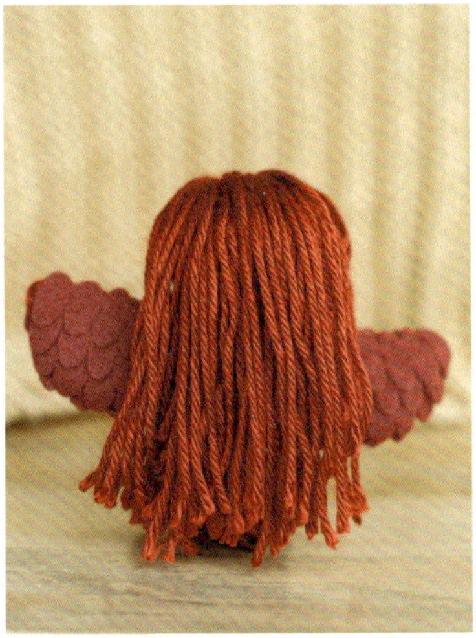

Fertigstellen

Wenn der Kleber getrocknet ist, den Kopf mit überwendlichen Stichen schließen. Den Körper fest ausstopfen und an die Unterseite des Kopfs nähen. Ans vordere Ende jedes Fußes zwei Krallen nähen (sie werden nicht ausgestopft).

Den Schwanz auf Höhe des Farbwechsels an den hinteren Körper nähen (er wird nicht ausgestopft). Die Flügel an den Rücken stecken und festnähen. Alle herausstehenden Fadenenden mit einer Schere abschneiden.

Jetzt müssen aus Filz etwa 50 kleine Federn von 2 cm Länge und 8 mm Breite zugeschnitten werden. Sie werden für den Rock, die Flügel und den Schwanz benötigt. Die Federn werden direkt auf die gehäkelten Teile geklebt, dabei ist es wichtig, den Kleber sparsam aufzutragen. Die Anordnung der Federn ist aus den Abbildungen zu ersehen.

Zuletzt die Haare in Form schneiden – aber bitte vorsichtig, denn es wäre ärgerlich, wenn ein Schnitt danebengeht. Nach dem Stylen ist die Harpyie fertig.

Wumba-Tumba

Wumba-Tumba Schokoladeneisverkäufer! ♪ Immer wenn ich diese kleine Figur sehe, geht mir dieser alte Song durch den Kopf und wird unweigerlich zum Ohrwurm. Ich hoffe, euch gefällt meine Interpretation der darin besungenen Figur. Normalerweise verwende ich nicht so knallige Farben, aber hier musste es einfach sein, denn dadurch sieht er erst richtig witzig aus. Viel Spaß mit dem Süßen!

Kopf/Körper

In Violett

1. Rd: 6 fM in einen Magic-Ring. (6)

2. Rd: (1 fM zun) 6x. (12)

3. Rd: (1 fM, 1 fM zun) 6x. (18)

4. Rd: (2 fM, 1 fM zun) 6x. (24)

5. Rd: (3 fM, 1 fM zun) 6x. (30)

6. Rd: (4 fM, 1 fM zun) 6x. (36)

7. Rd: (5 fM, 1 fM zun) 6x. (42)

8. Rd: (6 fM, 1 fM zun) 6x. (48)

9.-25. Rd: fM häkeln. (48)

26. Rd: (6 fM, 1 fM abn) 6x. (42)

27. Rd: (5 fM, 1 fM abn) 6x. (36)

Aus weißem Filz einen Kreis von 2,5 cm Durchmesser zuschneiden. In die Mitte einen Schlitz schneiden und den Befestigungsdorn des Sicherheitsauges durchstecken. Dadurch wird das Auge von einem weißen Kreis umrahmt. Das Auge mitsamt der weißen Filzscheibe zwischen der 14. und 15. Rd mittig anbringen. Beim weiteren Abnehmen den Körper fest ausstopfen.

28. Rd: (4 fM, 1 fM abn) 6x. (30)

29. Rd: (3 fM, 1 fM abn) 6x. (24)

30. Rd: (2 fM, 1 fM abn) 6x. (18)

31. Rd: (1 fM, 1 fM abn) 6x. (12)

32. Rd: (1 fM abn) 6x. (6)

Den Faden abschneiden und durchziehen.

Weiter geht's auf Seite 154.

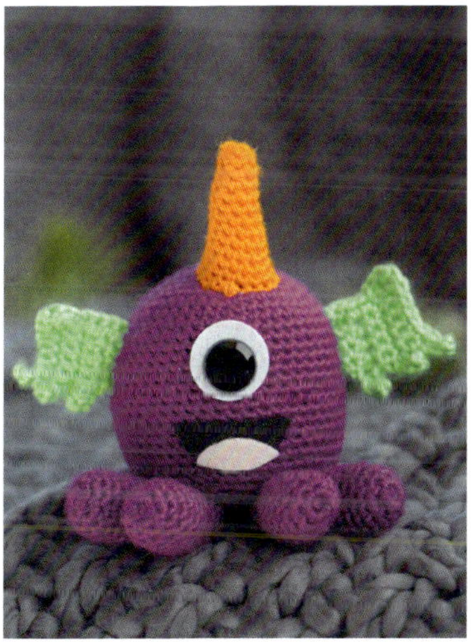

Material

- Häkelnadel 4,0 mm
- Garn der Stärke 4 (Medium) in Violett, 1 Knäuel
- Garn der Stärke 4 (Medium) in Orange, 1 Knäuel
- Garn der Stärke 4 (Medium) in Grün, 1 Knäuel
- 1 Sicherheitsauge, ø 18 mm
- Füllwatte
- Sticknadel ohne Spitze
- Stecknadeln zum Fixieren der Körperteile beim Annähen
- Schere
- 1 Stück Filz in Weiß
- 1 Stück Filz in Schwarz
- 1 Stück Filz in Rosa
- Textil- oder Heißkleber

Abkürzungen

abn – unsichtbar abnehmen, d. h. 2 feste Maschen zusammen abmaschen, dabei nur in das vordere Maschenglied einstechen

fM – feste Masche(n)

Lm – Luftmasche

Nd – Nadel

R – Reihe(n)

Rd – Runde(n)

zun – zunehmen, d. h. 2 feste Maschen in dieselbe Masche der Vorrunde/-reihe häkeln

Wumba-Tumba
(Fortsetzung)

Füße (2x)

Mit dem ersten Zeh beginnen, in Violett

1. Rd: 6 fM in einen Magic-Ring. (6)

2. Rd: (1 fM zun) 6x. (12)

3. Rd 3: fM häkeln. (12)

4.–7. Rd: fM häkeln. (12)

Den Faden abschneiden und durchziehen.

Zweiter Zeh, in Violett

1. Rd: 6 fM in einen Magic-Ring. (6)

2. Rd: (1 fM zun) 6x. (12)

3. Rd: fM häkeln. (12)

4.–7. Rd: fM häkeln. (12)

Den Faden nicht abschneiden, sondern in die nächste Masche am ersten Zeh einstechen. Das ist die 1. Masche der 8. Rd.

8. Rd: fM häkeln. (24)

9. Rd: (2 fM, 1 fM abn) 6x. (18)

10. Rd: fM häkeln. (18)

11. Rd: (1 fM, 1 fM abn) 6x. (12)

Beim weiteren Abnehmen den Fuß fest ausstopfen.

12.–14. Rd: fM häkeln. (12)

15. Rd: (1 fM abn) 6x. (6)

Den Faden abschneiden und durchziehen, dabei ein langes Ende zum Zusammennähen hängen lassen.

Horn

In Orange

1. Rd: 4 fM in einen Magic-Ring. (4)

2. Rd: 1 fM zun, 3 fM. (5)

3. Rd: 1 fM zun, 4 fM. (6)

4. Rd: 1 fM zun, 5 fM. (7)

5. Rd: 1 fM zun, 6 fM. (8)

6. Rd: 1 fM zun, 7 fM. (9)

7. Rd: 1 fM zun, 8 fM. (10)

8. Rd: 1 fM zun, 9 fM. (11)

9. Rd: 1 fM zun, 10 fM. (12)

10. Rd: 1 fM zun, 11 fM. (13)

11. Rd: 1 fM zun, 12 fM. (14)

12. Rd: 1 fM zun, 13 fM. (15)

13. Rd: fM häkeln. (15)

Den Faden abschneiden und durchziehen, dabei ein langes Ende zum Zusammennähen hängen lassen.

Flügel (2x)

Die Flügel werden in R gehäkelt, nicht in Rd. Bitte die Anleitung sorgfältig lesen.

In Grün

1. R: 5 Lm, wenden.

2. R: In der 2. Lm ab Nd beginnen, 4 fM, 4 Lm und wenden.

3. R: In der 2. Lm ab Nd beginnen, 7 fM, 1 Lm und wenden.

4. R: In der 2. Lm ab Nd beginnen, 4 fM, 4 Lm und wenden.

5. R: In der 2. Lm ab Nd beginnen, 7 fM, 3 Lm und wenden.

6. R: In der 2. Lm ab Nd beginnen, 6 fM, 4 Lm und wenden.

7. R: In der 2. Lm ab Nd beginnen, 9 fM, keine Lm, nicht wenden.

8. R: fM entlang der Flügeloberkante häkeln, dabei auf gleichmäßige Maschenabstände achten. Den Faden abschneiden und durchziehen, dabei ein langes Ende zum Zusammennähen hängen lassen.

Fertigstellen

Die Unterseiten von Kopf/Körper und Füßen mit überwendlichen Stichen zunähen. Die Füße zuerst unter den Körper stecken und prüfen, ob die Figur gerade und aufrecht stehen kann. Wenn das der Fall ist, die Füße annähen. Das Horn ausstopfen und so auf dem Oberkopf befestigen, dass es den Magic-Ring verdeckt. Die Flügel an die Seiten des Körpers stecken und festnähen. Herausstehende Fadenenden mit einer Schere abschneiden.

Für den lächelnden Mund einen Halbkreis aus schwarzem Filz zuschneiden. Meiner ist etwa 2,5 cm breit und 1,75 cm hoch. Eine Zunge aus rosa Filz zuschneiden, dabei den schwarzen Filzmund als Schablone für die Unterkante verwenden. Meine Zunge ist 2,5 cm breit und 1,3 cm hoch. Die rosa Zunge auf den schwarzen Mund kleben und trocknen lassen. Dann den Mund mittig ins Gesicht kleben – zwischen Auge und Füße. Den Klebstoff sparsam verwenden! Wenn alles trocken ist, kann Wumba-Tumba seinem Gewerbe nachgehen. Erdbeereis hat er nicht im Angebot – das passt nicht zum Rhythmus.

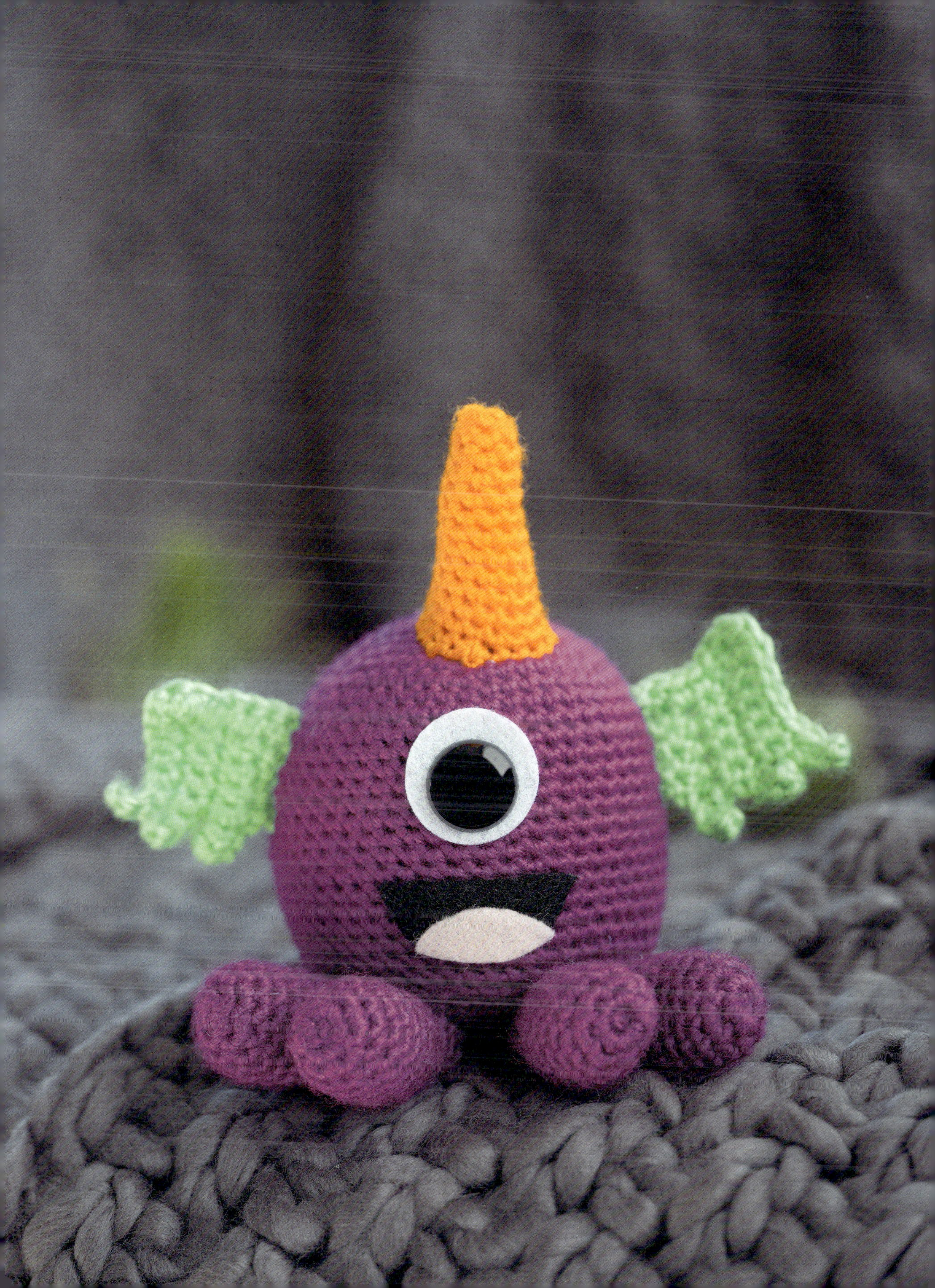

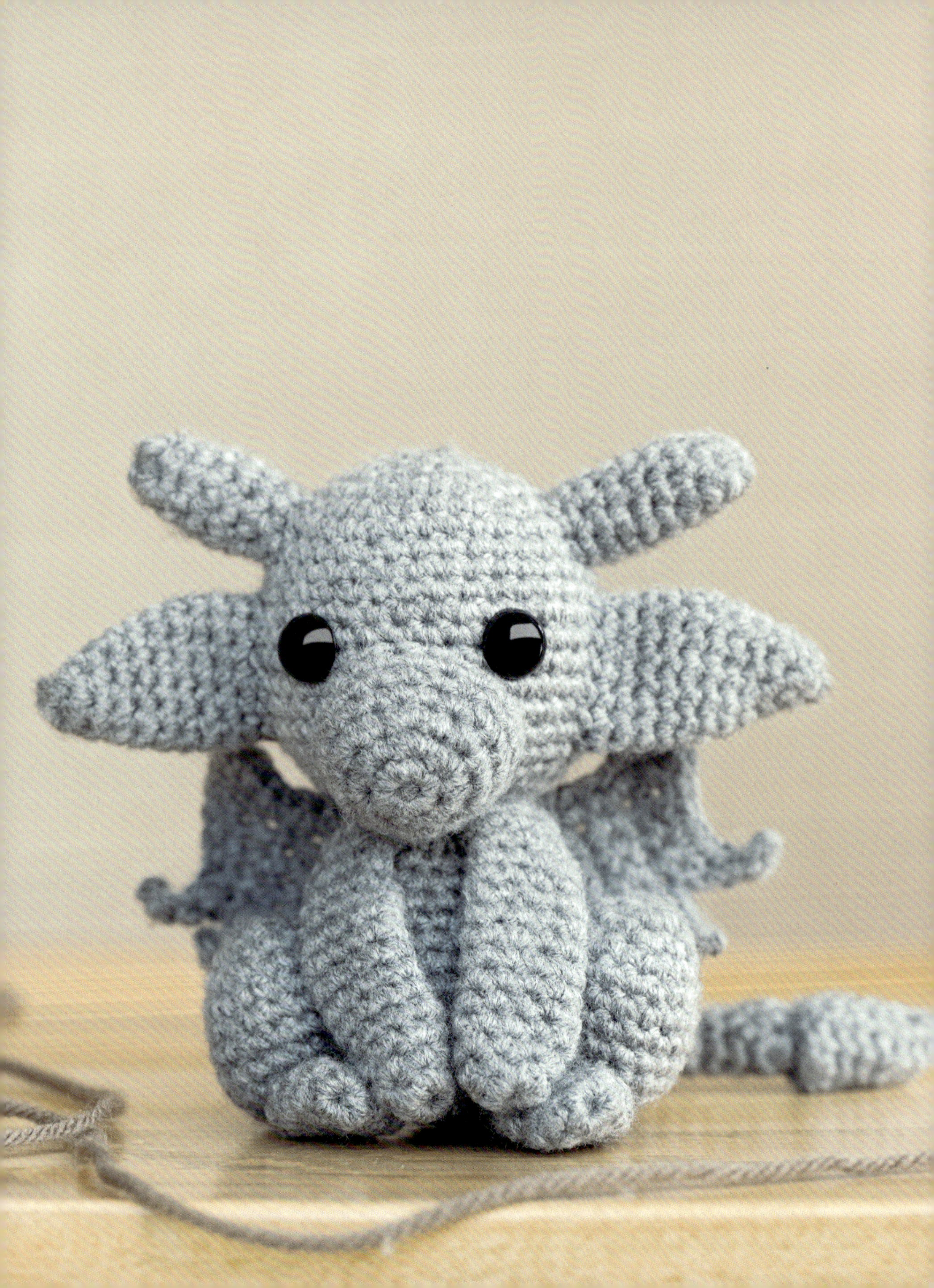

Gargoyle

Gargoyles sind die kunstvollen steinernen Wasserspeier, die man an alten Kathedralen und Burgen sehen kann. Es hat seinen Grund, dass sie so gruselig aussehen, denn sie sollten böse Geister vertreiben. Dieser Gargoyle sieht zwar nicht so furchterregend aus, erfüllt seine Aufgabe aber trotzdem vorbildlich. Wer ihn häkelt, braucht sich vor bösen Geistern nicht zu fürchten.

Kopf

1. Rd: 6 fM in einen Magic-Ring. (6)

2. Rd: (1 fM zun) 6x. (12)

3. Rd: (1 fM, 1 fM zun) 6x. (18)

4. Rd: (2 fM, 1 fM zun) 6x. (24)

5. Rd: (3 fM, 1 fM zun) 6x. (30)

6. Rd: (4 fM, 1 fM zun) 6x. (36)

7.-12. Rd: fM häkeln. (36)

13. Rd: (5 fM, 1 fM zun) 6x. (42)

14.-16. Rd: fM häkeln. (42)

Die Augen zwischen der 12. und 13. Rd anbringen, der Abstand beträgt 7 Maschen. Beim weiteren Abnehmen den Kopf fest ausstopfen.

17. Rd: (5 fM, 1 fM abn) 6x. (36)

18. Rd: (4 fM, 1 fM abn) 6x. (30)

19. Rd: (3 fM, 1 fM abn) 6x. (24)

20. Rd: (2 fM, 1 fM abn) 6x. (18)

21. Rd: (1 fM, 1 fM abn) 6x. (12)

22. Rd: (1 fM abn) 6x. (6)

Den Faden abschneiden und durchziehen.

Körper

1. Rd: 6 fM in einen Magic-Ring. (6)

2. Rd: (1 fM zun) 6x. (12)

3. Rd: (1 fM, 1 fM zun) 6x. (18)

4. Rd: (2 fM, 1 fM zun) 6x. (24)

5. Rd: (3 fM, 1 fM zun) 6x. (30)

6. Rd: (4 fM, 1 fM zun) 6x. (36)

7.-9. Rd: fM häkeln. (36)

10. Rd: (4 fM, 1 fM abn) 6x. (30)

11. Rd: fM häkeln. (30)

12. Rd: (3 fM, 1 fM abn) 6x. (24)

13.-15. Rd: fM häkeln. (24)

16. Rd: (2 fM, 1 fM abn) 6x. (18)

17. Rd: fM häkeln. (18)

Den Faden abschneiden und durchziehen, dabei ein langes Ende zum Zusammennähen hängen lassen.

Weiter geht's auf Seite 158.

Material

- Häkelnadel 4,0 mm
- Garn der Stärke 4 (Medium) in Grau, 1 Knäuel
- 1 Paar Sicherheitsaugen, ø 12 mm
- Füllwatte
- Sticknadel ohne Spitze
- Stecknadeln zum Fixieren der Körperteile beim Annähen
- Schere

Abkürzungen

abn – unsichtbar abnehmen, d. h. 2 feste Maschen zusammen abmaschen, dabei nur in das vordere Maschenglied einstechen

fM – feste Masche(n)

Lm – Luftmasche(n)

Nd – Nadel

R – Reihe(n)

Rd – Runde(n)

zun – zunehmen, d. h. 2 feste Maschen in dieselbe Masche der Vorrunde/ -reihe häkeln

Gargoyle (Fortsetzung)

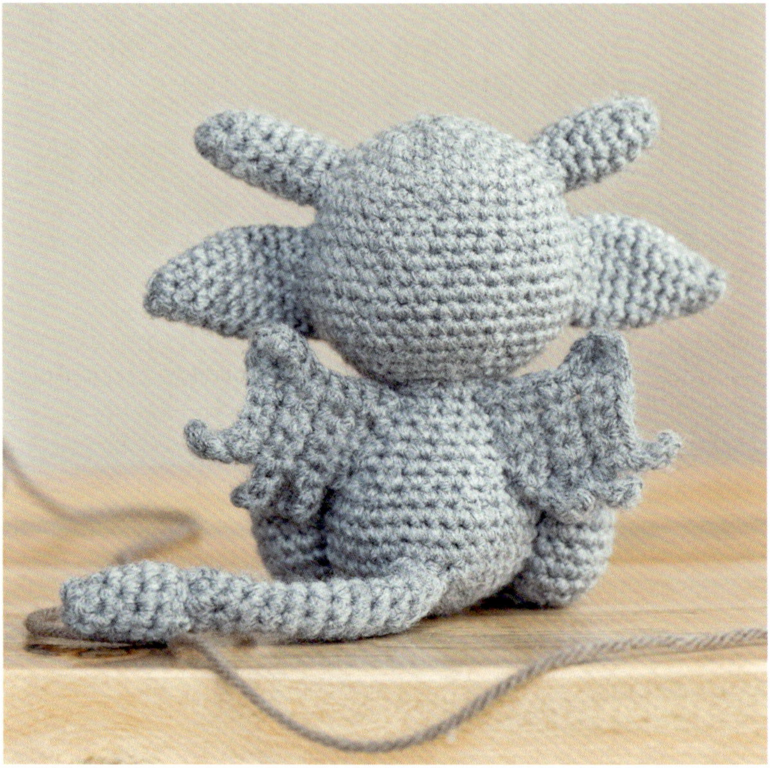

Hinterbeine (2x)

1. Rd: 6 fM in einen Magic-Ring. (6)

2. Rd: (1 fM zun) 6x. (12)

3. Rd: (1 fM, 1 fM zun) 6x. (18)

4.-8. Rd: fM häkeln. (18)

9. Rd: (1 fM, 1 fM abn) 6x. (12)

10. Rd: (1 fM abn) 6x. (6)

Den Faden abschneiden und durchziehen, dabei ein langes Ende zum Zusammennähen hängen lassen.

Arme (2x)

1. Rd: 6 fM in einen Magic-Ring. (6)

2. Rd: (1 fM, 1 fM zun) 3x. (9)

3.-14. Rd: fM häkeln. (9)

Den Faden abschneiden und durchziehen, dabei ein langes Ende zum Zusammennähen hängen lassen.

Füße (2x)

1. Rd: 6 fM in einen Magic-Ring. (6)

2. Rd: (2 fM, 1 fM zun) 2x. (8)

3. Rd: (3 fM, 1 fM zun) 2x. (10)

4. Rd: (4 fM, 1 fM zun) 2x. (12)

5.+6. Rd: fM häkeln. (12)

7. Rd: (1 fM, 1 fM abn) 4x. (8)

8. Rd: (1 fM abn) 4x. (4)

Den Faden abschneiden und durchziehen, dabei ein langes Ende zum Zusammennähen hängen lassen.

Schwanz

1. Rd: 6 fM in einen Magic-Ring. (6)

2.-14. Rd: fM häkeln. (6)

Den Faden abschneiden und durchziehen, dabei ein langes Ende zum Zusammennähen hängen lassen.

Schwanzspitze

1. Rd: 4 fM in einen Magic-Ring. (4)

2. Rd: 1 fM zun, 3 fM. (5)

3. Rd: 1 fM zun, 4 fM. (6)

4. Rd: 1 fM zun, 5 fM. (7)

5. Rd: 1 fM zun, 6 fM. (8)

6. Rd: 1 fM zun, 7 fM. (9)

7. Rd: 1 fM zun, 8 fM. (10)

8. Rd: (1 fM abn) 5x. (5)

Den Faden abschneiden und durchziehen, dabei ein langes Ende zum Zusammennähen hängen lassen.

Hörner (2x)

1. Rd: 4 fM in einen Magic-Ring. (4)

2. Rd: (1 fM, 1 fM zun) 2x. (6)

3. Rd: (2 fM, 1 fM zun) 2x. (8)

4.-8. Rd: fM häkeln. (8)

Den Faden abschneiden und durchziehen, dabei ein langes Ende zum Zusammennähen hängen lassen.

Ohren (2x)

1. Rd: 4 fM in einen Magic-Ring. (4)

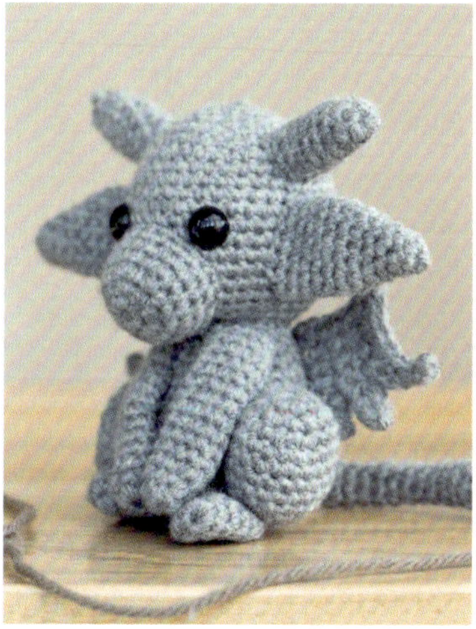

2. Rd: (1 fM, 1 fM zun) 2x. (6)

3. Rd: (2 fM, 1 fM zun) 2x. (8)

4. Rd: (3 fM, 1 fM zun) 2x. (10)

5. Rd: (4 fM, 1 fM zun) 2x. (12)

6.-10. Rd: fM häkeln. (12)

Den Faden abschneiden und durchziehen, dabei ein langes Ende zum Zusammennähen hängen lassen.

Flügel (2x)

Die Flügel werden in R gehäkelt, nicht in Rd. Bitte die Anleitung sorgfältig lesen.

1. R: 5 Lm, wenden.

2. R: In der 2. Lm ab Nd beginnen, 4 fM, 4 Lm und wenden.

3. R: In der 2. Lm ab Nd beginnen, 7 fM, 1 Lm und wenden.

4. R: In der 2. Lm ab Nd beginnen, 4 fM, 4 Lm und wenden.

5. R: In der 2. Lm ab Nd beginnen, 7 fM, 3 Lm und wenden.

6. R: In der 2. Lm ab Nd beginnen, 6 fM, 4 Lm und wenden.

7. R: In der 2. Lm ab Nd beginnen, 9 fM, keine Lm, nicht wenden.

8. R: fM entlang der Oberkante des Flügels häkeln, dabei auf gleichmäßige Maschenabstände achten.

Den Faden abschneiden und durchziehen, dabei ein langes Ende zum Zusammennähen hängen lassen.

Schnauze

1. Rd: 6 fM in einen Magic-Ring. (6)

2. Rd: (1 fM zun) 6x. (12)

3. Rd: (1 fM, 1 fM zun) 6x. (18)

4.-6. Rd: fM häkeln. (18)

Den Faden abschneiden und durchziehen, dabei ein langes Ende zum Zusammennähen hängen lassen.

Fertigstellen

Zuerst den Kopf mit überwendlichen Stichen schließen. Den Körper sehr fest ausstopfen und an der Unterseite des Kopfs festnähen. Die Hinterbeine nicht so stark ausstopfen, dass sie kugelrund werden. Sie sollen eher eine flach-ovale Form bekommen. Ich habe sie leicht ausgestopft und dann auf der Tischplatte flach gedrückt, um eine Vorstellung zu bekommen, wie sie an der Figur aussehen. Die Hinterbeine so an den Körper stecken, dass ihre Unterseite auf gleicher Höhe mit der Unterseite des Körpers ist. Festnähen.

Die Füße unter die Enden der Hinterbeine stecken (sie werden nicht ausgestopft). Meine sind zu drei Vierteln sichtbar, ein Viertel steckt unter den Hinterbeinen. Prüfen, ob der Gargoyle gerade und ausbalanciert sitzt, dann die Füße festnähen. Die Arme vor der Brust an der Ansatznaht zwischen Kopf und Körper festnähen und auch am vorderen Körper mit einigen Stichen fixieren, damit sie an ihrem Platz bleiben und nicht schlenkern.

Die Schnauze in die Mitte des Gesichts stecken und zu drei Vierteln festnähen, dann ausstopfen und ganz festnähen. Die Ohren beiderseits des Kopfs annähen (sie werden nicht ausgestopft). Die Hörner leicht ausstopfen und oberhalb der Ohren annähen. Ich habe sie in 4 Rd Abstand zum Magic-Ring am Oberkopf angenäht. Die Flügel in der Mitte des Rückens feststecken und festnähen. Zuletzt die Schwanzspitze ausstopfen und mit überwendlichen Stichen zunähen. Mit demselben Faden die Schwanzspitze an den Schwanz nähen. Der Schwanz selbst wird nicht ausgestopft. Den Schwanz ans Hinterteil des Gargoyles nähen. Alle herausstehenden Fadenenden mit einer Schere abschneiden. Fertig ist der Gargoyle!

Dank

An erster Stelle möchte ich meinem Partner Sergio Rojo danken. Als ich diese Herausforderung annahm, hatten wir gerade einen acht Wochen alten Welpen bekommen, und sie war anstrengend. Nächtelang gab es wenig oder gar keinen Schlaf, aber das hat er in Kauf genommen, damit ich mich ausruhen, entwerfen und dieses Buch schreiben konnte. Ohne seine Unterstützung wäre das nicht möglich gewesen. Ganz zu schweigen davon, dass er mein größter Fan ist. Die Begeisterung, mit der er mir bei der Herstellung meiner Figuren zusieht und meine fertigen Stücke begutachtet, motiviert mich immer wieder.

Zweitens danke ich meinen Instagram-Freunden und lieben Test-Häklerinnen für die großartige Unterstützung. Ich musste meine Entwürfe weitgehend geheim halten und das ist wirklich schwierig. Aber diese tolle Frauentruppe hat mir geholfen, den Hype aufrechtzuerhalten, und ich weiß das sehr zu schätzen! Für das Testen der Anleitungen danke ich besonders Ella von @nawtjustknots, Abby von @thatssewlacey, Priss von @autumnleavesstitches, Marisa von @monsterman-crochet, Kathy von @sewkathycrochets und Gypsian von @hooksandbookscraft.

Danken möchte ich Page Street Publishing für diese große Chance. Hätte man mir vor ein paar Jahren gesagt, dass ich einmal ein Amigurumi-Buch schreiben würde, hätte ich gelacht! Ein besonderer Dank geht an Tamara Grasty, die mein Potenzial erkannt und mir dieses tolle Angebot gemacht hat! Es war mir eine Freude, dieses Buch für die Häkel-Community zu schreiben.

Vielen Dank an meine Freunde und meine Familie, die meine Häkelleidenschaft so enthusiastisch unterstützt haben. Ich häkle fast immer, außer wenn ich meinem Hauptberuf nachgehe, schlafe oder mich um meine Hunde kümmere. Ich weiß es sehr zu schätzen, dass ihr euch daran nicht stört.

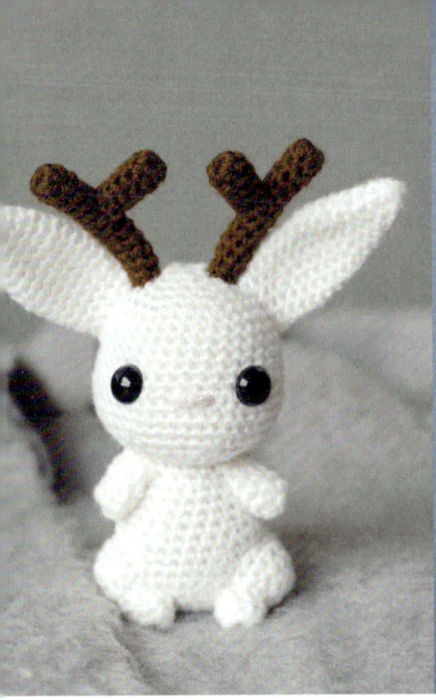 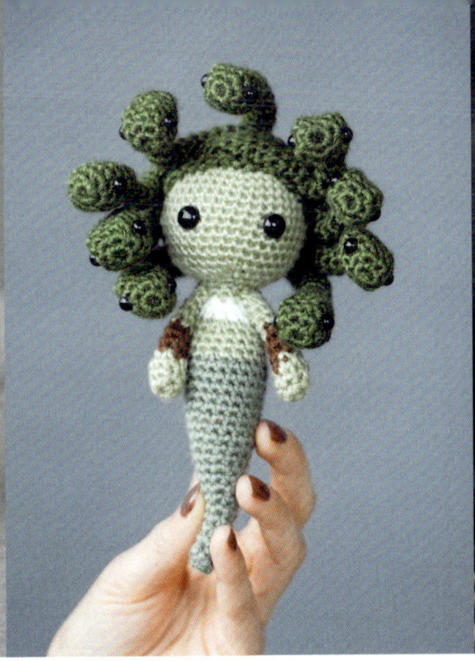 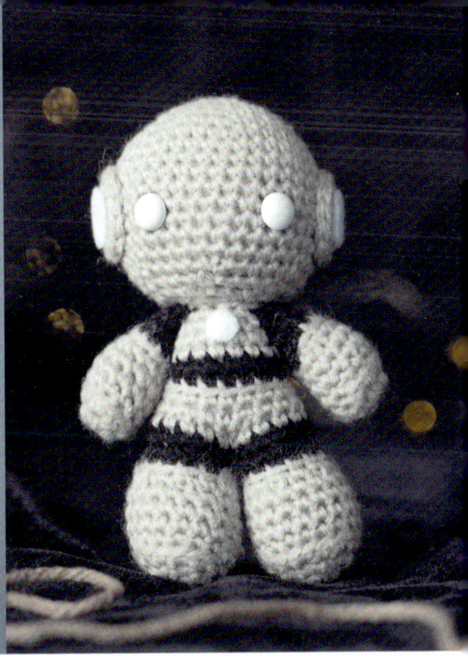

Ganz besonders möchte ich mich bei meinen Großeltern bedanken, die von meinen allerersten Häkelversuchen so begeistert waren. Sie haben mich angespornt und bald brachte ich zu jedem Besuch ein neues Werk mit. Meine ersten beiden Etsy-Bewertungen kamen von meinem Großvater und meinem Onkel, was ich sehr zu schätzen weiß. Ich erinnere mich noch gut daran, wie aufgeregt ich war, als die ersten Bestellungen eingingen, und ich war den Tränen nahe, als ich sah, wer die Käufer waren.

Von meiner Mutter habe ich schon als Mädchen das Häkeln gelernt. Sie ging mit mir in Wollläden und kaufte mir Garn. Heute beschützt mein Partner Sergio mein Garn vor unseren Welpen und er ist oft mit Staubtuch und Sauger unterwegs, um alles in einem tadellosen Zustand zu halten. Er beschwert sich nie über die Unmengen Garn in unserer Wohnung. Mein Bruder Nick hat eine große Sammlung meiner Figuren und begeistert sich für alles, was ich entwerfe. Meine Freunde und Kollegen interessieren sich immer wieder für meine Häkeleien und besuchen meinen Stand auf Messen und Märkten.

Zuletzt möchte ich mich bei jedem einzelnen Menschen bedanken, der dieses Buch gekauft hat oder gerade in den Händen hält. Es berührt mich, dass sich Menschen für das interessieren, was ich tue. Eure Unterstützung bedeutet mir mehr, als ich in Worte fassen kann.

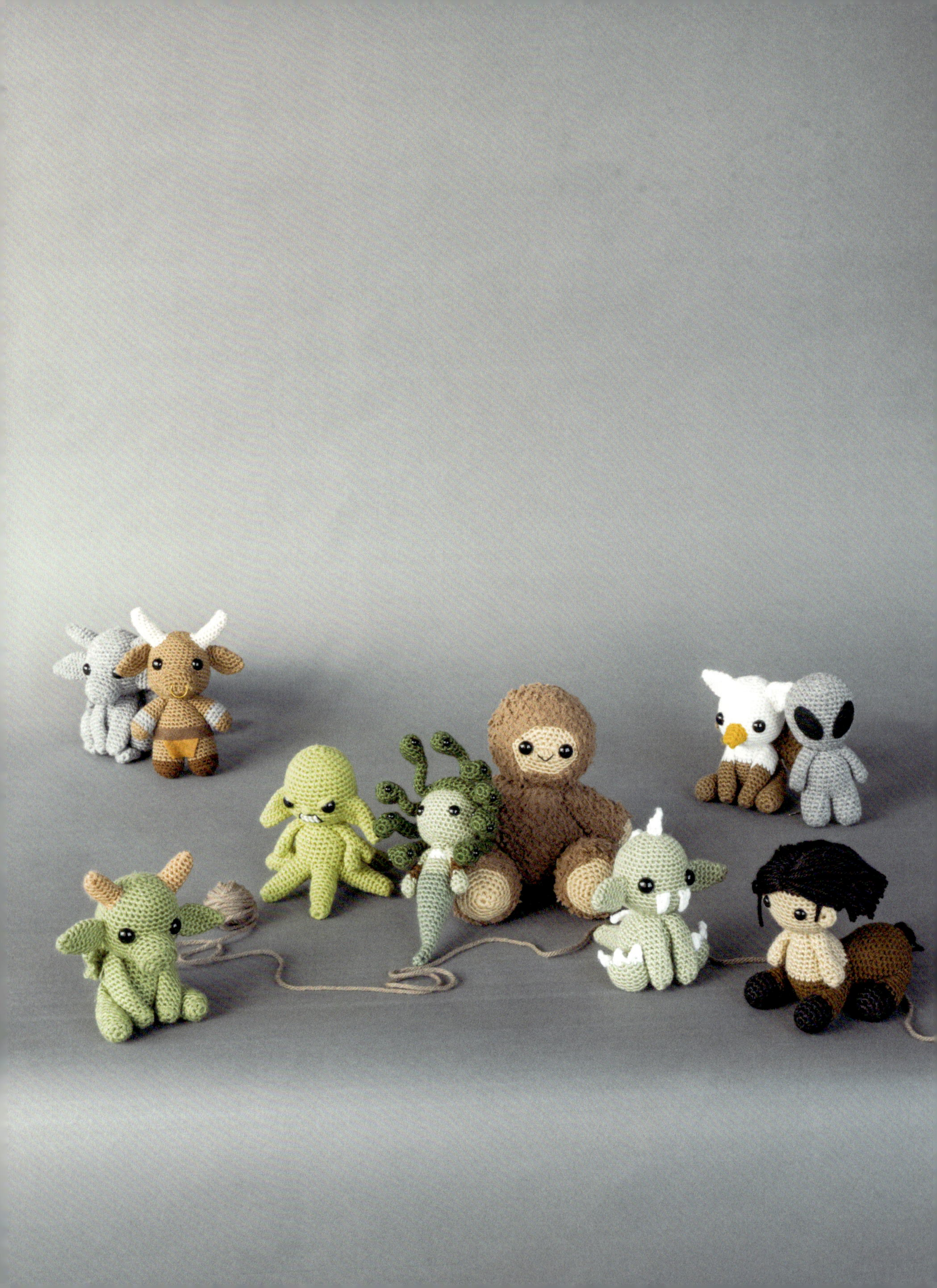

Die Autorin

Rikki lebt seit ihrer Geburt in Hillsboro (Oregon/USA). Sie hat ein Chemiestudium abgeschlossen und während dieser Zeit zum ersten Mal eine Häkelnadel in die Hand genommen. 2017 schloss sie die Schule ab und begann einen Monat später, in der technischen Industrie zu arbeiten. Die Häkelnadel hat sie aber nie aus der Hand gelegt!

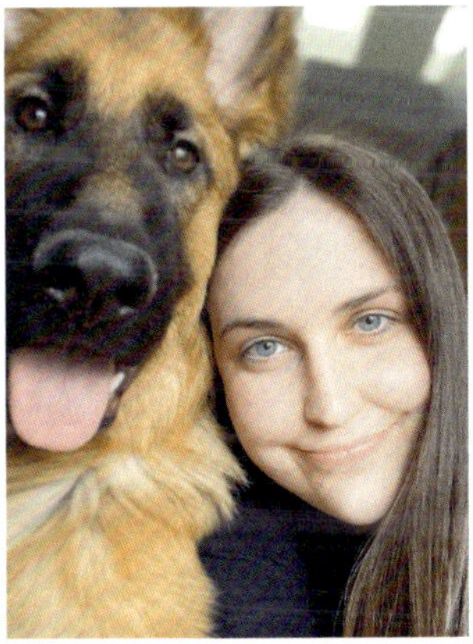

Rikki betreibt neben ihrem Vollzeitjob ein Häkelgeschäft und liebt es, ihre Figuren auf Messen und Märkten zu verkaufen. Bei solchen Gelegenheiten haben Naruto-Synchronsprecher (Tom Gibis alias Shikamaru und Brian Donovan alias Rock Lee) ihre Figuren gekauft!

Rikki hat ihre Jugendliebe Sergio geheiratet und gemeinsam ziehen sie zurzeit zwei Welpen auf: Bellamy, den deutschen Schäferhund, und Bonnie, den Golden Retriever. Auf Instagram @bellamy.bear kann man mehr über dieses Abenteuer erfahren.

Wenn Rikki nicht häkelt, ist sie entweder bei der Arbeit oder mit ihren Hunden unterwegs. Ansonsten häkelt sie so gut wie immer! Rikki teilt ihre Arbeit täglich auf Instagram @crochetedbyrikki und präsentiert ihre Figuren auch auf ihrer Website crochetedbyrikki.com. Wenn du ein Projekt aus diesem Buch fertigstellst, würde sie sich freuen, wenn du dein Werk mit #creaturesandcryptids auf Instagram teilst.

Originalgarne

Hinweis: Die Garnmengen im Buch sind für alle Farben mit 1 Knäuel angegeben, dabei handelt es sich in den meisten Fällen um Knäuel von ca. 170-200 g. Der tatsächliche Verbrauch für ein Monster ist geringer. In den meisten Fällen reicht das Garn für mehr als eine Figur, für manche Farben werden oft nur Reste gebraucht.

Cthulhu

Caron® Simply Soft® (100 % Acryl, Lauflänge 288 m/170 g) in Dark Sage

Nessie

Red Heart® Super Saver® (100 % Acryl, Lauflänge 333 m/198 g) in Paddy Green

Mothman

Red Heart Super Saver (100 % Acryl, Lauflänge 333 m/198 g) in Black

Bernat® Velvet™ (100 % Polyester, Lauflänge 288 m/300 g) in Blackbird

Chupacabra

Red Heart Super Saver (100 % Acryl, Lauflänge 333 m/198 g) in Frosty Green

Red Heart Super Saver (100 % Acryl, Lauflänge 333 m/198 g) in White

Jackalope

Red Heart Super Saver (100 % Acryl, Lauflänge 333 m/198 g) in White

Big Twist Value (100 % Acryl, Lauflänge 347 m/170 g) in Chocolate

Sandwurm

Red Heart Super Saver (100 % Acryl, Lauflänge 333 m/198 g) in Black

Ausgelaufenes Garn von Big Twist, ersetzbar mit Caron One Pound™ (100 % Acryl, Lauflänge 742 m/454 g) in Lace

Werwolf

Crafter's Secret™ Big Idea (100 % Acryl, Lauflänge 741 m/453 g) in Brown

Caron One Pound (100 % Acryl, Lauflänge 742 m/454 g) in Soft Grey Mix

Zombie

Red Heart Super Saver (100 % Acryl, Lauflänge 333 m/198 g) in Frosty Green

Big Twist Value (100 % Acryl, Lauflänge 347 m/170 g) in White

Big Twist Value (100 % Acryl, Lauflänge 347 m/170 g) in Black

Crafter's Secret Big Idea (100 % Acryl, Lauflänge 741 m/453 g) in Brown

Slenderman

Big Twist Value (100 % Acryl, Lauflänge 347 m/170 g) in White

Big Twist Value (100 % Acryl, Lauflänge 347 m/170 g) in Black

Nosferatu

I Love This Yarn (100 % Acryl, Lauflänge 325 m/198 g) in Linen

Big Twist Value (100 % Acryl, Lauflänge 347 m/170 g) in Black

Minotaurus

Red Heart Super Saver (100 % Acryl, Lauflänge 333 m/198 g) in Café Latte

Crafter's Secret Big Idea (100 % Acryl, Lauflänge 741 m/453 g) in Brown

I Love This Yarn (100 % Acryl, Lauflänge 325 m/198 g) in Linen

Caron One Pound (100 % Acryl, Lauflänge 742 m/454 g) in Soft Grey Mix

Zyklop

Red Heart Super Saver (100 % Acryl, Lauflänge 333 m/198 g) in Buff

Crafter's Secret Big Idea (100 % Acryl, Lauflänge 741 m/453 g) in Brown

Red Heart Super Saver (100 % Acryl, Lauflänge 333 m/198 g) in Café Latte

Mantikor

I Love This Yarn (100 % Acryl, Lauflänge 325 m/198 g) in Buttercup

Caron Simply Soft (100 % Acryl, Lauflänge 288 m/170 g) in Autumn Red

Crafter's Secret Big Idea (100 % Acryl, Lauflänge 741 m/453 g) in Brown

Krake

Ausgelaufenes Garn von Big Twist, ersatzbar mit doppeltem Faden Big Twist Value (100 % Acryl, Lauflänge 347 m/170 g) in Varsity Green

Meerjungfrau

I Love This Yarn (100 % Acryl, Lauflänge 325 m/198 g) in Toasted Almond

Caron Simply Soft (100 % Acryl, Lauflänge 288 m/170 g) in Lavender Blue

Kelpie

I Love This Yarn (100 % Acryl, Lauflänge 325 m/198 g) in Light Sage

I Love This Yarn (100 % Acryl, Lauflänge 325 m/198 g) in Forest Green

Grindylow

Loops & Threads® Impeccable™ (100 % Acryl, Lauflänge 261 m/127 g) Fern

Kappa

Premier ® Yarns Everyday® (100 % Acryl, Lauflänge 165 m/100 g) in Kiwi

Caron Simply Soft (100 % Acryl, Lauflänge 288 m/170 g) in Dark Sage

Big Twist Value (100 % Acryl, Lauflänge 347 m/170 g) in Pale Yellow

Red Heart Super Saver (100 % Acryl, Lauflänge 333 m/198 g) in Coffee

Big Twist Value (100 % Acryl, Lauflänge 347 m/170 g) in White

Kaiju

Caron One Pound (100 % Acryl, Lauflänge 742 m/454 g) in Midnight Blue

Caron Simply Soft (100 % Acryl, Lauflänge 288 m/170 g) in Soft Blue

Bigfoot

Red Heart Super Saver (100 % Acryl, Lauflänge 333 m/198 g) in Buff

Bernat Pipsqueak™ (100 % Polyester, Lauflänge 92 m/100 g) in Chocolate

Zwerg

Red Heart Super Saver (100 % Acryl, Lauflänge 333 m/198 g) in Buff

Big Twist Value (100 % Acryl, Lauflänge 347 m/170 g) in Red

Caron One Pound (100 % Acryl, Lauflänge 742 m/454 g) in Midnight Blue

Big Twist Value (100 % Acryl, Lauflänge 347 m/170 g) in White

Zentaur

Red Heart Super Saver (100 % Acryl, Lauflänge 333 m/198 g) in Buff

Caron Simply Soft (100 % Acryl, Lauflänge 288 m/170 g) in Black

Big Twist Value (100 % Acryl, Lauflänge 347 m/170 g) in Chocolate

Chimäre

Red Heart Super Saver (100 % Acryl, Lauflänge 333 m/198 g) in Buff

Red Heart Super Saver (100 % Acryl, Lauflänge 333 m/198 g) in Cherry Red

Caron Simply Soft (100 % Acryl, Lauflänge 288 m/170 g) in Black

I Love This Yarn (100 % Acryl, Lauflänge 325 m/198 g) in Graymist

I Love This Yarn (100 % Acryl, Lauflänge 325 m/198 g) in Light Sage

Big Twist Value (100 % Acryl, Lauflänge 347 m/170 g) in Chocolate

Leshy

Big Twist Value (100 % Acryl, Lauflänge 347 m/170 g) in White

Red Heart Super Saver (100 % Acryl, Lauflänge 333 m/198 g) in Light Sage

Big Twist Value (100 % Acryl, Lauflänge 347 m/170 g) in Chocolate

Jersey Devil

Red Heart Super Saver (100 % Acryl, Lauflänge 333 m/198 g) in Charcoal

Red Heart Super Saver (100 % Acryl, Lauflänge 333 m/198 g) in Black

Medusa

Red Heart Super Saver (100 % Acryl, Lauflänge 333 m/198 g) in Frosty Green

Caron Simply Soft (100 % Acryl, Lauflänge 288 m/170 g) in Dark Sage

Red Heart Super Saver (100 % Acryl, Lauflänge 333 m/198 g) in Light Sage

Big Twist Value (100 % Acryl, Lauflänge 347 m/170 g) in White

Crafter's Secret Big Idea (100 % Acryl, Lauflänge 741 m/453 g) in Brown

Fee

Red Heart Super Saver (100 % Acryl, Lauflänge 333 m/198 g) in Buff

Caron Simply Soft (100 % Acryl, Lauflänge 288 m/170 g) in Watermelon

Krampus

Red Heart Super Saver (100 % Acryl, Lauflänge 333 m/198 g) in Black

Caron Simply Soft (100 % Acryl, Lauflänge 288 m/170 g) in Grey Heather

I Love This Yarn (100 % Acryl, Lauflänge 325 m/198 g) in Red

I Love This Yarn (100 % Acryl,
Lauflänge 325 m/198 g) in Toasted Almond

Kitsune

Red Heart Super Saver (100 % Acryl,
Lauflänge 333 m/198 g) in White

Goblin

I Love This Yarn (100 % Acryl,
Lauflänge 325 m/198 g) in Forest Green

Bogeyman

Caron One Pound (100 % Acryl,
Lauflänge 742 m/454 g) in Black

Frankensteins Monster

I Love This Yarn (100 % Acryl,
Lauflänge 325 m/198 g) in Mid Green

Big Twist Value (100 % Acryl,
Lauflänge 347 m/170 g) in Black

Big Twist Value (100 % Acryl,
Lauflänge 347 m/170 g) in Chocolate

I Love This Yarn (100 % Acryl,
Lauflänge 325 m/198 g) in Graymist

Alien

Caron One Pound (100 % Acryl,
Lauflänge 742 m/454 g) in Soft Gray

Roboter

Big Twist Value (100 % Acryl,
Lauflänge 347 m/170 g) in Soft Gray

Big Twist Value (100 % Acryl,
Lauflänge 347 m/170 g) in Black

Drache

I Love This Yarn (100 % Acryl,
Lauflänge 325 m/198 g) in Light Sage

Greif

Big Twist Value (100 % Acryl,
Lauflänge 347 m/170 g) in White

Red Heart Super Saver (100 % Acryl,
Lauflänge 333 m/198 g) in Café Latte

Big Twist Value (100 % Acryl,
Lauflänge 347 m/170 g) in Gold

Phönix

Big Twist Soft (100 % Acryl,
Lauflänge 292 m/170 g) in Orange

Big Twist Soft (100 % Acryl,
Lauflänge 292 m/170 g) in Gold

Harpyie

Red Heart Super Saver (100 % Acryl,
Lauflänge 333 m/198 g) in Buff

Crafter's Secret Big Idea (100 % Acryl,
Lauflänge 741 m/453 g) in Brown

Caron Simply Soft (100 % Acryl,
Lauflänge 288 m/170 g) in Autumn Red

Wumba-Tumba

I Love This Yarn (100 % Acryl,
Lauflänge 325 m/198 g) in Neon Purple

Red Heart Super Saver (100 % Acryl,
Lauflänge 333 m/198 g) in Pumpkin

Caron Simply Soft (100 % Acryl,
Lauflänge 288 m/170 g) in Neon Green

Gargoyle

Caron One Pound (100 % Acryl,
Lauflänge 742 m/454 g) in Soft Grey Mix

Buchempfehlungen für Sie

Noch mehr kreative Bücher zum gleichen Thema gesucht?

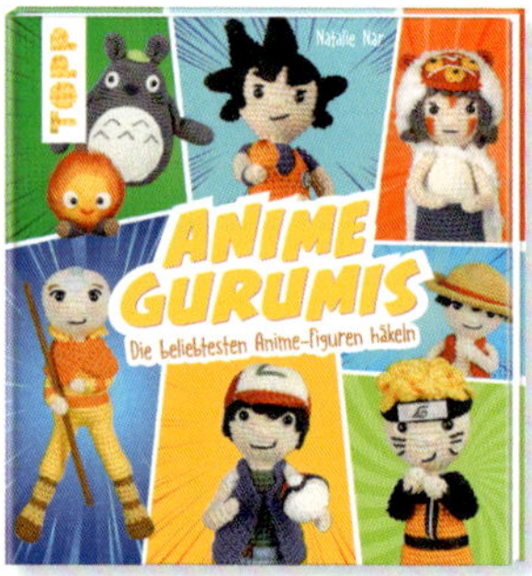

ISBN 978-3-7358-7054-4

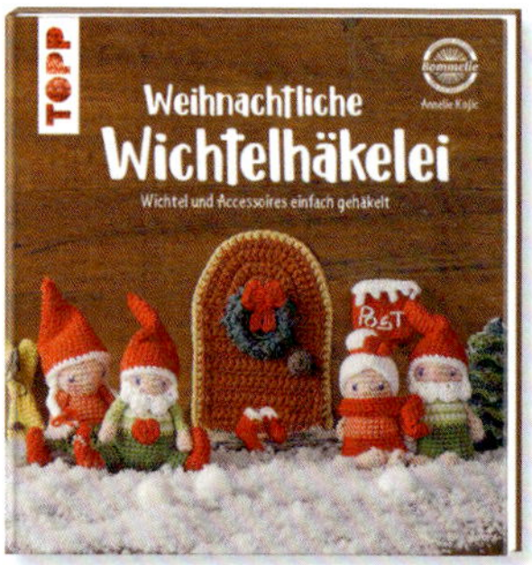

ISBN 978-3-7358-7067-4

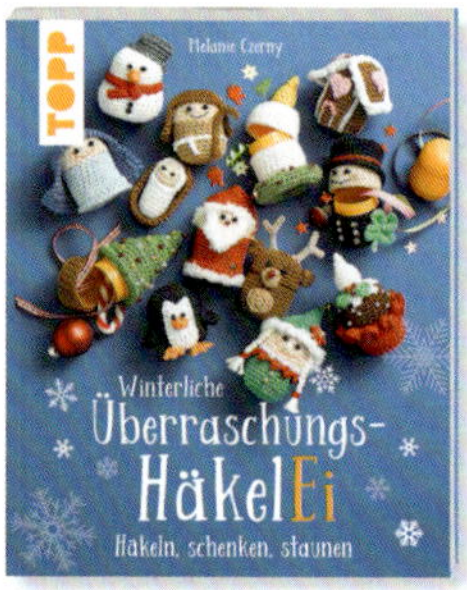

ISBN 978-3-7358-7055-1

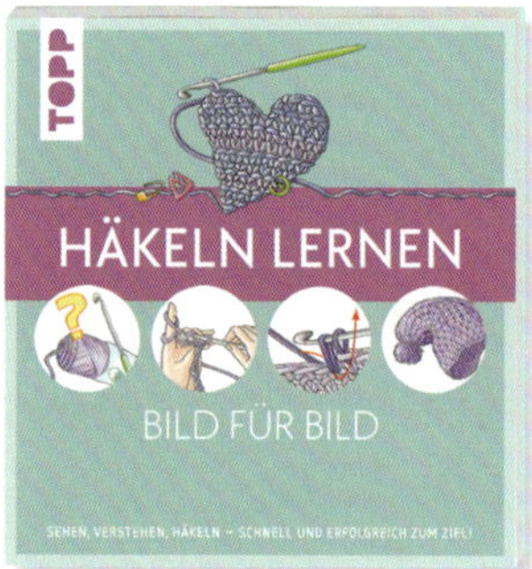

ISBN 978-3-7358-7106-0

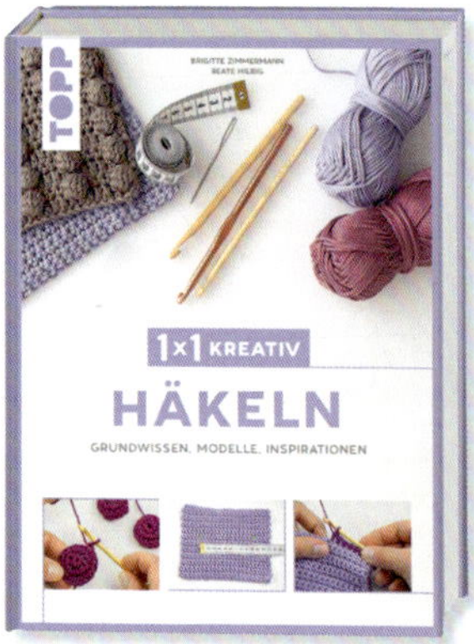

ISBN 978-3-7358-7033-9

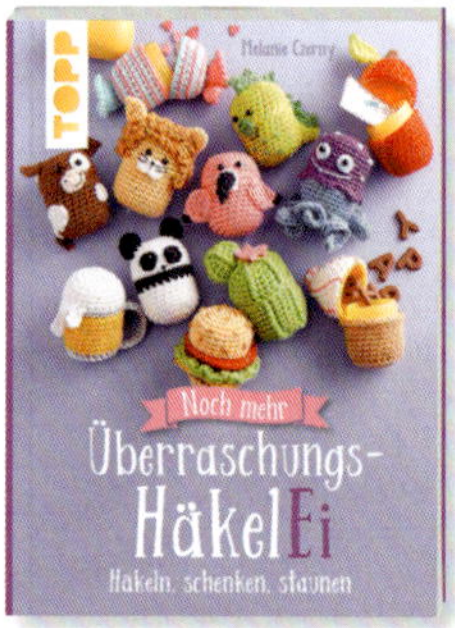

ISBN 978-3-7358-7038-4

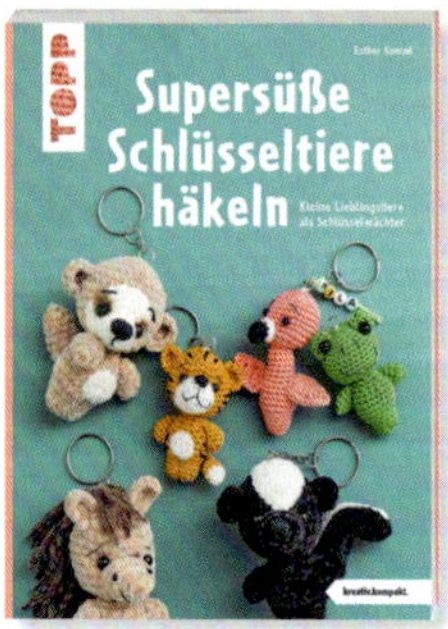

ISBN 978-3-7358-7050-6

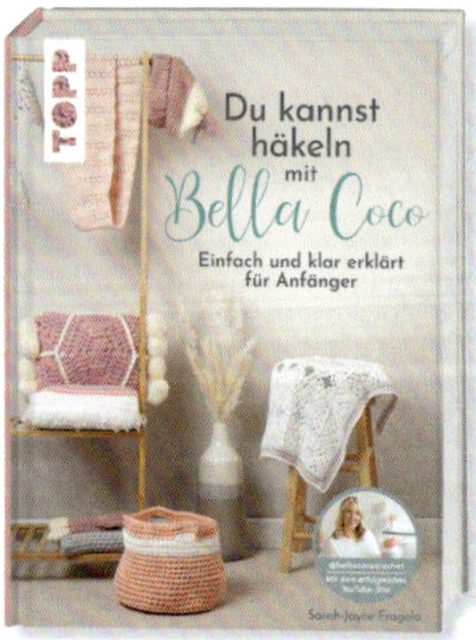

ISBN 978-3-7358-7030-8

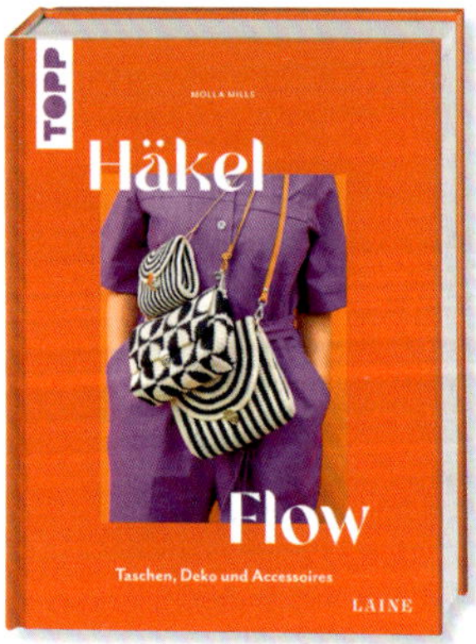

ISBN 978-3-7358-7031-5

Noch mehr Kreativ-Bücher finden Sie auf www.TOPP-kreativ.de

Entdecken Sie ...

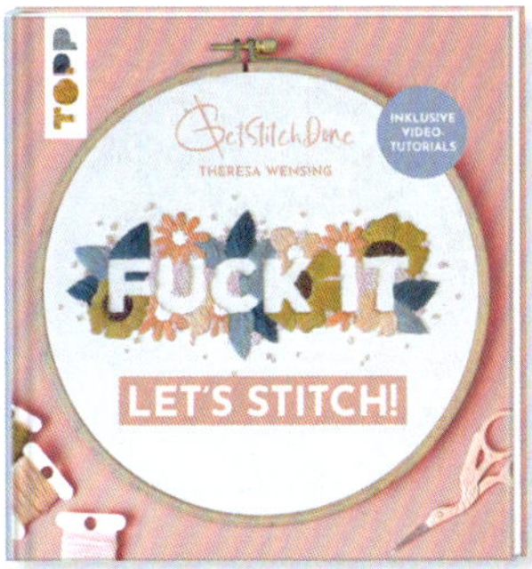

ISBN 978-3-7358-7035-3

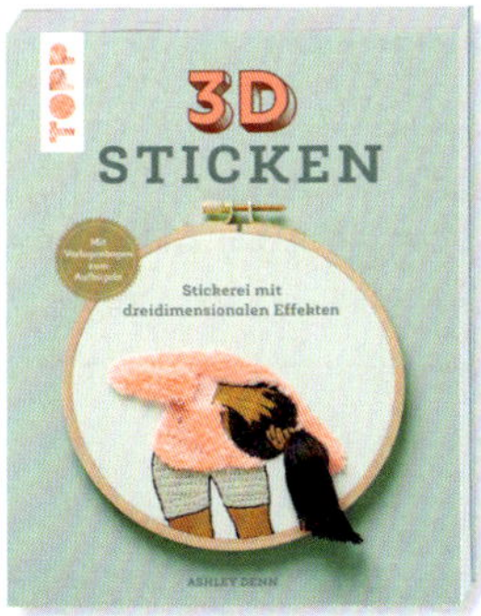

ISBN 978-3-7358-7066-7

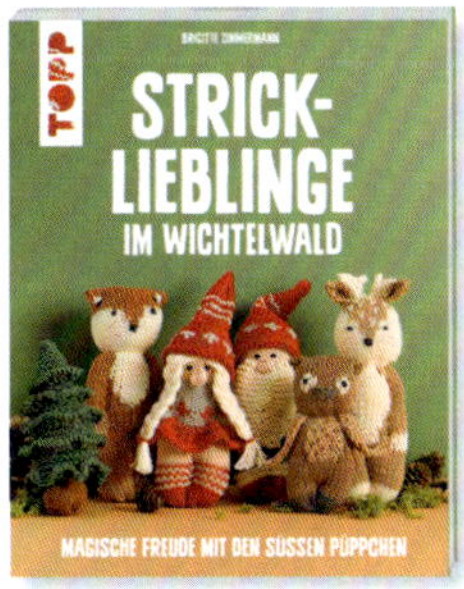

ISBN 978-3-7358-7074-2

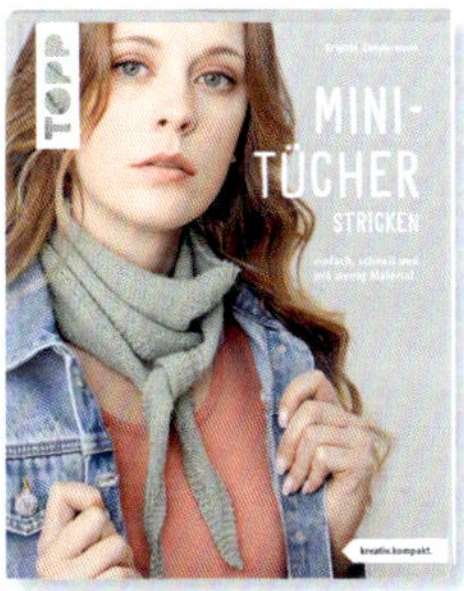

ISBN 978-3-7358-7065-0

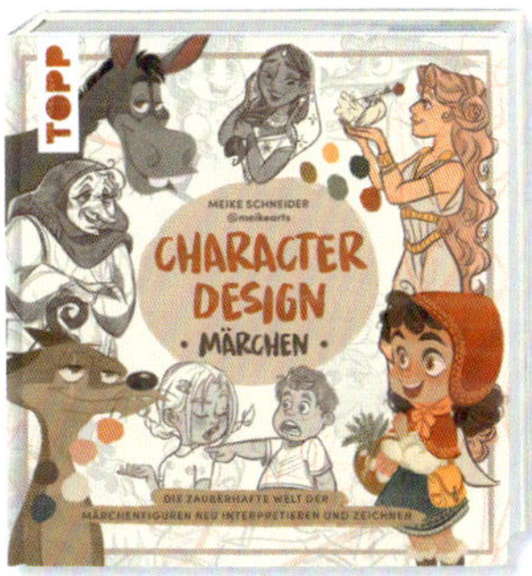

ISBN 978-3-7358-8075-8

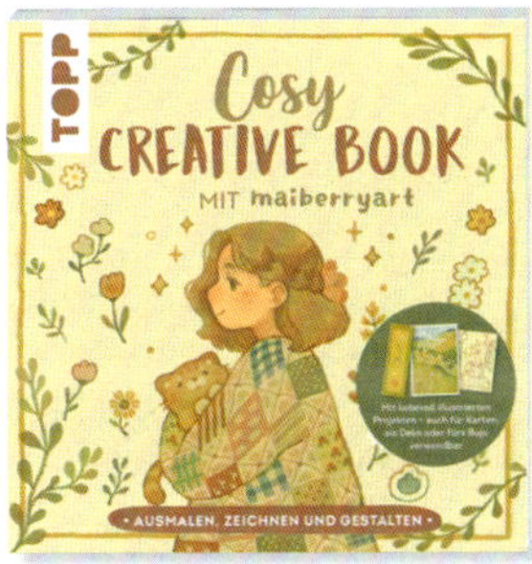

ISBN 978-3-7358-8066-6

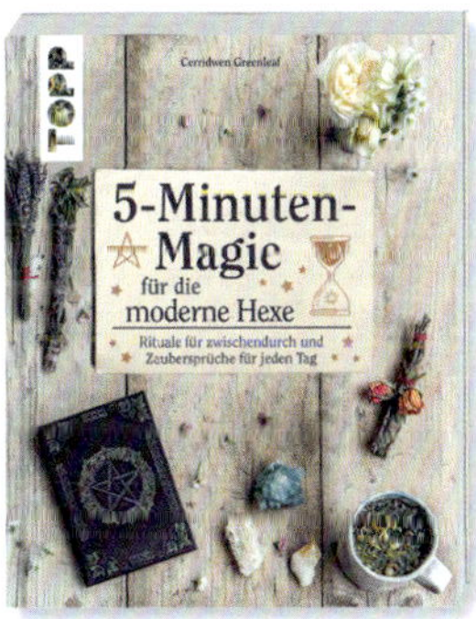

ISBN 978-3-7358-5051-5

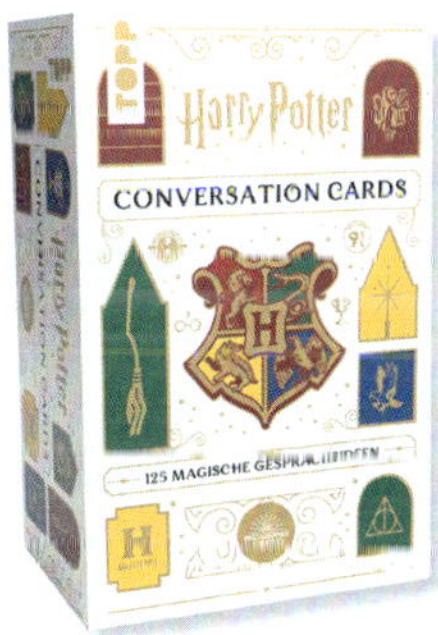

ISBN 978-3-7358-5150-5

ISBN 978-3-7358-5189-5

#TOPPPROJEKT

Die eigene Kreativität zeigen: TOPPprojekt mit anderen Kreativen teilen und Teil der Gemeinschaft werden.

DIY-begeistert und auf Instagram? Dann unbedingt mitmachen! Hier gibt's Tipps und Feedback zu den eigenen Projekten. Außerdem verlosen wir jeden Monat ein Überraschungspaket. Um am Gewinnspiel teilzunehmen, einfach ein Bild vom Kreativ-Projekt aus unseren Büchern mit #TOPPprojekt posten und unserem Account @frechverlag folgen. Mehr Infos auf TOPP-kreativ.de/TOPPprojekt

Mach mit beim

#TOPPprojekt

#TOPPprojekt
@frechverlag

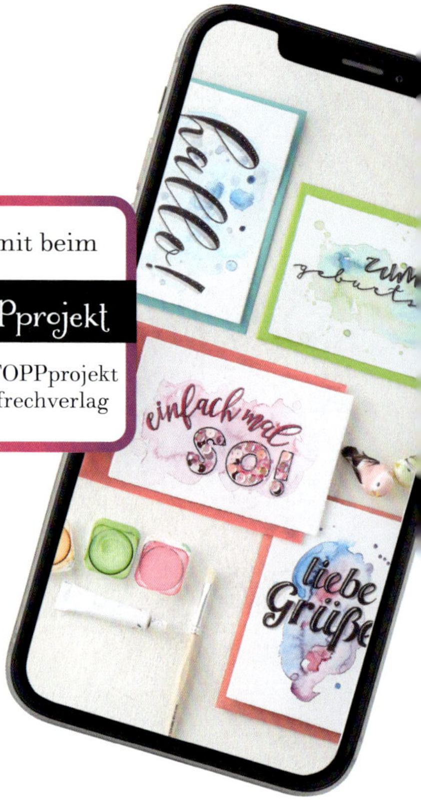

Webseite

Auf TOPP-kreativ.de gibt es ein riesiges Angebot von über 1.000 Kreativbüchern, Sets und mehr zu entdecken.

Newsletter

Immer als Erstes von unseren Neuheiten und Sonderaktionen erfahren: TOPP-kreativ.de/newsletter

Instagram

@frechverlag

Pinterest

pinterest.com/frechverlag

Facebook

facebook.com/frechverlag

DigiBib

Hier gibt es zusätzlich zu einigen unserer Bücher digitale Extras, wie Video-Tutorials, Plotter-Dateien, Vorlagen, Übungsblätter und vieles mehr. Einfach im Impressum eines TOPP-Buchs nachschauen, ob dort ein Code vorhanden ist, und exklusive Inhalte freischalten. TOPP-kreativ.de/digibib

Youtube

youtube.com/frechverlag

Wer wir sind, wie wir arbeiten, was wir lieben ...

Mehr über uns und unsere Arbeit und immer mit den neuesten Informationen versorgt schnell und einfach auf Instagram, Facebook und Pinterest.

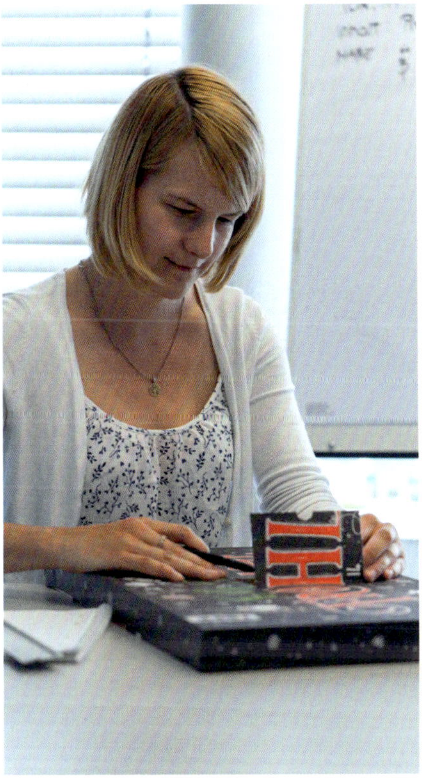

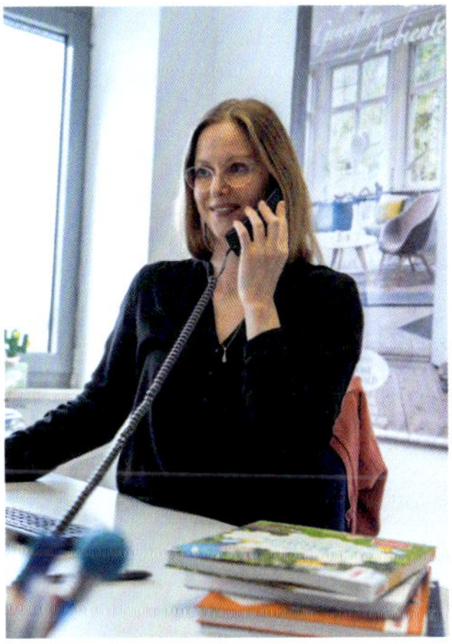

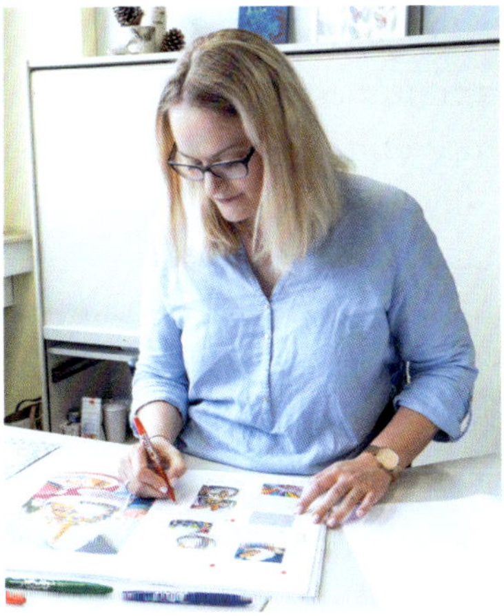

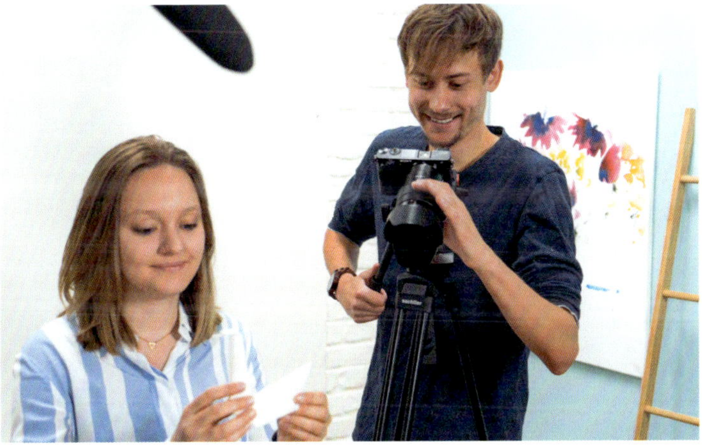

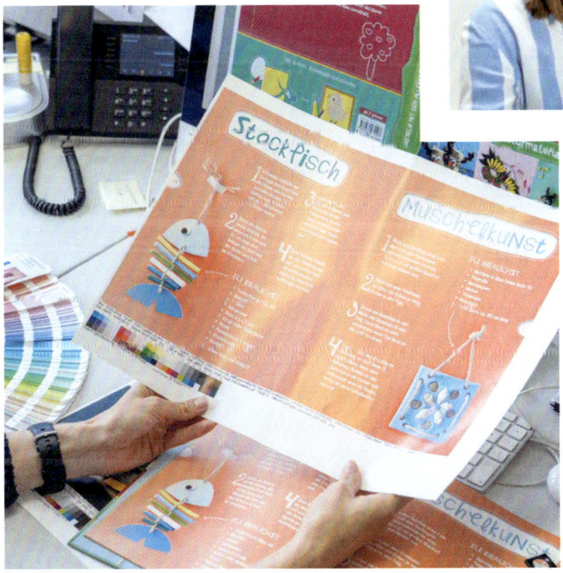

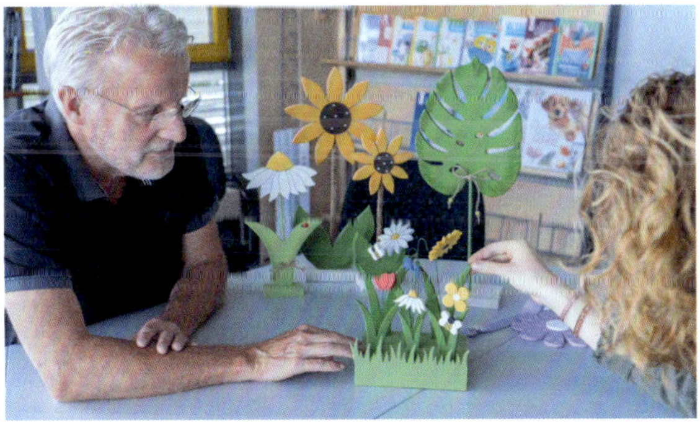

Alle News, alle Infos und alle Links findest du auf www.TOPP-kreativ.de

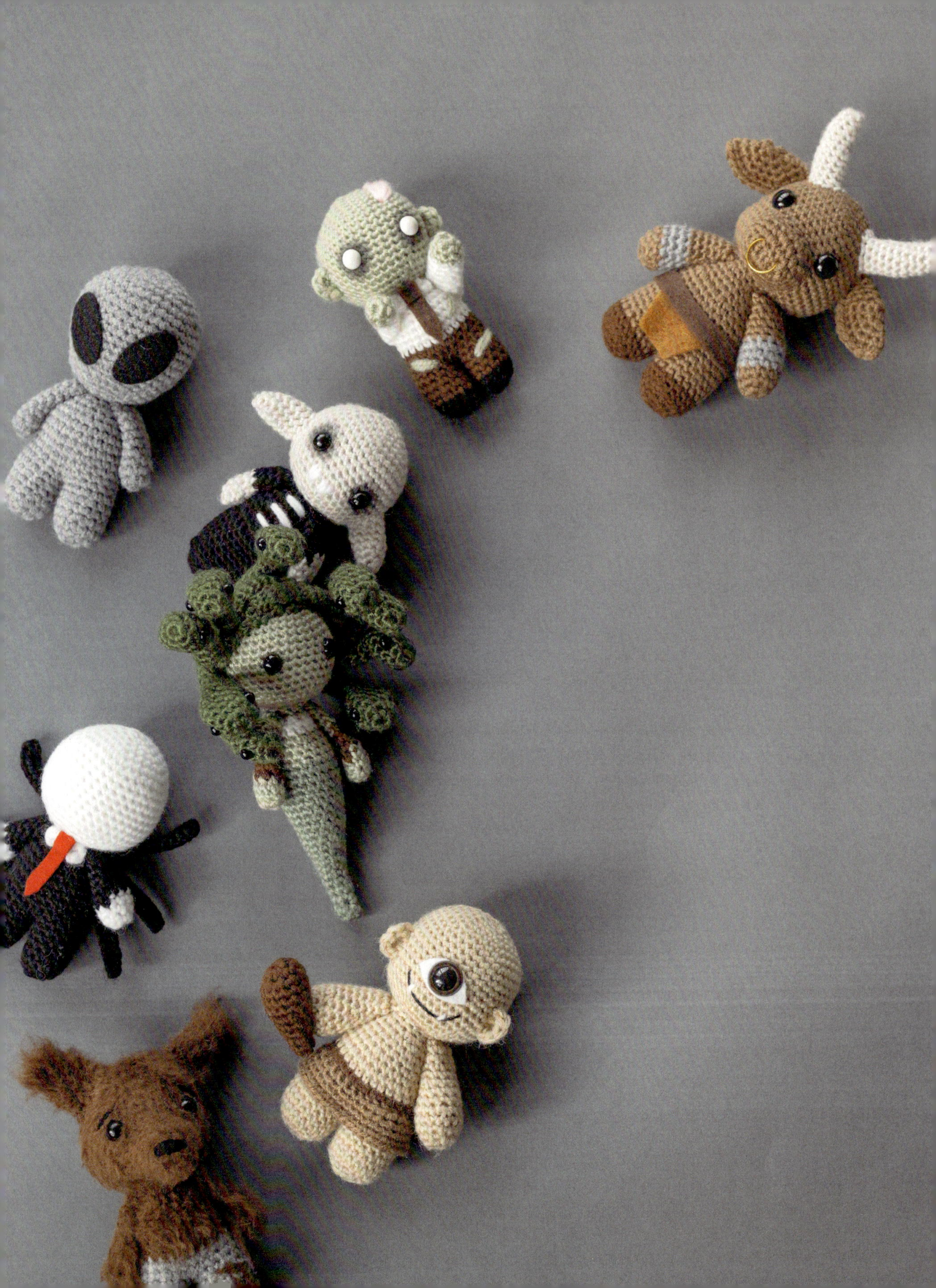

Register

A

B

C

D

F

G

H